《皇家荣耀：皇家马德里传奇功勋志》编委会

主　　办	体坛传媒《体坛周报》
编辑出版	《体坛周报》国际足球部
总 编 辑	骆明
策　　划	郭磊、彭雷
美术总监	刘宏智
撰　　稿	武一帆、曹知远、李静宜、黄荣基、闫旭、闫羽、周佳骅、梁宏业
责任编辑	郭磊、曹知远、黄荣基、李静宜

出 品 人	王舒毅
策 划 人	李轶武
责任编辑	王思硕
营销编辑	刘富坤
责任校对	王振强
责任印制	李仕杰
编辑信箱	714461085@qq.com
装帧设计	指针 DESIGN

·MADRID·GLORY·

皇家荣耀

皇家马德里传奇功勋志

《体坛周报》著

西苑出版社
XIYUAN PUBLISHING HOUSE

金城出版社
GOLD WALL PRESS

中国·北京

图书在版编目（CIP）数据

皇家荣耀 : 皇家马德里传奇功勋志 /《体坛周报》著 . --
北京 : 西苑出版社有限公司 , 2025.3.--
ISBN 978-7-5151-0918-3

Ⅰ . G843.655.1

中国国家版本馆 CIP 数据核字第 2024LY8301 号

皇家荣耀：皇家马德里传奇功勋志

作　　者	《体坛周报》
责任编辑	王思硕
责任校对	王振强
责任印制	李仕杰
开　　本	889 毫米 ×1194 毫米　1/16
印　　张	16.5
字　　数	320 千字
版　　次	2025 年 3 月第 1 版
印　　次	2025 年 3 月第 1 次印刷
印　　刷	鑫艺佳利（天津）印刷有限公司
书　　号	ISBN 978-7-5151-0918-3
定　　价	228.00 元

出版发行	西苑出版社有限公司　北京市朝阳区利泽东二路 3 号 邮编：100102
	金城出版社有限公司
发 行 部	（010）84254364
编 辑 部	（010）64391966
总 编 室	（010）88636419
网　　址	http://www.jccb.com.cn
电子邮箱	xiyuanpub@163.com
法律顾问	北京植德律师事务所　18911105819

1956
欧冠第 1 冠

1955/1956赛季欧冠决赛

1956.6.13

王子公园,巴黎

 4:3

皇家马德里　　兰斯

14' 迪斯蒂法诺	6' 米歇尔·勒布隆
30' 79' 里亚尔	10' 让·滕普林
67' 马基托斯	62' 米歇尔·伊达尔戈

皇马阵容(325)：胡安·阿隆索/拉斐尔·莱斯梅斯、马基托斯、阿蒂恩萨/米格尔·穆尼奥斯、萨拉加/里亚尔、马萨尔、迪斯蒂法诺、何塞伊托、亨托

主帅：比利亚隆加

1957
欧冠第 2 冠

1956/1957赛季欧冠决赛

1957.5.30

伯纳乌球场,马德里

 2:0

皇家马德里　　佛罗伦萨

70' 迪斯蒂法诺(点球)
76' 亨托

皇马阵容(325)：胡安·阿隆索/曼努埃尔·托雷斯、马基托斯、拉斐尔·莱斯梅斯/米格尔·穆尼奥斯、萨拉加/科帕、恩里克·马特奥斯、迪斯蒂法诺、里亚尔、亨托

主帅：比利亚隆加

1958
欧冠第 3 冠

1957/1958赛季欧冠决赛
1958.5.28
海瑟尔体育场,布鲁塞尔

 3:2
皇家马德里　　　　　AC米兰

74' 迪斯蒂法诺　　**59'** 斯基亚菲诺
79' 里亚尔　　　　**78'** 格里略
107' 亨托

皇马阵容(325)：胡安·阿隆索/阿蒂恩萨、桑塔马里亚、拉斐尔·莱斯梅斯、桑蒂斯特万、萨拉加/科帕、何塞伊托、迪斯蒂法诺、里亚尔、亨托

主帅：卡尔尼利亚

1959
欧冠第 4 冠

1958/1959赛季欧冠决赛
1959.6.3
内卡河体育场,斯图加特

 2:0
皇家马德里　　　　　兰斯

1' 恩里克·马特奥斯　　-
47' 迪斯蒂法诺

皇马阵容(325)：罗赫利奥·多明戈斯/马基托斯、桑塔马里亚、萨拉加/桑蒂斯特万、安东尼奥·鲁伊斯/科帕、恩里克·马特奥斯、迪斯蒂法诺、里亚尔、亨托

主帅：卡尔尼利亚

1960
欧冠第 5 冠

1959/1960赛季欧冠决赛
1960.5.18
汉普顿公园,格拉斯哥

 7:3
皇家马德里　　　法兰克福

21'24'73'迪斯蒂法诺　18'里夏德·克雷斯
45'55'60'71'普斯卡什　72'75'埃尔温·施泰因

皇马阵容(325):罗赫利奥·多明戈斯 / 帕钦、马基托斯、桑塔马里亚 / 萨拉加、何塞·马里亚·比达尔 / 卡纳里奥、路易斯·德尔索尔、迪斯蒂法诺、普斯卡什、亨托

主帅:穆尼奥斯

1966
欧冠第 6 冠

1965/1966赛季欧冠决赛
1966.5.11
海瑟尔体育场,布鲁塞尔

 2:1
皇家马德里　　　贝尔格莱德游击队

70'阿曼西奥　55'瓦索维奇
76'费尔南多·塞雷纳

皇马阵容(424):何塞·阿拉基斯塔因 / 帕钦、佩德罗·德费利佩、索科、曼努埃尔·桑奇斯 / 皮里、曼努埃尔·贝拉斯克斯 / 费尔南多·塞雷纳、阿曼西奥、拉蒙·格罗索、亨托

主帅:穆尼奥斯

1998
欧冠第 7 冠

1997/1998赛季欧冠决赛

1998.5.20

阿姆斯特丹竞技场，阿姆斯特丹

 1 : 0

皇家马德里　　　　尤文图斯

67' 米亚托维奇　　　　—

皇马阵容(433)：伊尔格纳 / 帕努奇、马诺洛·桑奇斯、耶罗、罗伯托·卡洛斯 / 雷东多、卡伦布、西多夫 / 劳尔(90' 阿马维斯卡)、莫伦特斯(82' 海梅·桑切斯)、米亚托维奇(89' 达沃·苏克)

主帅：海因克斯

2000
欧冠第 8 冠

1999/2000赛季欧冠决赛

2000.5.24

法兰西体育场，巴黎

 3 : 0

皇家马德里　　　　瓦伦西亚

39' 莫伦特斯
67' 麦克马纳曼
75' 劳尔

皇马阵容(523)：卡西利亚斯 / 萨尔加多(84' 耶罗)、卡兰卡、埃尔格拉、伊万·坎波、罗伯托·卡洛斯 / 雷东多、麦克马纳曼 / 劳尔、莫伦特斯(71' 博尔托利尼)、阿内尔卡(79' 马诺洛·桑奇斯)

主帅：博斯克

2002
欧冠第 9 冠

2001/2002赛季欧冠决赛

2002.5.15

汉普顿公园,格拉斯哥

 2:1

皇家马德里　　　勒沃库森

8' 劳尔　　　　　13' 卢西奥
45' 齐达内

皇马阵容(442)：塞萨尔·桑切斯(68' 卡西利亚斯)/萨尔加多、耶罗、埃尔格拉、罗伯托·卡洛斯/马克莱莱(73' 弗拉维奥·孔塞桑)、菲戈(61' 麦克马纳曼)、索拉里、齐达内/劳尔、莫伦特斯

主帅：博斯克

2014
欧冠第 10 冠

2013/2014赛季欧冠决赛

2014.5.24

光明球场,里斯本

 4:1

皇家马德里　　　马德里竞技

90+3' 塞尔吉奥·拉莫斯　　36' 戈丁
110' 贝尔
118' 马塞洛
120' C罗

皇马阵容(433)：卡西利亚斯/卡瓦哈尔、瓦拉内、拉莫斯、科恩特朗(58' 马塞洛)/莫德里奇、赫迪拉(58' 伊斯科)、迪马利亚/贝尔、本泽马(78' 莫拉塔)、C罗

主帅：安切洛蒂

2016
欧冠第 11 冠

2015/2016赛季欧冠决赛

2016.5.28

圣西罗球场,米兰

 1 : 1

皇家马德里　　　　　马德里竞技

15' 塞尔吉奥·拉莫斯　　79' 卡拉斯科

点球 5 比 3

卢卡斯·巴斯克斯 √　　格列兹曼 √
马塞洛 √　　　　　　加比 √
贝尔 √　　　　　　　萨乌尔 √
塞尔吉奥·拉莫斯 √　　胡安弗兰 ✗
C罗 √

皇马阵容(433)：凯洛尔·纳瓦斯 / 卡瓦哈尔(51' 达尼洛)、塞尔吉奥·拉莫斯、佩佩、马塞洛 / 卡塞米罗、莫德里奇、克罗斯(72' 伊斯科) / 贝尔、本泽马(77' 卢卡斯·巴斯克斯)、C罗

主帅：齐达内

2017
欧冠第 12 冠

2016/2017赛季欧冠决赛

2017.6.3

千禧球场,加的夫

 4 : 1

皇家马德里　　　　　尤文图斯

20' 64' C罗　　　　　27' 曼朱基奇
61' 卡塞米罗
90' 阿森西奥

皇马阵容(442)：凯洛尔·纳瓦斯 / 卡瓦哈尔、瓦拉内、塞尔吉奥·拉莫斯、马塞洛 / 卡塞米罗、莫德里奇、克罗斯(89' 莫拉塔)、伊斯科(82' 贝尔) / 本泽马(77' 阿森西奥)、C罗

主帅：齐达内

2018
欧冠第 13 冠

2017/2018 赛季欧冠决赛
2018.5.26
奥林匹克国家体育中心，基辅

 3 : 1 🔴
皇家马德里　　　利物浦

51' 本泽马　　　55' 马内
63'83' 贝尔

皇马阵容(442)：凯洛尔·纳瓦斯 / 卡瓦哈尔(37' 纳乔)、瓦拉内、塞尔吉奥·拉莫斯、马塞洛 / 卡塞米罗、莫德里奇、克罗斯、伊斯科(61' 贝尔) / 本泽马(89' 阿森西奥)、C罗

主帅：齐达内

2024
欧冠第 15 冠

2023/2024 赛季欧冠决赛
2024.6.2
温布利大球场，伦敦

 2 : 0
皇家马德里　　　多特蒙德

74' 卡瓦哈尔
83' 维尼修斯

皇马阵容(4231)：库尔图瓦 / 卡瓦哈尔、吕迪格、纳乔、费兰·门迪 / 巴尔韦德、卡马温加、贝林厄姆(85' 何塞卢)、克罗斯(86' 莫德里奇) / 罗德里戈(90' 米利唐)、维尼修斯(90' 巴斯克斯)

主帅：安切洛蒂

2022
欧冠第 14 冠

2021/2022赛季欧冠决赛
2022.5.28
法兰西体育场, 巴黎

 1 : 0
皇家马德里　　　　利物浦

59' 维尼修斯

皇马阵容(433)：库尔图瓦 / 卡瓦哈尔、米利唐、阿拉巴、费兰·门迪 / 卡塞米罗、莫德里奇(90'塞瓦略斯)、克罗斯 / 费德里科·巴尔韦德(86'卡马温加)、本泽马、维尼修斯(90+3'罗德里戈)

主帅：安切洛蒂

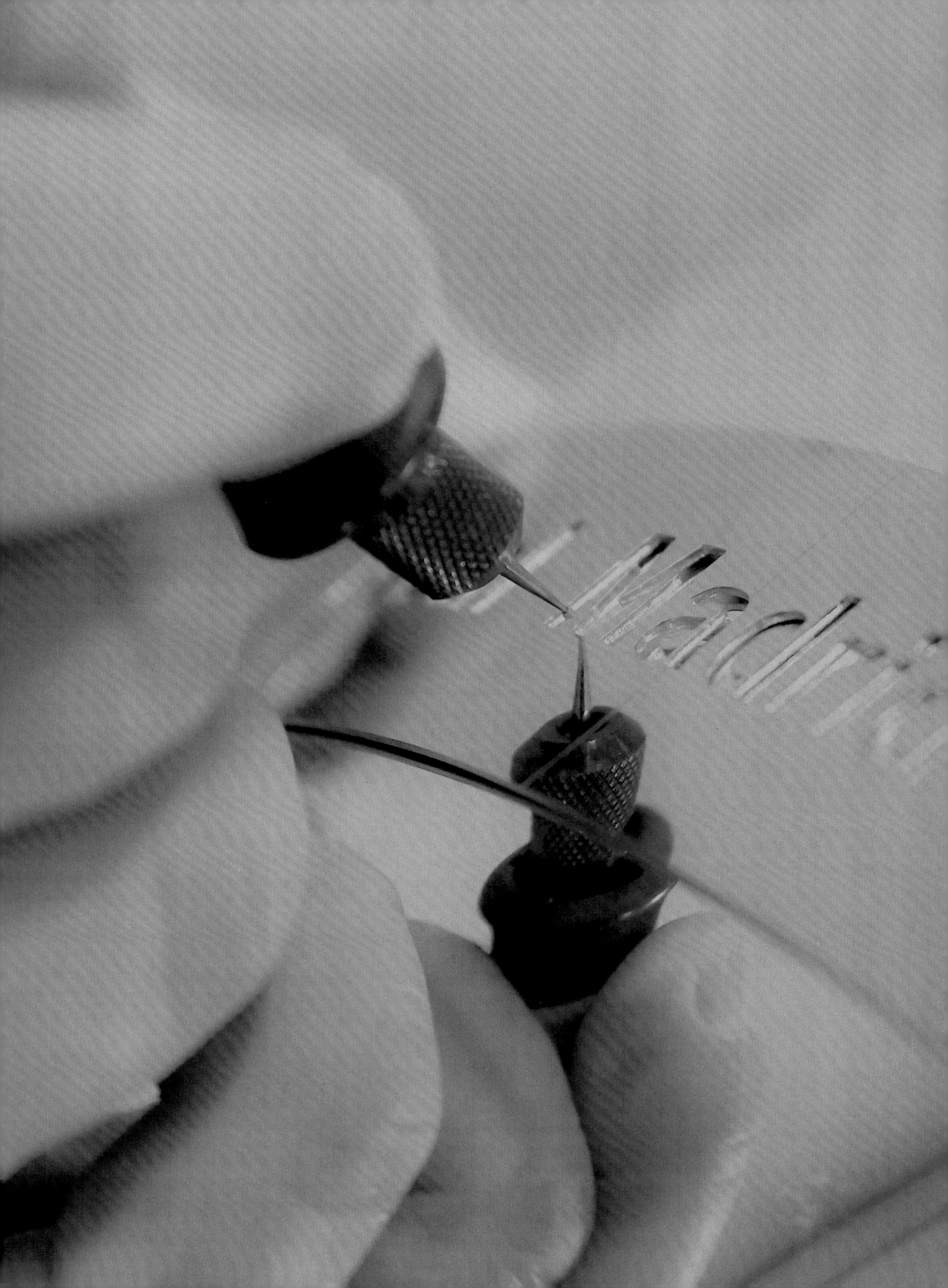

序

皇家马德里是这个星球上最伟大的足球俱乐部。她的故事以各种语言、各种形式在世界范围内传播。而现在,皇马等到了中文——人类文明使用人数最多的语言来讲述她的光辉历史和英雄传说。您将从这本精美的画册中领略历史第一俱乐部在过去120多年间的传奇往事——既有迪斯蒂法诺、普斯卡什、"五鹰"、罗纳尔多、齐达内、菲戈、C罗这些永远被传颂的球星,又有穆尼奥斯、博斯克和穆里尼奥这些神奇教练的荣辱时刻,更有圣地亚哥·伯纳乌和弗洛伦蒂诺这些俱乐部领导者们鲜为人知的一面。

他们每个人都是一段奇妙故事的主角,而这一段段故事则组成了整个俱乐部120多年波澜壮阔的历史。翻开这精美画卷的您,将走进皇马的每个高光时刻。

伯纳乌是如何在动荡不安的时局中将皇马打造成欧洲第一强队,齐达内如何在每一场关键比赛的关键时刻将自己的魔力施展出来,罗纳尔多如何克服伤病影响赢得伯纳乌的心,菲戈如何成为历史上最具争议的转会案主角,以及伟大的C罗那一项项个人纪录如何日积月累,终成无法复制的神迹,以上种种都将在这部作品中展现给大家。

以本人对《体坛周报》的了解,这本书将是介绍皇马历史人物最全面、最准确的作品。15座欧冠、36座西甲、20座国王杯、13座西班牙超级杯、2座联盟杯……所有这些奖杯不仅是伯纳乌球场荣誉室内光辉闪耀的收藏品,更是登上足球奥林匹斯山顶的金色台阶。这支球队独一无二的气质令对手畏惧而又敬仰。阿根廷名宿巴尔达诺曾将伯纳乌球场描述为"恐怖舞台"。在这里,球迷们见证过最匪夷所思的逆转和胜利。皇马不仅是竞技场上的王者,也是文化和商界的成功典范。这也是为什么全世界球迷都为之倾倒,纵使不是她的球迷,也不得不承认她的伟大成就。正像弗洛伦蒂诺主席所说:"世界上每个人都应该是皇马人——有些已经是,有些正在成为,还有一些即将加入这个阵营,只是他们还不自知。"

当然,如果你读过这本书后依然不认为自己是这家俱乐部的拥趸,至少也会明白皇马给足球、给这个世界带来的改变,增添的光彩。而且你将了解到,这个世界上每个普通人的生活都可以拥有皇马的灵魂,一种高尚、不屈和充满自信的品质。亲爱的朋友,请享受拥有皇马的生活吧!Hala Madrid(加油马德里)!

马努·桑斯
《阿斯报》记者

马努·桑斯(右)是《阿斯报》资深记者,对皇马俱乐部和C罗等球星有着深入了解。

目录

I 皇家风云

荣耀百年 2
奇迹 2024 8

II

巨星

里卡多·萨莫拉	22	罗伯托·卡洛斯	92
迪斯蒂法诺	24	莫伦特斯	94
亨托	28	埃尔格拉	96
里亚尔	32	萨尔加多	98
马基托斯	34	卡西利亚斯	100
科帕	36	马克莱莱	104
桑塔马里亚	40	菲戈	106
普斯卡什	42	罗纳尔多	108
索科	46	贝克汉姆	112
阿曼西奥	48	拉莫斯	114
皮里	50	佩佩	118
桑蒂利亚纳	52	马塞洛	120
卡马乔	54	C罗	122
华尼托	56	本泽马	128
米歇尔	60	瓦拉内	132
琴多	62	莫德里奇	134
布特拉格诺	64	卡塞米罗	138
马诺洛·桑奇斯	68	卡瓦哈尔	140
乌戈·桑切斯	70	贝尔	142
戈迪略	74	纳瓦斯	146
布约	76	克罗斯	148
耶罗	78	库尔图瓦	152
雷东多	82	纳乔	154
劳尔	84	维尼修斯	156
古蒂	88	巴尔韦德	160
米亚托维奇	90	贝林厄姆	162

皇家传奇　　Ⅲ　　皇家馆藏

名帅

比利亚隆加	168
卡尔尼利亚	170
穆尼奥斯	172
莫洛尼	176
本哈克	178
卡佩罗	180
海因克斯	182
博斯克	184
穆里尼奥	188
安切洛蒂	190
齐达内	194

主席

帕德罗斯兄弟	202
伯纳乌	206
拉蒙·门多萨	212
桑斯	214
弗洛伦蒂诺	216

球场	224
球衣	230
队徽	232
荣誉	234
战纪	240
后记	242

皇家风云

皇家荣耀 | 皇家马德里传奇功勋志

皇家马德里,足球恒星

1902年成立的皇家马德里,几乎与世纪同步。新千年到来后,当时8个欧冠冠军在手的皇马,被国际足联评为20世纪最佳俱乐部。然而,皇马的传奇地位并未停止在20世纪,今天,他们仍然是毫无争议的新世纪最佳。最近20年,皇马又拿下6个欧冠冠军,成为首支在欧冠改制后成功卫冕的球队,甚至完成了欧冠三连冠的壮举。

一支球队能在一段时间内火力全开,已经实属不易,而若还能在整整一个时代内称霸,则足以彪炳千秋。在120多年的岁月里经久不衰,这是只有皇马才能完成的丰功伟绩。皇马在2023/2024赛季拿下队史第15个欧冠冠军后,夺冠次数已经超过第2名AC米兰的两倍,且是所有英格兰俱乐部欧冠冠军数的总和。曾经2次赢得欧冠的诺丁汉森林,在挣扎多年后刚刚回到英超行列,而夺得过1次欧冠冠军的汉堡还苦苦挣扎在德乙联赛。还有像阿森纳这样的球队,他们在英超有过属于自己的辉煌,却未曾拿到过欧冠冠军。当然也有巴黎圣日耳曼这样拥有雄厚财力的俱乐部,他们冲击欧冠多年,至今未果。欧冠创立初期两次在决赛中败给皇马的兰斯,还曾在顶级赛场消失过很长一段时间。

为皇马创下基业的主席伯纳乌,一生中干过几件大事:一是让皇马从查

| 荣耀百年

2023/2024赛季欧冠决赛后，莫德里奇将冠军奖杯高高举起。

↑ 2022年夏天，弗洛伦蒂诺满怀自豪地将第14座欧冠奖杯放入皇马陈列室。

马丁球场时代，走向了伯纳乌球场时代，给更多的球迷提供座位，亲临现场见证皇马的伟大；二是签下皇马第一代传奇巨星迪斯蒂法诺，吸引更多的球迷去填满伯纳乌球场；三是和法国《队报》一起成为欧冠的奠基者，让皇马的威名传遍欧洲，传遍全世界。皇马在欧冠初创时期拿下了五连冠，并且在冠军旁落5年后再次夺冠。这是皇马一直以来拥有的纯白气魄。从欧冠这一赛事诞生开始，皇马就自带欧冠基因。

20世纪尾声，在洛伦索·桑斯主席的执政期内，皇马签下了米亚托维奇、达沃·苏克、西多夫、罗伯托·卡洛斯等球星，以及卡佩罗、博斯克等教练。1998年，皇马时隔32年之久，终于重夺欧冠奖杯，并在2000年再次封王。

从2000年开始，皇马开启了又一段伟大篇章。弗洛伦蒂诺在这一年夏天成为皇马主席，几年内签下了菲戈、齐达内、罗纳尔多和贝克汉姆等球星，开启了皇马的银河战舰时代，皇马也在2002年斩获了队史第9个欧冠。然而，只有巨星政策、缺乏团队建设造成的球队战绩不佳，让弗洛伦蒂诺短暂地离开了皇马。2009年，弗洛伦蒂诺开启了自己的第二个任期，并对巨星政策进行了修补升级，签下C罗、卡卡、莫德里奇、贝尔等球星，先后招募穆里尼奥、安切洛蒂等教练，以及皇马自家培养的教练齐达内。而后，皇马开启了又一个属于自己的时代。

毫无疑问，皇马和老对手巴萨的激烈竞争，让两支球队都在不停地自我提升。瓜迪奥拉与梅西在巴萨联手时，皇马在竞争中不占优势，但在之后的日子里，皇马凭借着良好的经营和持续的投入，开始称霸欧洲足坛。2014年，在等待了12年之久后，皇马在安切洛蒂的率领下，成为第一支欧冠夺冠次数上双的球队，开启了5季4冠的欧冠神话。齐达内在跟随穆里尼奥和安切洛蒂短暂学习后，又率领皇马完成了欧冠三连冠的壮举。这段时期里，C罗、拉莫斯成为球队的旗帜性人物，以他们为代表的皇马众将，在欧冠赛场上书写了一段传奇。

在队史最佳射手C罗和功勋教练齐达内离开后，皇马面对着诸多挑战。正如当年迪斯蒂法诺离开后的那段时期一样，球队缺乏领袖带队冲击欧洲之巅。而在2023/2024赛季，情况发生了变化，皇马在决赛战胜了多特蒙德，拿下弥足珍贵的第15个欧冠冠军。

这座奖杯，属于坚守在皇马、状态依旧出色的老将克罗斯、莫德里奇，属于关键时刻挺身而出的小将维尼修斯、罗德里戈，属于苦尽甘来的库尔图瓦，属于为皇马又立新功的老帅安切洛蒂，属于完成了一个又一个逆转奇迹的皇马将士，更属于在背后以各种形式为球队贡献力量的全体皇马人。

这是一支15次站在欧洲之巅、36次赢得西甲冠军的俱乐部，是一支由迪斯蒂法诺、C罗等众多传奇巨星组成的俱乐部，是一支拥有过穆尼奥斯、卡佩罗、海因克斯、穆里尼奥、安切洛蒂和齐达内等传奇教头的俱乐部。时光在流逝，俱乐部的薪火传承了一代又一代，唯一不变的，是名为皇马的这一颗星，在120多年的岁月长河里，永恒闪耀。

皇家简史

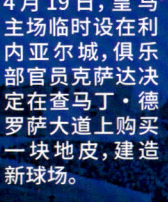

1897 — 天空足球社团成立。胡利安·帕拉西奥斯脱离该社团自立门户，在1900年与帕德罗斯兄弟一起创立了名为"足球新社"的社团。

1902 — 3月6日，"足球新社"召开会议，决定更名为"马德里足球俱乐部"，胡安·帕德罗斯当选为俱乐部主席，这一天也在后来被认定为俱乐部创始日。之后马德里足球俱乐部向政府发送申请，完成正式注册。

1903 — 5月13日，西班牙历史上首场国家德比，马德里足球俱乐部1比3不敌巴塞罗那。

1905 — 马德里足球俱乐部赢得西班牙足球锦标赛（国王杯前身）冠军。这是俱乐部历史上的首个国内正式赛事冠军。

1912 — 圣地亚哥·伯纳乌首次代表皇马出战比赛。

1920 — 马德里足球俱乐部被封为皇家俱乐部。6月29日，俱乐部得到许可，将皇冠图案添加到俱乐部队徽上，马德里足球俱乐部更名为皇家马德里足球俱乐部（Real Madrid Foot-Ball Club）。

1923 — 4月19日，皇马主场临时设在利内亚尔城，俱乐部官员克萨达决定在查马丁·德罗萨大道上购买一块地皮，建造新球场。

1929 — 第一届西班牙全国足球联赛揭幕，皇家马德里首场比赛5比0击败欧洲体育队。

1930 — 门将萨莫拉以当时15万比塞塔的天价加盟皇家马德里。

1931 — 西班牙第二共和国成立，皇家马德里失去了皇家俱乐部称号，队徽上不再有皇冠图案，并增加了紫色绶带。

1932 — 马德里足球俱乐部首次获得西甲联赛冠军。

1936 — 西班牙内战爆发，足球赛事停摆。

1939 — 西班牙内战结束，困境中的马德里足球俱乐部开始重建。

1941 — 马德里足球俱乐部再次更名，恢复皇家称号，新名称沿用至今：皇家马德里足球俱乐部（Real Madrid Club de Futbol）。

| 荣耀百年

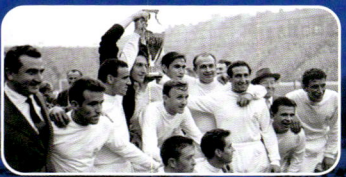

伯纳乌当选为皇马主席,一段传奇历程就此开启。同年大元帅杯(国王杯)半决赛,皇马在首回合0比3负于巴萨的情况下,次回合11比1大胜巴萨。这是迄今为止国家德比的最悬殊比分,自此两家俱乐部的对抗关系正式建立。

皇马时隔21年再次获得联赛冠军。

5月28日,皇马在欧冠决赛中3比2战胜AC米兰,实现欧冠三连冠。同年,普斯卡什加盟皇马,皇马锋线"梦幻五人组"聚齐。

5月18日,皇马决赛7比3战胜法兰克福,完成了欧冠五连冠伟业。同年11月,皇马在1960/1961赛季欧冠1/8决赛中,总比分3比4不敌巴萨,被淘汰出局,两队的次回合比赛多次出现争议判罚。

新查马丁球场落成。

6月13日,皇马在欧冠决赛中4比3击败兰斯,夺得首届欧冠的冠军。

5月11日,皇马决赛2比1战胜贝尔格莱德游击队,重夺欧冠。

──1943──1946──1947──1953──1954──1955──1956──1957──1958──1959──1960──1965──1966──1974──

皇马在大元帅杯(国王杯)决赛中3比1战胜瓦伦西亚,夺得冠军,这是皇马10年来的首个冠军。

迪斯蒂法诺加盟皇马。

5月30日,皇马决赛2比0战胜佛罗伦萨,卫冕欧冠。这场决赛在伯纳乌球场进行,现场观众人数达到了125000人。

皇马实现西甲五连冠。

俱乐部主场改名为圣地亚哥·伯纳乌球场。同年,欧冠创立。

6月3日,皇马决赛2比0战胜兰斯,实现欧冠四连冠。

莫洛尼接替米格尔·穆尼奥斯,首次出任皇马主帅。

5

皇家荣耀 | 皇家马德里传奇功勋志

布特拉格诺首次代表皇马一线队出战比赛，他与帕德萨、马诺洛·桑奇斯、米歇尔、马丁·巴斯克斯这几名同样出自皇马自家青训的球员并称为"五鹰"。在随后的1986-1990年，皇马实现了西甲五连冠。

皇马时隔6年重夺西甲联赛冠军。同年，皇马在联盟杯实现卫冕。

齐达内加盟皇马。弗洛伦蒂诺的银河战舰持续引进巨星，罗纳尔多、贝克汉姆在之后的年份里接连加盟。

在卡佩罗的带领下，皇马重夺西甲冠军。

6月2日，伯纳乌主席逝世，享年82岁。路易斯·德卡洛斯继任主席一职。

5月20日，皇马在欧冠决赛中1比0击败尤文图斯，第7次赢得欧冠冠军。

2003年皇马首次中国行，贝克汉姆、菲戈、齐达内、罗纳尔多、劳尔等队内球星参加相关活动。

1978 — 1982 — 1984 — 1985 — 1986 — 1995 — 1998 — 2000 — 2001 — 2002 — 2003 — 2006 — 2007 — 2009

两次在选举中失利的拉蒙·门多萨，当选为新一任皇马主席。同年，皇马夺得联盟杯冠军。

洛伦索·桑斯出任皇马主席，开始对俱乐部进行改革。

5月24日，皇马在欧冠决赛中3比0击败瓦伦西亚，第8次赢得欧冠冠军。7月，弗洛伦蒂诺赢得选举出任皇马主席，并在随后签下菲戈，银河战舰时代拉开序幕。同年，皇马被国际足联评为20世纪最佳俱乐部。

5月15日，皇马在欧冠决赛中2比1击败勒沃库森，第9次赢得欧冠冠军。皇马迎来建队百年大庆，举办了一系列庆祝活动。

皇马近3年无冠，2月27日，弗洛伦蒂诺宣布辞职。6月，拉蒙·卡尔德隆当选为新一任皇马主席，卡佩罗第二次出任皇马主帅。

以选票舞弊案为导火索，拉蒙·卡尔德隆辞职。6月，弗洛伦蒂诺第二次出任皇马主席，C罗、本泽马、卡卡、哈维·阿隆索于当年夏窗加盟。

伯纳乌球场承办了1982年世界杯决赛，意大利队3比1击败联邦德国队，夺得冠军。

| 荣耀百年

佩莱格里尼离开帅位，穆里尼奥出任皇马主帅。同年夏窗，劳尔离开皇马。

1月4日，贝尼特斯离任，齐达内出任一线队主帅。5月28日，皇马在决赛中点球击败马竞，第11次夺得欧冠冠军。

皇马队史第35次夺得西甲冠军。5月28日，皇马在欧冠决赛中1比0战胜利物浦，第14次夺得欧冠冠军。

5月24日的欧冠决赛，皇马凭借拉莫斯的进球补时扳平比分，加时4比1战胜马竞，第10次夺得欧冠冠军。

5月26日，皇马在欧冠决赛中3比1击败利物浦，第13次夺得欧冠冠军，实现欧冠3连冠。齐达内功成身退，离开皇马帅位。洛佩特吉出任皇马主帅，10月底就迅速下课，索拉里接手球队。同年夏窗，C罗离开皇马。

皇马以创西甲纪录的100个积分，重夺西甲联赛冠军。

皇马夺得西甲冠军。当年夏窗，皇马40年来首次夏窗零引援。

2010 2011 2012 2013 2014 2015 2016 2017 2018 2019 2020 2021 2022 2024

皇马在决赛中1比0战胜巴萨，时隔18年重夺国王杯冠军。

安切洛蒂离任，贝尼特斯接过皇马教鞭。卡西利亚斯离开皇马。

6月3日，皇马在欧冠决赛中4比1战胜尤文图斯，第12次夺得欧冠冠军，成为欧冠改制后首支成功卫冕的球队。皇马还在当赛季重夺联赛冠军，并获得欧洲超级杯、西班牙超级杯和世俱杯冠军，成为五冠王。

齐达内再次离任，安切洛蒂第二次出任皇马主帅。拉莫斯离队。

穆里尼奥离任，安切洛蒂出任皇马主帅。同年夏窗，贝尔加盟皇马，与C罗、本泽马组成锋线搭档。

3月11日，齐达内重返皇马帅位。

皇马再度夺得西甲、欧冠双冠王，6月2日，皇马2比0战胜多特蒙德，豪取第15个欧冠冠军

皇家荣耀 | 皇家马德里传奇功勋志

2023 意外与梦幻

如果回到2023年夏天开赛前夕的时间点，并告知皇马球迷，你的主队将在2023/2024赛季实现西甲和欧冠"双冠王"，并打出整个赛季只在联赛中输掉一场比赛的表现，或许没人能够真正相信。但这一切切实实地在这个赛季发生了，2023年夏天本泽马离开，标志着皇马一个时代的结束，而皇马整个夏窗没有签下一名实力过硬的正印中锋作为替代者，仅仅从降级的西班牙人租来青训产品何塞卢。

新赛季开赛前夕，防线上库尔图瓦受重伤，赛季基本报销，赛季首战客场面对毕尔巴鄂竞技，米利唐也因伤离场，赛后扫描结果显示，巴西人同样经历了赛季几乎报销的重伤。赛季刚开战，皇马锋线和中卫位置人员突然变得捉襟见肘，而管理层只签下了凯帕作为门将的替代品。在这样的背景之下，皇马仍在赛季末收获了西甲和欧冠"双冠王"，安切洛蒂的教练组和全体球员的齐心协力，以及全队在逆境之下一次次的逢凶化吉，成就了又一个赛季的赫赫伟绩。

神一样的贝林厄姆

效力皇马长达14年的本泽马离

8

梦幻2024

2024不断的一季

↑ 2024年6月2日，皇家马德里击败多特蒙德，豪夺队史第15个欧冠冠军。

开，回归的青训产品何塞卢难堪首发重任，皇马9号位出现真空，主帅安切洛蒂的应对方式是将新援贝林厄姆推到攻击线位置上。贝林厄姆在多特蒙德生涯产量最高的2022/2023赛季攻入8个德甲联赛进球，各项赛事攻入14球，而在被安帅推上攻击线之后，贝林厄姆在开赛季4轮西甲联赛场场破门，4轮打入5球，其中包括第三轮对阵塞尔塔的一击制胜和第四轮赛季主场首秀迎战赫塔费的补时绝杀。对阵赫塔费一战，贝林厄姆最后时刻上演绝杀，伯纳乌陷入沸腾，南看台第一次将披头士乐队的著名曲目"Hey Jude"唱了出来，贝林厄姆的5号球衣也在一时间内变成了皇马球迷的抢手货，看台上身披皇马5号球衣的球迷随处可见。

欧冠赛场上，皇马也在贝林厄姆的

9

皇家荣耀　皇家马德里传奇功勋志

带领下砥砺前行。小组赛首轮，皇马众将面对欧冠新军柏林联合的铁桶阵一筹莫展，贝林厄姆补时阶段挺身而出上演读秒绝杀，新伯纳乌球场的欧冠首秀以胜利告终。小组赛次轮客场迎战那不勒斯，贝林厄姆上演精彩的一条龙破门，他在中场附近拿球一路推进到禁区前沿，面对两名防守球员射门得手。这个进球让西班牙多家媒体立刻对贝林厄姆顶礼膜拜，《马卡》称贝林厄姆的这个进球有"齐达内和迪斯蒂法诺附体"的感觉。赛季初期的皇马仍处在本泽马离队后的阵痛之中，维尼修斯饱受伤病困扰，罗德里戈陷入迷失，屡次挥霍绝佳射门机会，新援何塞卢和卜拉欣·迪亚斯仍处在适应期，锋线众将难以挑起大梁之时，贝林厄姆扮演了"本泽马接班人"角色，他屡建奇功，几乎在赛季初以一己之力撑起皇马攻击线。

赛季第11轮，皇马做客蒙锥克球场迎来和巴萨的第一回合国家德比。主场作战的巴萨凭借京多安的进球早早取得领先，首发出战的巴西双星维尼修斯和罗德里戈则延续着开赛季以来的低迷状态，屡次陷入和巴萨防线之间的缠斗。0比1的比分迟迟难以改写，此时又是贝林厄姆在下半场挺身而出，一

| 梦幻2024

↓ 2023/2024赛季欧冠小组赛第1轮，皇马面对柏林联合的铁桶阵一筹莫展，补时阶段，贝林厄姆挺身而出，第94分钟读秒绝杀，进球后的贝林厄姆肆意庆祝。

记世界波洞穿巴萨城池。补时阶段，又是贝林厄姆用自己熟悉的方式插到巴萨禁区内洞穿球门，2比1，皇马逆转战胜巴萨赢下国家德比战。由于巴萨在本场国家德比身穿滚石乐队主题限量版球衣，赛后西班牙媒体纷纷表示，本场更胜一筹的是代表皇马的披头士乐队，他们战胜了巴萨的滚石乐队。在贝林厄姆的精彩表现鼓舞下，皇马主场伯纳乌球场在每个比赛日都会唱响披头士的名曲"Hey Jude"。截至国家德比结束时，贝林厄姆为皇马出场13场，攻入13球，赛季仅过了不到三分之一就完成了多特蒙德时代整个赛季的产量。皇马锋线乏力的状态充分激发了贝林厄姆的进球属性，在锋线无人可接班本泽马的情况下，天神下凡的贝林厄姆帮助皇马在赛季初期仍然双线挺进。

众人拾柴火焰高

仰仗贝林厄姆扛起全队的出彩发挥，皇马顺利度过了赛季初本泽马刚离开时的阵痛，而随着赛季深入，几名锋线球员逐步找回了感觉。赛季初的铁板凳卜拉欣·迪亚斯一度被安切洛蒂提上首发，作为中前场润滑剂的迪亚斯让巴西双星维尼修斯和罗德里戈逐步找回进球感觉。皇马11月初相继在对决布拉加和瓦伦西亚的比赛中收获久违的大胜，锋线众将均贡献了高效表现。即使贝林厄姆受到肩伤困扰一度缺席多场比赛，维尼修斯在国家队比赛日期间再度受伤，罗德里戈独自撑起锋线时，也能够连续收获进球，帮助皇马在积分榜上稳步领跑，欧冠小组赛皇马收获六连胜昂首出线。

比起锋线球员表现的改善，这支皇马最让人欣喜的事情在于即使伤病频繁，但人人都能奋勇争先，随时都有人能够顶上空缺。赛季初期库尔图瓦的重伤让皇马火线从切尔西引入凯帕，但在对布拉加一战赛前，凯帕受伤退出首

发，顶替凯帕首发上阵的卢宁开场一分钟就扑出对手的点球，为皇马的获胜奠定基础。后防线上米利唐遭遇重伤，阿拉巴也在对比利亚雷亚尔一战重伤倒下，皇马正牌中卫只剩下纳乔和吕迪格，两人在1月的密集赛程中连续首发出战，护佑全队平稳前行，吕迪格还在开年首战对阵马洛卡的比赛中头槌绝杀，当两人"积劳成疾"不得不休战的时候，卡瓦哈尔和楚阿梅尼临危受命客串中后卫亦能不辱使命，2月对吉罗纳的榜首之战，皇马靠着上述两人组成的客串中卫组合大胜并零封对手，榜首位置愈发稳固。

皇马能够在防线上伤兵满营的情况下始终维持稳定表现，和中场众将的勤恳也密不可分，前几个赛季巴尔韦德在进攻端的戏份增多，也收获了不少进球和助攻，但随着贝林厄姆的到来，巴尔韦德也心甘情愿将更多力量投入防守中，他不惜体力的跑动让皇马后防线轻松了很多。年龄渐长的莫德里奇已经不是皇马的绝对主力，但每次替补出场，皇马10号都能拿出稳定贡献，时不时还能攻入一记世界波。克罗斯除了一如既往的高效传球之外，防守端同样不遗余力，卡马温加、楚阿梅尼也在各个位置上发光发热。

很难想象这支赛季前在转会市场上动作幅度不大，还经历了伤病困扰的皇马能够在赛季开始后一路所向披靡，除了联赛和国王杯赛场两次输给马竞之外，皇马在西甲和欧冠双线挺进，西班牙超级杯赛场相继战胜马竞和巴萨夺得冠军。这一切都是皇马主帅安切洛蒂的妙手所致，曾在米兰发明出4个10号球员阵形，在皇马一期将迪马利亚从边锋改成中场的安帅，也将皇马这套缺乏正印中锋和中卫人员短缺的阵形玩到了极致。虽然赛季初有过安帅可能接手巴西国家队的传闻，但皇马高层在赛季中期迅速完成

皇家荣耀 皇家马德里传奇功勋志

了和主帅的续约工作，伯纳乌现场一次次将"安切洛蒂之歌"唱响，意大利主帅的运筹帷幄造就了皇马各条战线的全线飘红。

成就双冠伟业

4月皇马迎来关键一周，欧冠八强迎战老对手曼城以及第二回合的国家德比。在之前一个赛季的欧冠半决赛上，皇马客场0比4惨败曼城，此番再战老对手，外界赛前普遍难以看好皇马完成复仇。首回合坐镇伯纳乌，皇马在一场精彩的对攻战后以3比3战平曼城，巴尔韦德的世界波帮助皇马避免了首回合的主场失利。第二回合做客伊蒂哈德球场，罗德里戈利用反击机会先进一球，接下来的比赛基本变成了曼城的狂轰滥炸，皇马的防线则众志成城，一次次将曼城制造的机会化解。德布劳内的进球将比赛拖入加时，点球大战中莫德里奇率先罚丢点球，但卢宁的精彩两扑让皇马绝处逢生，两名在常规时间和加时赛中挺过了考验的首发中后卫纳乔和吕迪格相继罚入关键点球，皇马在极为艰辛的120分钟比赛后复仇曼城，杀入四强。

第二回合国家德比战恰好在皇马艰难淘汰曼城后的周末，当时的皇马手握8分领先优势，夺冠形势一片大好，在疲惫的一战过后，国家德比平局或输球的结果对皇马而言或许也可以接受。而比赛中，皇马也两度被巴萨率先取得进球，此时为皇马站出来的是巴斯克

➡ 2023/2024赛季西甲首回合的国家德比，贝林厄姆贡献世界波+补时绝杀，帮助皇马2比1逆转巴萨。

12

梦幻2024

皇家荣耀 | 皇家马德里传奇功勋志

斯，他先是攻入一球，随后又助攻贝林厄姆上演绝杀。赛后庆祝胜利时，贝林厄姆将巴斯克斯推向死忠看台前接受球迷欢呼声的一幕彰显着皇马全队的团结一致。这场胜利过后，皇马基本锁定了队史第36个西甲冠军。

接下来的欧冠半决赛上，皇马凭着维尼修斯的精彩表现，首回合客场2比2战平拜仁。第二回合回到主场，拜仁率先打入一球，绝境中的皇马仍有勇夫站出来拯救球队，这一次是整个赛季表现毁誉参半的何塞卢，他在替补登场后连入两球，让皇马再一次在绝境下逆转绝杀闯入决赛。决赛面对时隔11年再入欧冠决战的多特蒙德，经验更加老到的皇马在上半场比赛甚至一度被对手压制，然而依靠防线的稳固发挥和伤愈复出的库尔图瓦几次关键扑救，稳住局面。下半场比赛，卡瓦哈尔定位球先进一球，赛季下半程贡献金球级别表现的维尼修斯破门锁定胜局，力助皇马捧起队史第15个欧冠冠军。

在这样一个全队伤病频繁，被外界普遍视为过渡期的赛季，皇马最终克服重重艰难险阻，实现了西甲和欧冠的"双冠王"伟业。西甲赛场皇马基本是一路领跑夺冠，整个赛季只输掉了一场，欧冠赛场皇马一次次处在被淘汰出局的边缘，但却一次次逢凶化吉，绝境求生。从贝林厄姆在赛季初期扛着球队前行，到中后期人人皆在双冠过程中挺身而出，皇马这个惊喜连连的赛季是属于全队每一个人的。

梦幻2024

↑ 皇马提前4轮获得2023/2024赛季西甲冠军，这是皇马队史第36个西甲联赛冠军。

← 皇马夺得欧冠第15冠翌日，在马德里举行夺冠游行庆典。

皇家荣耀 | 皇家马德里传奇功勋志

全新皇马重新起航
姆巴佩能否成为舵手？

　　金光灿灿的2023/2024赛季之后，皇马新赛季将带着更加豪华的阵容重新起航，"空降"增援的新9号姆巴佩、超新星政策下加盟的恩德里克、经过欧洲杯洗礼的居莱尔等人代表着皇马光辉的未来。其中，姆巴佩的到来尤其让人期待，实现了"儿皇梦"的姆总在座无虚席的伯纳乌球场高调亮相，所有人都期待着法国巨星能够成为C罗之后的新一代皇马舵手，上赛季的双冠辉煌过后，全新的皇马将继续为更多荣誉而战。

姆总空降引万人追捧

　　2024年7月16日，当西班牙仍沉浸在欧洲杯夺冠的喜悦之中时，马德里的伯纳乌球场启动了盛大的欢迎仪式，经过改建的新伯纳乌球场在中午12点时已经座无虚席。如此盛大仪式只为了一个人的到来，那就是基利安·姆巴佩。身披皇马9号球衣的姆巴佩从球员通道走出，向着看台招手，用流利的西班牙语做了一番演讲，最后模仿了15年前C罗到来时那个经典的"1，2，3，Hala Madrid！"的口号，引发了伯纳乌全场球迷的欢呼雀跃。现场播放出了2012年姆巴佩来到伯纳乌球场试训的珍贵视频，视频中的姆巴佩在皇马体育城展现球技，如今他终于成为皇马的正式球员，这期间跨越了近12年光景。昔日的姆巴佩只是天赋异禀的足球少年，如今他已经是世界足坛第一档的超级巨星。

亮相仪式过后，姆巴佩走进新闻发布厅，面对各路记者的提问对答如流，他始终强调自己实现了儿时的梦想，并表示自己和C罗是很好的朋友，两人也曾就皇马有过不少的交流。谈到自己的目标时，姆巴佩表示，他不会为自己设限，他的目标和皇马一样就是为了冠军而战。皇马在他加盟之前已经夺得了15个欧冠冠军，他最希望能够继续和皇马夺得更多的冠军奖杯。

发布会全程下来，姆巴佩除了对法国媒体使用法语回答问题之外，全程使用流利的西班牙语作答，这也为初来乍到的他博得了不少球迷和媒体的好感。曾在姆巴佩2022年加盟皇马未果后大发雷霆，并表示姆巴佩"以后永远都不要来皇马"的《阿斯》报著名主编托马斯·龙赛罗撰文表示："我已经原谅姆巴佩了，希望他在皇马取得成功。"而在马德里的皇马官方球衣专卖店，姆巴佩的巨幅海报在门口占据了最重要的位置，新赛季的姆巴佩9号球衣一经上架就被球迷抢购一空。法国巨星的到来在竞技上尚未给俱乐部带来突破，但在经济效益上已经让皇马大赚一笔。

从竞技角度看，姆巴佩的加盟对于皇马而言更多只是锦上添花，2023/2024赛季皇马在巴西双星和贝林厄姆的出色表现下夺得西甲和欧冠"双冠王"。相比于当年C罗在皇马连年欧冠止步16强的低谷期加盟，并经过数年蛰伏后才让皇马实现队史第10个欧冠和欧冠三连冠伟业，姆巴佩加盟的是一家刚刚夺得"双冠王"，过去10年夺得6个欧冠的欧洲最成功俱乐部，用西班牙媒体的话说，"姆巴佩应该保持谦逊，现在是他需要皇马这个平台赢得更多荣誉，而不是皇马更需要他"。

实际上，从2018年C罗离开之后，皇马始终缺乏真正意义上的巨星，维尼修斯和罗德里戈、贝林厄姆等人更多是以超新星的身份加盟皇马，并在这里实现了蜕变。而姆巴佩这样的世界身价最高的巨星能够免签加盟，足见皇马当前对世界顶级巨星的巨大吸引力。在这些年曼城和巴黎等欧洲足坛新贵靠着强大财力买入巨星并冲击豪门行列的背景之下，作为传统豪门的皇马能够签下姆巴佩，证明传统势力仍是引领欧洲足坛的重要力量，而且姆巴佩是在放弃巴黎圣日耳曼的至高无上地位和世界第一年薪的情况下选择转投皇马，更是代表传统势力的皇马对新锐势力巴黎一次强有力的回击，在金钱攻势面前，豪门吸引力仍然难以轻易撼动。

新赛季姆姆佩将在皇马扮演怎样的技战术角色，就要看主帅安切洛蒂的安排了，对于2023/2024赛季玩转贝林厄姆前插，维尼修斯和罗德里戈在左侧轮番冲击战术的安帅而言，姆巴佩的

皇家荣耀 | 皇家马德里传奇功勋志

"空降"不会干扰他的排兵布阵，拥有姆巴佩的皇马在2024/2025赛季的进攻只能更加变化多端，能否如C罗那样成为这支皇马的舵手，就看姆总自己能否迅速适应全新环境了。

新星们跃跃欲试

在姆巴佩亮相伯纳乌之后不久，皇马迎来又一位新援，巴西新星恩德里克在近5万球迷的见证下身披16号球衣亮相伯纳乌球场。这位新星是皇马继维尼修斯和罗德里戈等人之后囤积的又一位巴西小妖，他在2022年世界杯期间确定与皇马签约。接下来继续租借老东家帕尔梅拉斯踢球的恩德里克在2023赛季巴甲赛场攻入11球，这一年他也进入了巴西成年国家队。虽然在刚结束的美洲杯上，恩德里克的表现没有达到人们对他的期许，但2024年3月相继面对英格兰和西班牙的两场友谊赛上，恩德里克连场进球，代表巴西队的首秀就收获进球，对阵西班牙一战，恩德里克在自己未来东家的主场伯纳乌球场破门得分。加盟皇马后的恩德里克将面临锋线上的强烈竞争，但在伯纳乌的前辈维尼修斯和罗德里戈都在蛰伏数年后收获成功，我们有理由期待恩德里克未来成为皇马又一名巴西神锋。

2024年欧洲杯上的土耳其队给人留下了深刻印象，全队充满激情和热血的打法在一众功利和算计至上的豪强映衬下更显可贵。第一次出战世界大赛的居莱尔则是这支土耳其阵中的瑰宝，小组赛首战格鲁吉亚，居莱尔就攻入一记精彩世界波。淘汰赛面对奥地利，居莱尔的两次角球造就了德米拉尔的两个进球，帮助土耳其淘汰对手闯入八强。整届欧洲杯居莱尔贡献1球3助攻的精彩表现，经历了大赛洗礼的土耳其小将同样也是皇马的未来。2023年夏窗加盟皇马的居莱尔在加盟皇马的第一个赛季前期受到伤病困扰，始终没能

← 亮相仪式上，姆巴佩深情亲吻皇马队徽。
↓ 在姆巴佩亮相伯纳乌之后不久，皇马迎来又一位新援，巴西新星恩德里克正式加盟皇家马德里。

为皇马上演正式比赛首秀。但赛季末伤愈复出后，居莱尔在有限的出场时间中打出了高效表现，西甲赛场出战10场，其中仅仅4次首发，就攻入6粒进球，兼具传球和破门能力，防守端同样积极主动的居莱尔过去一年的神速进步被安切洛蒂看在眼中，安帅也表示，新赛季居莱尔将在球队阵中扮演更重要的角色。

姆巴佩、恩德里克的到来和居莱尔的迅速崛起让皇马进攻线有了多种选择，2023/2024赛季位置靠前的贝林厄姆或许也将在接下来适当后撤。随着克罗斯的退役，加盟时便被视为典礼中场接班人的贝林厄姆新赛季预计也将更接近8号位，在多特蒙德时期始终出任这个位置的贝林厄姆也将回到自己熟悉的位置上继续绽放光彩。

过去几年内，皇马始终在致力于签下新星为未来进行储备，而这些储备也在最近几个赛季迎来厚积薄发。维尼修斯、巴尔韦德、罗德里戈和卡马温加都收获了长足的进步，也是当前这支皇马的支柱，而皇马在签下姆巴佩这样的巨星的同时，为未来储备的脚步仍没有停下，恩德里克和居莱尔们都代表着俱乐部的未来。2023/2024赛季夺得欧冠15冠后，皇马全队已经在展望明年再度争夺队史第16个欧冠冠军，收获了现在和未来的皇马能否再度成就一个王朝时代，也是很值得期待的事情。

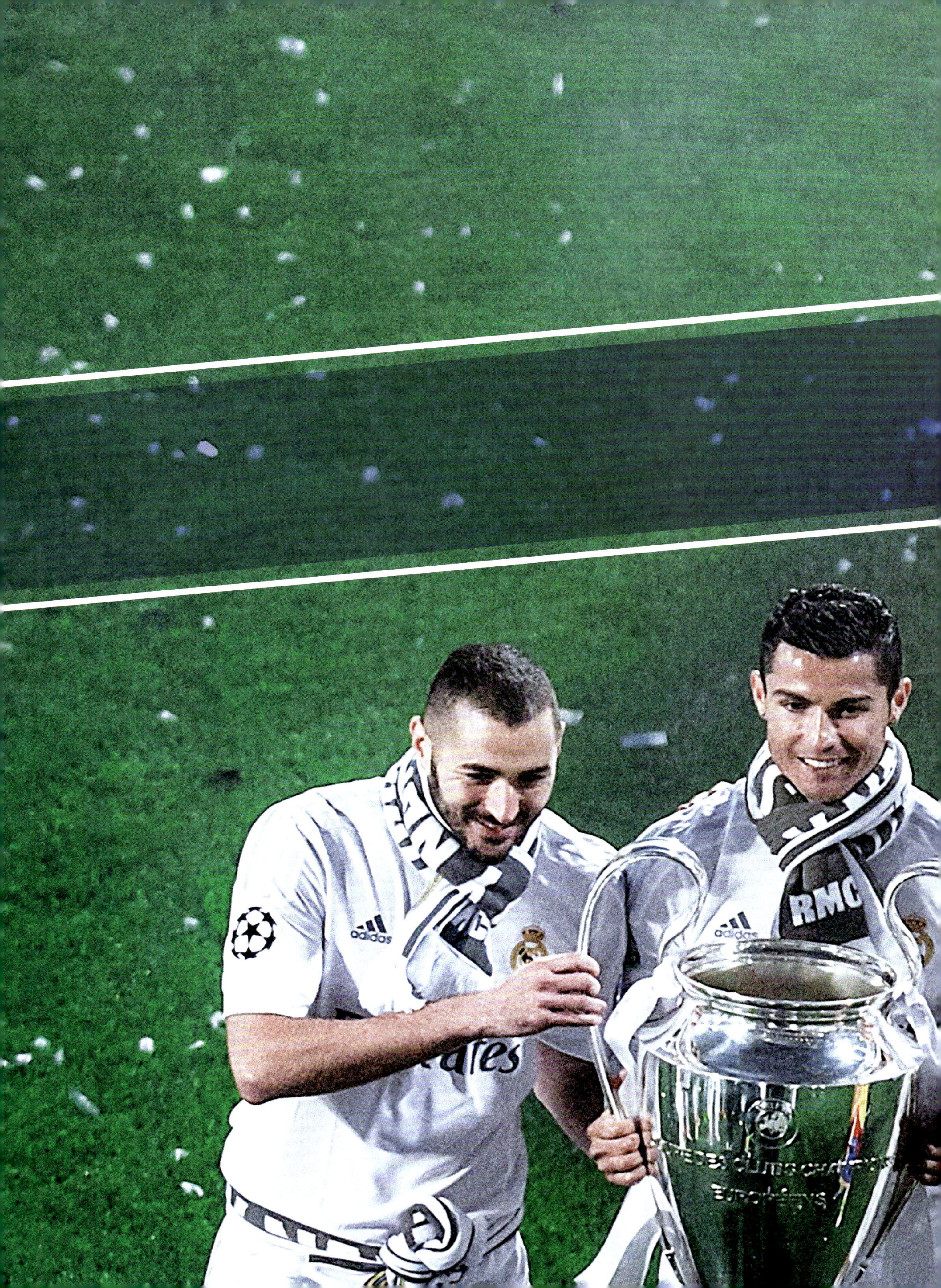
adidas
adidas
RMC

皇家传奇
巨星

皇家荣耀 | 皇家马德里传奇功勋志

> 跟随皇马创业有成的萨莫拉被公认为历史最佳门将之一。

里卡多·萨莫拉
Ricardo Zamora

门神师尊

皇家档案

里卡多·萨莫拉
Ricardo Zamora Martinez

生卒	1901.1.21-1978.9.8
国籍	西班牙
身高	1.86米
位置	门将

2020年底,巴塞罗那蜡像馆为里卡多·萨莫拉的雕像举行了揭幕仪式。针对该为这尊蜡像穿上巴萨还是西班牙人的球衣这个问题,巴塞罗那的球迷中间展开了激烈争辩。然而萨莫拉真正得以成为国际足坛历史上总统山级别的门将,还是在随皇马开创首个王朝的那几年。

萨莫拉的父母不曾想到,这个出生时身体极度瘦弱的孩子,会在足球场上开创一段传奇生涯。球员时代的前半段,萨莫拉分别随巴萨和西班牙人捧起国王杯,也代表西班牙队夺得1920年奥运会银牌。而在西甲联赛1928年创立时,当时正在西班牙人效力的萨莫拉,也顺理成章地成为这项赛事创立初期最好的门将。

1930年,面对皇马的攻势,西班牙人为萨莫拉标价15万比塞塔。这在当时的足坛是没有人能够支付得起的价格,但时任皇马主席乌塞拉却一咬牙,满足了西班牙人的要价,并把萨莫拉签入队中。萨莫拉果然也不负众望,

里卡多·萨莫拉

俱乐部生涯

1916-1919	西班牙人	32场0球
1919-1922	巴塞罗那	36场0球
1922-1930	西班牙人	118场0球
1930-1936	皇家马德里	153场0球
1937-1938	尼斯	4场0球

皇马生涯统计

赛季	联赛出场	联赛进球	国内杯赛出场	国内杯赛进球	外战出场	外战进球	总计出场	总计进球
1930-31	12	0	5	0	2	0	19	0
1931-32	17	0	0	0	8	0	25	0
1932-33	18	0	9	0	10	0	38	0
1933-34	12	0	9	0	9	0	30	0
1934-35	16	0	1	0	9	0	26	0
1935-36	7	0	6	0	2	0	15	0
总计	82	0	30	0	40	0	153	0

皇马生涯集体荣誉

西甲冠军
1931-32　1932-33

国王杯冠军
1934　1936

↓ 门前的萨莫拉常有惊艳扑救动作问世。

1931/1932 赛季，他便以主力门将的身份，为皇马捧回了首座联赛冠军奖杯，并在次年随队成功卫冕。

但在那个职业足球体系尚不完善，国际政治形势瞬息万变的年代，萨莫拉的皇马生涯，只能随着西班牙内战的爆发戛然而止。1936 年的一天，西班牙媒体爆出消息称，萨莫拉在内战中被枪杀，虽然该消息很快被证伪，但西甲在那时已经停摆，萨莫拉本人也一度因内战爆发被捕，法乙尼斯成了他生涯的最后一站。

受制于当时的政治环境，萨莫拉没能在皇马终老，也一度被别有用心的政治投机者当作工具。但这不能掩盖这位早期西班牙足坛的"标王"为职业化初期的皇马立下的赫赫战功。1934 年和 1936 年，萨莫拉还两次随队赢得杯赛冠军，尤其是 1936 年决赛，35 岁的萨莫拉将巴萨补时阶段的最后一攻神勇拒绝，给他的皇马绝唱留下了光辉背影。

20 世纪 30 年代，以萨莫拉为代表的一代白衣军团，真正成长为一支顶级强队。而他所领衔的那条皇马后防，在被移植到西班牙队的同时，永远在西班牙足球史占有一席之地。从生前到身后，萨莫拉始终享有极高的赞誉，也被他曾经效力过的 3 支球队共同奉为传奇。直到时间走到 20 世纪尾声，他也仍被各大媒体和机构公认为世界足球史上最出色的门将之一。

然而萨莫拉赢回的奖杯，甚至不是他最被世人所知的成就。当代人未必了解萨莫拉，但一定听说过"萨莫拉奖"——西甲对失球最少门将的表彰；他的标志性扑救则得名"萨莫拉纳"。对世界足坛而言，萨莫拉也影响了一代人。20 世纪中期，不少门将在比赛时，都会身着高领上衣，头戴贝雷帽，这正是萨莫拉标志性的装扮。

皇家荣耀　皇家马德里传奇功勋志

迪斯蒂法诺与5座欧冠冠军奖杯合影。

迪斯蒂法诺
Alfredo Di Stefano

开创时代的金箭头

皇家档案

阿尔弗雷多·迪斯蒂法诺
Alfredo Stefano
Di Stefano Laulhe

生卒	1926.7.4-2014.7.7
国籍	阿根廷/西班牙
身高	1.78米
位置	前锋/进攻型中场

"史上最佳球员"这个无与伦比的称号，在很多球迷看来应该归属于巴西球王贝利；同时也有一些人会说，阿根廷人马拉多纳才是最厉害的那一位。然而对于皇马的拥趸而言，标准答案则是另一位来自南美的上古大神——迪斯蒂法诺，一位出生于阿根廷，而后把自己职业生涯最辉煌的时光留在西班牙的"金箭头"。

如此定位或许会引来非议，但很多人都会赞同的是，在皇马这家足球史上最成功的俱乐部里，迪斯蒂法诺正是当之无愧的"第一人"。

关于迪斯蒂法诺，当代球迷应该听说过不少关于他的奇闻，比如他效力过3支国家队，这在现在看来简直匪夷所思。先是阿根廷队，然后短暂效力哥伦比亚队，再后来是自1957年开始为西班牙队效力到1962年。当然，如此奇遇其实只是迪斯蒂法诺光辉岁月中的一个小篇章，俱乐部赛事才是他散发万丈光芒的地方。在这片舞台，几乎无人能与之匹敌。

迪斯蒂法诺的才华究竟有多高？我们可以先罗列一些简单的数据感受一下，

迪斯蒂法诺

俱乐部生涯

1945-1949	河床	75场55球
1949-1952	百万富翁	111场100球
1953-1964	皇家马德里	396场308球
1964-1966	西班牙人	60场14球

皇马生涯统计

赛季	联赛出场	联赛进球	国内杯赛出场	国内杯赛进球	外战出场	外战进球	总计出场	总计进球
1953-54	28	27	0	0	0	0	28	27
1954-55	30	25	0	0	2	0	32	25
1955-56	30	24	0	0	7	5	37	29
1956-57	30	31	3	3	10	9	43	43
1957-58	30	19	7	7	7	10	44	36
1958-59	28	23	8	5	7	6	43	34
1959-60	23	12	5	3	6	8	34	23
1960-61	23	21	9	8	4	1	36	30
1961-62	23	11	8	4	10	7	41	22
1962-63	13	12	9	9	2	1	24	22
1963-64	24	11	1	1	9	5	34	17
总计	282	216	50	40	64	52	396	308

↓ 1960年5月18日，迪斯蒂法诺在对阵法兰克福的欧冠决赛中上演帽子戏法，帮助皇马7比3获胜。

比如他在皇马获得的奖杯总数：欧冠五连冠、8次西甲冠军，以及1次洲际杯、1次国王杯、2次拉丁杯冠军。除此之外，作为教练的迪斯蒂法诺还曾带队取得1次西班牙超级杯冠军。这无疑是相当惊人的数字，单凭欧冠捧杯次数便足以让这位皇马传奇人物名垂青史。

在欧冠历史上，迪斯蒂法诺的同袍亨托6次夺冠，雄踞荣誉榜头名，5次夺冠的球员截至2024年则有20人，其中又有6人和亨托一样都曾是迪斯蒂法诺的队友，那么后者凭什么脱颖而出享有盛名？理由很简单，因为迪斯蒂法诺实际上是改变了皇马发展轨迹的人物。1953年，当这位27岁的全能攻击手加盟皇马之后，足坛的格局随之发生了巨大改变。

在迪斯蒂法诺加盟之前，皇马虽然也曾染指西甲冠军，但还没有达到今时今日可以称为霸主的地位。在从1929年开始的最初24个赛季里，西甲冠军有6次被巴萨捧走，毕尔巴鄂竞技5次夺魁，随后是4次的马竞，3次的瓦伦西亚，而皇马只有2次，并不算非常起眼。但从1953年到1964年，也就是迪斯蒂法诺效力皇马期间，该队捧走了8次联赛冠军奖杯，只让巴萨和毕尔巴鄂分别拿了2次和1次冠军。

在这不算太短的11年间，迪斯蒂法诺曾经连续6年成为皇马的联赛最佳射手（其中5次夺得西甲金靴），直到他33岁之后才让位于另一位传奇人物普斯

皇家荣耀 | 皇家马德里传奇功勋志

→ 皇马主席伯纳乌（中）在签下迪斯蒂法诺（左）后，又从欧冠老对手兰斯那里挖来了科帕。

皇马生涯集体荣誉

西甲冠军
1953-54　1954-55　1956-57　1957-58
1960-61　1961-62　1962-63　1963-64

国王杯冠军
1962

欧冠冠军
1955-56　1956-57　1957-58　1958-59　1959-60

洲际杯冠军
1960

小型世俱杯冠军
1956

拉丁杯冠军
1955　1957

皇马生涯个人荣誉

金球奖
1957　1959

西甲金靴
1954　1956　1957　1958　1959

西班牙年度最佳运动员
1957　1959　1960　1964

国际足联荣誉奖
1994

国际足联20世纪世界最佳阵容
1998

国际足联百大球星
2004

欧足联西班牙50年最佳球员
2004

卡什。在皇马走向西甲霸主甚至欧洲霸主的道路上，他的贡献不言而喻。此外，迪斯蒂法诺还是历史上唯一5次在欧冠决赛破门的选手，同时也是3位能在决赛上演帽子戏法的球星之一。而每当他决赛进球，皇马都拿下了当年的冠军。皇马欧冠五连霸，迪斯蒂法诺绝对是首功之臣。

值得一提的是，虽然迪斯蒂法诺拥有超凡的得分能力，他的雅号"金箭头"也一眼就能让人联想到他的场上位置，但这位伟大人物却绝不仅仅是一名门前杀手。有人说，迪斯蒂法诺是足球史上第一位全能型球星，这听上去好像有点夸张，但他的移动轨迹确实做到了覆盖全场。对此，迪斯蒂法诺的队友和教练米格尔·穆尼奥斯曾做出这样的评价："迪斯蒂法诺的最伟大之处在于，当你的球队拥有他时，就等于每个位置都多出一名球员。"

既能够以超人的嗅觉完成致命一击，也能用自己的跑动、传递带动整支球队，迪斯蒂法诺在场上时而凶猛灵动，时而闲庭信步，完全就是超越时代的存在。这也难怪"大国际"时代的传奇教头、曾执教巴萨和西班牙国家队的埃莱尼奥·埃雷拉如此称颂他："迪斯蒂法诺既可以是后防的铁锚，也可以是中场的指挥官，同时还是攻击线上最危险的神枪手。"在他看来，这才是真正无所不能的高手。

有趣的是，这位曾为皇马开创全新历史的传奇人物，最初其实差点加盟巴萨。1952 年，为庆贺俱乐部创立 50 周年，皇马邀请迪斯蒂法诺当时效力的哥伦比亚百万富翁队到马德里出战友谊赛。正是在那时，时任皇马主席圣地亚哥·伯纳乌先生迷上了这个阿根廷小子，与此同时，巴萨的工作人员也在近距离观战。

随后巴萨率先行动，与阿根廷河床签订了合约。依照国际足联与哥伦比亚联赛在 1951 年签订的"利马协议"，在官方解除对后者各种禁赛的同时，此前"叛逃"到哥伦比亚的所有外籍球员必须在 1954 年后返回原籍，球员所有权仍归属原球队，1949 年从河床转投百万富翁队的迪斯蒂法诺就是这种情况。

皇马则在与百万富翁接洽，4 家俱乐部纠缠在一起争论不休，一度让迪斯蒂法诺心生退意，短暂回到阿根廷考虑提前挂靴。而在前西班牙足协主席卡莱罗的斡旋下，甚至还出现过一套迪斯蒂法诺在两家俱乐部一年一换各踢两年的"解决方案"。最终，还是伯纳乌先生通过努力游说换来了成功，迪斯蒂法诺和皇马签下 4 年合同，无论薪水和奖金都远高出其他皇马队友。巴萨方面有偿出让了自己对迪斯蒂法诺的"一半所有权"，据称皇马花费了 550 万西班牙比塞塔的转会费，另外还有 130 万的买断费以及每年付给百万富翁队的费用。

传闻中这笔花销的总和，相当于皇马当时年收入的 40%，几乎可以说是千金一掷。然而，从后面的故事来看，这些钱相比起迪斯蒂法诺的个人贡献来说，完全是不值得一提。

↑ 迪斯蒂法诺效力皇马期间，主席伯纳乌为球队打造了一套超豪华阵容，图中从左到右依次为：雷蒙·科帕、埃克托·里亚尔、迪斯蒂法诺、普斯卡什和亨托。

皇家荣耀 | 皇家马德里传奇功勋志

皇家档案

帕科·亨托
Francisco Gento Lopez

别名	Paco Gento
生卒	1933.10.21-2022.1.18
国籍	西班牙
身高	1.68米
位置	左边锋

俱乐部生涯

1952-1953	桑坦德竞技	14场3球
1953-1971	皇家马德里	600场182球

→ 亨托是历史上第一位曾经6次随队夺得欧冠冠军的球员。

亨托 Paco Gento
流芳飓风

2022年1月18日,"皇马名宿协会"主席帕科·亨托逝世,世界足坛陷入悲恸。皇马在俱乐部120周年庆典前夕,失去了队史最有分量的名宿之一。在亨托去世的同时,马塞洛以西班牙超级杯冠军作为其皇马生涯的第23个冠军,以追平先贤的方式向其致敬,并在赛季结束时完成了超越。

随着网络普及,球员们总能收获符合时代背景的绰号。但在20世纪中叶的那支皇马,亨托就已经被称为"北风之子",类似当下的"追风少年"。皇马1956年起的欧冠五连冠,以及20世纪60年代在国内赛场的大包大揽,亨托全程参与,并担当了两代传奇的承接者。而以如风速度为利刃的亨托,让当时的整个欧洲足坛都对皇马左路闻之色变。

2014年的国王杯上,贝尔强超巴尔特拉的镜头引发了舆论震动,亨托当然也在其中。"换成是我,大概也会选择从边线外超过去。"老人的回答并没有偏离提问者的预想,也让年轻球迷进一步认识了曾经的亨托。每当他一启动,对方右后卫的噩梦就开始了。他的盘带并不花哨,无论强行超车还是急停转身,总能让防守者心服口服。同时,他还能用左脚完成精准的传中和射门,是一位无可争议的全能战士。

其实,亨托皇马生涯的开局远不算顺风顺水。出自西班牙西北部坎塔布里亚大区农民家庭的亨托,1953年加盟皇马前,出场数据不过是在桑坦德竞技的10场联赛、4场杯赛。但为了得到这个还不到20岁的新星,皇马付出了150万比塞塔,外加两名球员的交换代价。可他在皇马的第一个赛季并不顺利,当时一度有传闻称,皇马有意将亨托送回桑坦德竞技,换回当时用来交易他的"添头"埃斯皮纳。

皇马生涯统计

赛季	联赛 出场	联赛 进球	国内杯赛 出场	国内杯赛 进球	外战 出场	外战 进球	总计 出场	总计 进球
1953-54	17	0	4	0	-	-	21	0
1954-55	24	6	3	0	2	0	29	6
1955-56	29	7	6	3	7	1	42	11
1956-57	27	7	3	0	10	4	40	11
1957-58	28	7	5	1	6	3	39	11
1958-59	21	7	4	2	8	1	33	10
1959-60	27	14	5	3	6	2	38	19
1960-61	28	9	8	3	3	2	39	14
1961-62	25	6	9	4	9	2	43	12
1962-63	25	7	4	1	2	1	31	9
1963-64	24	12	2	0	9	3	35	15
1964-65	23	4	3	0	6	5	32	9
1965-66	28	10	3	2	9	3	40	15
1966-67	20	11	5	0	5	0	30	11
1967-68	24	8	1	0	7	5	32	13
1968-69	26	8	2	1	2	0	30	9
1969-70	24	3	4	1	3	3	31	7
1970-71	7	0	2	0	6	0	15	0
总计	427	126	73	21	100	35	600	182

↓ 1964 年 5 月 24 日，与国际米兰的欧冠决赛开打 3 天前，亨托将他被视为球队吉祥物的宠物斑点狗带到了皇马更衣室内。

拯救亨托皇马生涯的，是两位来自阿根廷的队友。1953/1954 赛季，在与他同时加盟的迪斯蒂法诺的高光下，亨托无须承担太多的压力，也首次尝到了联赛冠军的滋味，而在 1954/1955 赛季，阿根廷中场里亚尔的加盟则彻底激活了亨托。里亚尔喜欢送出直传球，正合年轻的亨托胃口。后者就此完成蜕变，皇马也自此破茧成蝶。

加盟皇马两个赛季，赢得西甲两连冠和一次杯赛冠军后，亨托跟随皇马开启了俱乐部历史上最伟大的岁月。5 年 5 夺欧冠的成就价值几何无须赘言，亨托作为皇马的主力左边锋，在此期间也起到了至关重要的作用。这个儿时被认为更有可能成为田径运动员的西班牙北方人，在足球场上达到了连自己都没想到的高度。

皇马称霸欧战的年代，那个在左路驰骋，身披 11 号球衣的年轻人，给当时的欧洲留下了深刻印象。亨托的招式简单而有效：突然变向提速，甩开防守队员，然后或是急停，或是直接起脚轰门。皇马欧冠五连的时代，亨托不止一次成为主角。1957 年决赛对阵佛罗伦萨，亨托打进了锁定胜局的一球，第二年与 AC 米兰的决战，皇马在不利局面下经过加时取胜。打进绝杀一球的，又是亨托。

和迪斯蒂法诺等前辈不同，到皇马连续第 5 次欧冠捧杯时，亨托还是 26 岁

皇家荣耀 | 皇家马德里传奇功勋志

皇马生涯集体荣誉

西甲冠军
1953-54　1954-55　1956-57　1957-58
1960-61　1961-62　1962-63　1963-64
1964-65　1966-67　1967-68　1968-69

国王杯冠军
1961-62　1969-70

欧冠冠军
1955-56　1956-57　1957-58
1958-59　1959-60　1965-66

洲际杯冠军
1960

小型世俱杯冠军
1956

拉丁杯冠军
1955　1957

➜ 1966 年 5 月 12 日，皇马 2 比 1 击败贝尔格莱德游击队赢得欧冠决赛，亨托在赛后高举奖杯。

的当打之年。球队统治欧洲的几年，也是亨托积累经验，并迈入成熟的关键阶段。迪斯蒂法诺对身边这个小搭档很是照顾，甚至开玩笑说"你应该跑得慢一点"，鼓励他多采用其他技术，丰富自己的武器库。1959/1960 赛季，亨托迎来了职业生涯最高产的一年，单赛季 19 球的成绩，把他的职业生涯推向顶峰。

进入 20 世纪 60 年代，皇马在欧冠的统治结束，里亚尔离开皇马，迪斯蒂法诺的效率随年龄增长开始下滑。普斯卡什接过了迪斯蒂法诺的进球重任，也接替了里亚尔，成为亨托身后最可靠的传球手。1960/1961 赛季，皇马在欧冠的王朝，随着 1/8 决赛被巴萨淘汰而终结，但回到联赛中，白衣军团却在诺坎普找回了场子，从客场带走 5 比 3 的一场大胜。而在这场德比中打进两球的亨托，则为自己的荣誉簿又添加了一份经典之作。

1966 年，皇马时隔 6 年再次登顶欧洲足坛。亨托的身边已经不再有迪斯蒂法诺、普斯卡什的身影，取而代之的是阿曼西奥等年轻一代。2 年前和 4 年前，这支年轻的皇马两次在决赛中折戟，但有已经成为队长的亨托压阵，皇马没有让遗憾第三次上演。于球队，亨托完美担任了皇马两个时代间的传承者、衔接者；于个人，亨托也在这年达成了 6 夺欧冠冠军的开创性成就，历史第一。

整个 20 世纪 60 年代，皇马在国内赛场取得的成绩更应该用成功形容，亨托的荣誉簿也进一步得到了扩充。职业生涯末期，他不再像年轻时那样风驰电掣，却仍是皇马的精神支柱和球队图腾。亨托的职业素养奇佳，状态相当稳定，也很少受到伤病影响，在皇马效力的最后几年依然能稳坐主力。职业生涯的倒数第二个赛季，亨托依然保持着每年 30 次出场的超高出勤率，并在各条战线都有进球入账。

1970/1971 赛季过后，将满 38 岁的亨托结束了个人职业生涯。在皇马的 18 个赛季中，这是亨托唯一一次没有任何奖杯斩获。1971 年的欧洲优胜者杯决赛，替补出场的亨托没能帮助皇马逆转切尔西，让他职业生涯的收尾略显遗憾。但一连串荣誉已经足以体现他亲历的伟大时代：12 个西甲冠军、2 个"大元帅杯"（佛朗哥统治时期，国王杯在 1939 年至 1976 年间的称呼）冠军、1 个洲际杯冠军和 2 个拉丁杯冠军，当然，还少不了冠绝古今的 6 次在欧冠封王的成就。

或许亨托仅有的缺点，就是没能成为一名传奇教练。他在职业赛场的执教生涯短暂而又平平无奇，晚年回到皇马从事青训工作。2015 年，亨托接替去世的老队友索科，担任皇马名宿协会主席。巧合的是，随着这位 6 次登顶欧冠的前辈上任，皇马很快达成欧冠三连。

然而亨托同样年事渐高，就在皇马迎来 120 年生日前不久，"北风之子"悄然而去，只剩下北方海岸的阵阵回响。

2007 年 12 月 5 日，亨托接受皇马电视台专访时，与其生涯代表荣誉合影留念。

皇家荣耀 皇家马德里传奇功勋志

> 低调、谦逊的里亚尔,帮助皇马开启了一个时代。

里亚尔 Hector Rial
最出色的第二名

　　1956年到1960年,皇马笑傲欧洲足坛,在欧冠初创的年代里,实现了五连冠霸业。这段时期皇马队内可谓星光熠熠,一度聚集了5名世界最顶级的攻击手:迪斯蒂法诺、普斯卡什、亨托、科帕,以及埃克托·里亚尔。与前四位名满天下的传奇名宿相比,出生于阿根廷的里亚尔似乎显得低调了一些,正如《体育画报》在纪念里亚尔的一篇专栏文章中的总结:"里亚尔从来都不是最好的那一个,却总在扮演最出色的第二名。"

　　而正是这位低调、谦逊的里亚尔,帮助皇马开启了一个时代,并为皇马打开了一扇最为辉煌的大门。1955/1956赛季,也就是里亚尔加盟皇马的第二年,他在欧冠决赛中梅开二度,帮助皇马4比3战胜兰斯。欧战霸主初登宝座,里亚尔的两粒进球至关重要。

　　里亚尔司职左内锋,能力极为全面。他不但射门精准,头球能力不俗,具备优秀射手的素质,还是一位天才型进攻组织者。在那支被称为"迪斯蒂法诺皇马"的五大攻击

| 里亚尔

皇家档案

埃克托·里亚尔
Jose Hector Rial Laguia

生卒	1928.10.14-1991.2.24
国籍	阿根廷/西班牙
身高	1.76米
位置	二前锋

俱乐部生涯

1947-1949	圣洛伦索	40场20球
1949-1951	圣菲独立	54场26球
1952-1954	民族队	51场20球
1954-1961	皇家马德里	169场83球
1961	西班牙联盟	15场1球
1961-1962	西班牙人	9场1球
1962-1963	马赛	22场0球

皇马生涯统计

赛季	联赛出场	联赛进球	国内杯赛出场	国内杯赛进球	外战出场	外战进球	总计出场	总计进球
1954-55	30	18	4	0	2	2	36	20
1955-56	25	15	6	3	7	5	38	23
1956-57	5	1	4	0	5	2	14	3
1957-58	27	17	6	1	6	4	39	22
1958-59	20	9	5	2	6	2	31	13
1959-60	5	0	3	1	1	1	9	2
1960-61	2	0	0	0	0	2	2	0
总计	114	60	28	7	27	16	169	83

皇马生涯集体荣誉

西甲冠军
1954-55　1956-57　1957-58　1960-61

欧冠冠军
1955-56　1956-57　1957-58　1958-59　1959-60

洲际杯冠军
1960

拉丁杯冠军
1955　1957

→ 里亚尔（右）不但具备优秀射手的素质，还是一位天才型的进攻组织者。

手中，里亚尔与左边锋亨托、中锋迪斯蒂法诺最先"成团"，三人组成的左路攻击铁三角，在20世纪50年代所向披靡。《西班牙足球史》一书评价称："里亚尔拥有极为出色的控球能力，亨托是最受益的一位。皇马左路攻击线有了魔幻三角，这是当时欧洲的最强组合。"里亚尔坐镇左内锋位置组织进攻负责输送，亨托套边传中，中路有迪斯蒂法诺接应，这一进攻套路几近无解。

从首夺欧冠的1955/1956赛季到1959年，皇马左路"魔幻三角"连续站上欧冠决赛场上，直到1960年里亚尔因为伤病而缺席，无法在皇马五连冠的决赛中保持全勤。为皇马效力后期，里亚尔过得并不顺利，由于普斯卡什的到来，里亚尔只能改踢8号位，他在这一位置上适应效果不佳，雪上加霜的韧带伤，也让他之后很难在赛场上重现往日风采。但这并不会磨灭他对皇马做出的贡献——在皇马五连冠伟业的道路上，里亚尔是攻击线上的指挥官，是谦逊低调的奉献者，更是承前启后的功臣。

同样来自阿根廷的迪斯蒂法诺，其实从某种程度上可以算是里亚尔的伯乐，"金箭头"能在皇马锋线如鱼得水，也必须感谢这位老乡。两人最初在阿根廷踢球时就已相识，20世纪40年代末50年代初，阿根廷足球俱乐部劳资矛盾严重，球员罢工，两人都在那个时期选择前往环境更佳、待遇更好的哥伦比亚联赛踢球。在那里，两名阿根廷外援场上硬拼、场下抱团，建立了深厚的友谊。

后来迪斯蒂法诺来到皇马，向俱乐部坚决举荐了里亚尔："我需要你们带来一位当我把球传给他时，他知道如何传回给我的球员！"迪斯蒂法诺向里亚尔寄去了一封信，劝他加盟皇马，时任皇马主席伯纳乌也对此事十分重视，派人签下了这位日后的球队功勋。一段传奇之旅，就此开启。

皇家荣耀 | 皇家马德里传奇功勋志

马基托斯 Marquitos
闪光的绿叶

皇家档案

马基托斯
Marcos Alonso Imaz

别名	Marquitos
生卒	1933.4.16-2012.3.6
国籍	西班牙
身高	1.82米
位置	后卫

2020/2021赛季欧冠决赛，切尔西1比0战胜曼城，夺得冠军。赛后蓝军后卫马科斯·阿隆索对着手中的奖杯深深一吻。这一幕背后，也暗藏了一个纪录：欧冠历史上，首次有祖孙二人先后登上最高领奖台。马科斯·阿隆索的祖父，正是皇马欧冠五连冠时期的功勋铁卫，马基托斯。

从1956年到1960年，皇马连续5年夺得欧冠冠军，这一战绩至今后无来者。当时皇马阵中群英荟萃，前场一度汇集了迪斯蒂法诺、普斯卡什、亨托、科帕、里亚尔5名顶级攻击手。而后卫线上的马基托斯，在这段波澜壮阔的历程中，也不止一次贡献了高光时刻。

马基托斯与皇马算得上是"不打不相识"。右后卫出身的马基托斯早期效力于桑坦德竞技，球风彪悍，防守能力出众，并且跑动范围极大，时常插上助攻。与如今边后卫频繁助攻的战术潮流相比，当时该位置球员大幅度插上并不是司空见惯的现象。在一场桑坦德竞技对阵皇马的比赛中，马基托斯正好对位皇马左边锋亨托，防守凶悍的马基托斯那场比赛被罚下，却给时任

← 1959/1960赛季欧冠决赛，皇马在汉普顿公园7比3战胜法兰克福，实现欧冠五连冠。马基托斯（左二）手持奖杯与队友庆祝。

皇马主席伯纳乌留下了深刻的印象。赛后伯纳乌直接吩咐下属："把他签下来。"

赛场上马基托斯作风勇猛，在赛场外，其性格也颇有些"急先锋"的意味。因为加盟后没能立刻出战比赛，马基托斯直接冲到俱乐部办公室："我来皇马不是来看戏的，我是来踢球的，你们要不放我回去吧。"就这样，马基托斯不仅获得了出场机会，还一举坐稳了主力位置。由于主力中卫奥利瓦受伤的缘故，马基托斯临时顶替出任中卫，而凭借着出色的防守天赋，他之后留在了这个位置上。

皇马首夺欧冠的决赛中，马基托斯打入了将比分扳为3比3平的关键进球，而这粒进球的过程，也正是他个人特点的完美展现。作为后卫，马基托斯直接从后场启动助攻向前，与迪斯蒂法诺完成传切配合后，又将球传给了禁区内接应的马萨尔，但后者的射门被挡出。一路奔袭进入禁区的马基托斯抓住机会，补射建功。这粒进球，为里亚尔的制胜球埋下了伏笔，更为皇马开启了一扇冠军之门。

不过，马基托斯职业生涯的最佳比赛并不是这一场。1956/1957赛季的欧冠半决赛，皇马首回合主场3比1战胜曼联，次回合客战又先入两球，曼联随后猛烈反扑。面对查尔顿、托米·泰勒、惠兰、爱德华兹、佩格等"巴斯比男孩"的轮番进攻，马基托斯极为出色地完成了防守任务。对于皇马铁卫的职业生涯，或许当时英国媒体的评价最具说服力："来自西班牙的狂怒，全欧洲最好的后卫！"

即便如此，马基托斯仍然愿当"闪光的绿叶"，在回忆起自己的职业生涯时，马基托斯自评道："我就像是王与后身边的兵，这样去想，反倒简单了。我们都知道各自的任务是什么，我的任务是防守、拼搏，完成球队交给我的指令。所以我取得了成功，为皇马效力多年。"

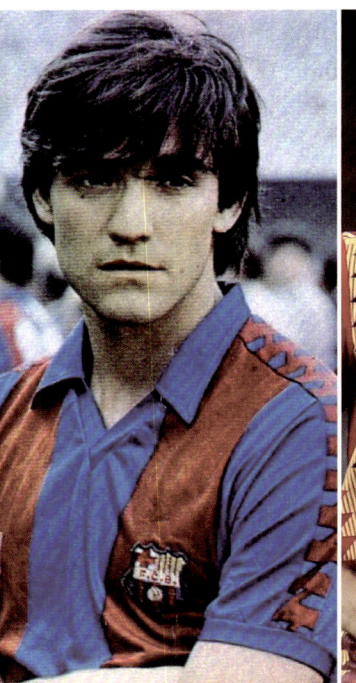

俱乐部生涯

1951-1954	桑坦德竞技	42场0球
1954-1962	皇家马德里	192场3球
1962-1963	大力神	18场0球
1963-1964	穆尔西亚	24场1球
1964-1966	普埃尔托利亚诺	30场1球
1970-1971	托卢卡竞技	

皇马生涯统计

赛季	联赛 出场/进球	国内杯赛 出场/进球	欧战 出场/进球	其他 出场/进球	总计 出场/进球
1954-55	27/1	0/0	0/0	-	27/1
1955-56	25/1	0/0	6/1	-	31/2
1956-57	19/0	0/0	6/0	-	25/0
1957-58	15/0	0/0	3/0	-	18/0
1958-59	21/0	0/0	5/0	-	26/0
1959-60	27/0	0/0	6/0	-	33/0
1960-61	19/0	3/0	2/0	2/0	26/0
1961-62	5/0	1/0	0/0	-	6/0
总计	158/2	4/0	28/1	2/0	192/3

皇马生涯集体荣誉

西甲冠军
1954-55　1956-57　1957-58　1960-61　1961-62

国王杯冠军
1961-62

欧冠冠军
1955-56　1956-57　1957-58　1958-59　1959-60

洲际杯冠军
1960

→ 马基托斯（左）全名马科斯·阿隆索·伊马斯，他的儿子马科斯·阿隆索·培尼亚（中），以及孙子马科斯·阿隆索·门多萨，也都在世界足坛顶级舞台建功立业。20世纪七八十年代，"二代马科斯·阿隆索"在皇马和马竞都留下过足迹，后随巴萨获得数座奖杯；当代球迷更熟悉的那位马科斯·阿隆索，则是出道于皇马，后在切尔西取得巨大成就。

皇家荣耀 | 皇家马德里传奇功勋志

科帕的技术优势，足以弥补身材上的短板。

科帕
Raymond Kopa

足球"拿破仑"

皇家档案

雷蒙·科帕
Raymond Kopaszewski

别名	Kopa
生卒	1931.10.13-2017.3.3
国籍	法国/波兰
身高	1.68米
位置	前锋/右边锋

2018年，金球奖评选主办方《法国足球》宣布，将增设最佳U21球员奖，以"科帕奖"命名。该奖项的名字源自皇马名宿、第一位赢得金球奖的法国人——雷蒙·科帕。在奖项设立前一年，科帕去世，享年85岁。

1931年出生于法国的科帕，是波兰移民后代。科帕的家位于加来海峡省，在这片煤矿资源丰富的地区，科帕在十几岁时就曾下井作业，甚至还在一次事故中失去了半截左手食指。在那个年代，尽管工作环境恶劣，但一份矿工的工作意味着稳定与保障，然而足球天赋出众的科帕，还是选择走向了通往绿茵场的道路。

身高只有1米68的科帕，在职业球员的道路上显然要付出更大的努力。不过他的技术优势，足以弥补身材上的短板。在职业生涯初期短暂效力昂热之后，科帕在1951年加盟了兰斯，也正是在那里，科帕的表现引起了皇马的注意。当时，兰斯在欧洲足坛掀起了一股"香槟足球"的风潮，科帕和格洛瓦茨基、伊达尔戈、滕普林等队友一起，踢出了灵动而细腻的观赏性足球。

1955/1956赛季的首届欧冠，拥有科帕的兰斯闯入决赛，而对手正是皇马。

| 科帕

俱乐部生涯

1949-1951	昂热	60场15球
1951-1956	兰斯	184场56球
1956-1959	皇家马德里	103场30球
1959-1967	兰斯	284场42球

皇马生涯统计

赛季	联赛		国内杯赛		外战		总计	
	出场	进球	出场	进球	出场	进球	出场	进球
1956-57	22	6	0	0	10	2	32	8
1957-58	27	8	0	0	7	3	34	11
1958-59	30	10	0	0	7	1	37	11
总计	79	24	0	0	24	6	103	30

皇马生涯集体荣誉

西甲冠军
1956-57　1957-58

欧冠冠军
1956-57　1957-58　1958-59

拉丁杯冠军
1957

↓ 1956/1957 赛季欧冠决赛，皇马 2 比 0 战胜佛罗伦萨，夺得冠军。科帕手持奖杯，与迪斯蒂法诺（右）一同庆祝夺冠。

皇马 4 比 3 获胜首夺欧冠的同时，收获的却不仅是一个冠军。其实就在那场决赛之前，皇马就已经敲定了科帕的加盟事宜，时任皇马主席伯纳乌在不断地招募球星，在他看来，科帕的加入能够让皇马阵容进一步完善。

加盟皇马时，科帕就已经名声在外。1955 年法国与西班牙的一场友谊赛中，代表法国队做客马德里的科帕，就让西班牙球迷见识到了他统治级的表现。也正是由于那一场比赛，科帕得到了后来一直伴随他的响亮称号：足球场上的"拿破仑"。这一称号是由英国记者德斯蒙德·哈克特最先提出，原因也很明了——小个子法国人，极强的统治力。

但这位球场上的统领在初到皇马的时候，也经历过一系列困难。同时期效力于皇马的里亚尔回忆称，科帕对于西甲赛场起初很不适应："后卫们会盯防他，踢他的腿，还可能把他推倒。科帕用法语说着'这就是灾难'，但之后他很快就适应了这样粗暴的防守，甚至还会回击对手。"

另一点需要科帕适应的，就是位置的改变。他原本在锋线的居中位置，但当时皇马阵中已经拥有迪斯蒂法诺，科帕于是改踢右边锋。尽管并不喜欢这个变化，但科帕后来还是凭借着出众的能力，在新位置上踢出了极佳的表现。

对于两人的位置安排，科帕与迪斯蒂法诺在此后各自的回忆中都给出了一些解释。科帕表示，自己从未想过要占据中路，因为"球队老大在中路"。而迪斯蒂法诺却回忆称："伯纳乌的想法是让科帕踢中路，我改踢内锋或者右边锋。我们在训练中试了一下，但效果太差了。当然，对我来说都一样，反正要往中间跑。"

适应了新的联赛，接受了位置的改变，科帕成为皇马的明星，也随着球队开启了一段传奇历程。在科帕效力皇马的 3 个赛季中，皇马每个赛季都拿到了欧冠冠军，而科帕本人也连续 4 年跻身金球奖三甲，并在 1958 年获得了这一奖

皇家荣耀 | 皇家马德里传奇功勋志

项。以加盟皇马为转折，科帕蜕变为真正的超级球星，也逐渐被定义成法国足坛第一位巨星。

在为皇马出战的103场正式比赛中，科帕收获了30粒进球，对于大部分时间作为右边锋出战的他来说，这一收获已经十分理想。坐镇边路的他，还多次送出助攻。而比起留下的数据，科帕在当时展现出的球风，可谓是足坛一幕华丽风景。灵动的科帕过人技术精湛，总是能在狭小的空间中找到缝隙，完成突破。他并不追求简练直接地奔向球门前，却总能用最华丽的方式，来发动、衔接或完成一次进攻。

虽然经历过世界杯和欧冠的大阵仗，但在《阿斯报》看来，科帕在皇马踢得最畅快的一场比赛，其实是一场联赛。在1958年11月的马德里德比中，科帕以中锋位置首发，独中两元，对于这位"足球场上的'拿破仑'"，马竞防线毫无办法。

1958年，随着普斯卡什的加盟，皇马"梦幻五人组"终于聚齐——科帕、里亚尔、迪斯蒂法诺、普斯卡什、亨托。这是一条极尽华丽、至今仍令皇马人

↑ 科帕为皇马效力的3年时间虽然短暂，却足够辉煌。

→ 科帕青年时代在事故中失去了半截左手食指，但后来他从一名普通矿工变成了顶级球星。

皇马生涯个人荣誉

金球奖
1958
法国足球先生
1960
欧足联主席奖
2010
国际足联百大球星
2004

感到自豪的攻击线。晚年时期的科帕还曾打趣地表示:"我们组成的那条攻击线,放到现在这个年代,可能都没办法估价。"然而令人有些惋惜的是,这条超级攻击线只维持了一年时间。1959年,科帕决定离开皇马,返回兰斯效力。

伯纳乌主席当时给科帕开出了薪资翻倍的续约条件,也从未想过在皇马赢得金球奖的科帕会在这个时候选择离开。科帕后来解释称,自己需要回国经营一些生意,更为重要的是,他的妻子并不适应在西班牙的生活。

当然,也有说法表示,科帕一直想回到中路,热爱足球的他,更希望能在球场上获得快乐与满足。科帕效力皇马的3年时间虽然短暂,却足够辉煌,这段时期内他连续3年帮助皇马斩获欧冠,又两度帮助球队赢得西甲冠军。"为皇马效力的3年令人难以忘却,那是我生命中最美好的一段时光。我来到了欧洲最好的俱乐部。"科帕后来这样回忆道。

在皇马之外,科帕对于法国足坛也影响深远。法国记者蒂博·勒普拉在写给西班牙《国家报》的纪念文章中评价道:"雷蒙·科帕出现之前的法国足球是什么样的?比起运动与工业,人们总是更热衷于政治、艺术与自由。科帕与他在兰斯的队友们,带来了'香槟足球',这是法国足球的第一次革命。"这位记者还透露,科帕对于皇马一直以来给予他的关心倍感欣慰。"在法国,没什么人还在邀请我,年轻人都不知道我是谁。但是,皇马一直记得我。"科帕曾这样说。

作为首位转会至国外俱乐部的法国球员,科帕一度在国内背上了"叛徒"的骂名,这也是当时那个年代的局限性。但时间证明,走上更大舞台的科帕,才是真正的球员先锋与时代先驱。

皇家荣耀　皇家马德里传奇功勋志

桑塔马里亚曾4次随皇马赢得欧冠冠军。

桑塔马里亚
Jose Santamaria
草鞋下的基石

皇家档案

何塞·桑塔马里亚
Jose Emilio Santamaria Iglesias

生日	1929.7.31
国籍	乌拉圭/西班牙
身高	1.79米
位置	中后卫

1982年世界杯在西班牙举办，然而，本土作战的斗牛士军团战绩不佳，时任主帅遭遇西班牙国内舆论强烈声讨——这位失意人，就是皇马曾经的功勋后卫，何塞·桑塔马里亚。

1957年加盟皇马的桑塔马里亚，是出生于乌拉圭的西班牙后裔。在来到皇马时，桑塔马里亚已经28岁，已是快要进入职业生涯末期的年龄。但在马德里的9年间，他帮助俱乐部四夺欧冠冠军，6次夺得西甲联赛冠军，也成为"迪斯蒂法诺皇马"的重要一员。

加盟皇马之前，桑塔马里亚在乌拉圭民族队就有出众表现。尽管1950年，桑塔马里亚错过了随乌拉圭加冕世界杯的历程，但4年后，他以主力身份代表乌拉圭队出战了瑞士世界杯。在职业生涯早期踢过中场的桑塔马里亚，之后被改造为中卫，而后又来到了右后卫的位置。也正因如此，他既拥有出色的脚下技术，同时又有着极佳的防守功底。

20世纪50年代欧冠初创，皇马在那时称霸欧洲足坛，连续5个赛季夺

40

俱乐部生涯

年份	球队	场次
1948-1957	民族队	
1957-1966	皇家马德里	285场2球

皇马生涯统计

赛季	联赛 出场	联赛 进球	国内杯赛 出场	国内杯赛 进球	欧战 出场	欧战 进球	其他 出场	其他 进球	总计 出场	总计 进球
1957-58	27	0	1	0	7	0	-	-	35	0
1958-59	24	1	0	0	8	0	-	-	32	1
1959-60	30	0	1	0	6	0	-	-	37	0
1960-61	28	1	3	0	1	0	2	0	34	1
1961-62	26	0	1	0	10	0	-	-	37	0
1962-63	29	0	0	0	2	0	-	-	31	0
1963-64	27	0	0	0	9	0	-	-	36	0
1964-65	27	0	0	0	5	0	-	-	32	0
1965-66	9	0	0	0	2	0	-	-	11	0
总计	227	2	6	0	50	0	2	0	285	2

皇马生涯集体荣誉

西甲冠军
1957-58　1960-61　1961-62
1962-63　1963-64　1964-65

国王杯冠军
1962

欧冠冠军
1957-58　1958-59　1959-60　1965-66

洲际杯冠军
1960

得欧冠冠军。当时皇马锋线极为豪华，一度汇聚了迪斯蒂法诺、普斯卡什、亨托、科帕、里亚尔5名顶级攻击手，有人评论称，相比起来，皇马的后防就是一条"草鞋防线"。事实并非如此，由马基托斯领衔的皇马后防，同样是顶级水准。不过，时任皇马主席伯纳乌还是决心引进成熟的后卫球员，在因为手续问题波折了一番后，桑塔马里亚终于来到了皇马。

前场堆砌着极具天赋的攻击手，这就意味着后防球员要承受更大的防守压力。加盟时就已具备丰富国际比赛经验的桑塔马里亚，很快就适应了这里的节奏。稳定、冷静、勇猛、果断，桑塔马里亚如同基石一样，为锋线天才们提供支撑。而尽管同样拥有不俗的脚下技术，桑塔马里亚在比赛中很少参与进攻，在为皇马出战的285场比赛中，他只打进了2粒进球。

1960年欧冠决赛，皇马在汉普顿公园7比3战胜法兰克福，实现欧冠五连冠。《泰晤士报》评价称："皇马就像维京人一样，将所到之处的一切收入囊中。"不过，桑塔马里亚对此并不认同："我们从未觉得自己像维京人，我们那时只想着获胜，面对球迷和俱乐部，我们有着深深的责任感。"

桑塔马里亚在1966年选择退役，那一年，被称为"耶耶一代"的新生代皇马，又一次屹立于欧洲之巅。尽管当时出场次数已经不多，但他在队内已经发挥了承前启后的作用。皇马官方对桑塔马里亚的评价是："为后防提供可靠保证的杰出后卫，五连冠时代与'耶耶一代'的桥梁，皇马的后防指挥官。"

由于获得了西班牙国籍，桑塔马里亚在乌拉圭与西班牙国家队都有出场经历，退役后拿起教鞭的他，也站上了西班牙国家队主帅的岗位。然而这次经历留给他的回忆并不美好，1982年世界杯过后，桑塔马里亚告别了帅位，也就此离开足坛，投身商海。

> 桑塔马里亚如同基石一样，为锋线的天才们提供了支撑。

皇家荣耀 | 皇家马德里传奇功勋志

普斯卡什
神明同位词

Ferenc Puskas

皇家档案

费伦茨·普斯卡什
Ferenc Puskas

生卒	1927.4.1-2006.11.17
国籍	匈牙利/西班牙
身高	1.72米
位置	前锋

"我热爱生活，但相比生活，我更热爱足球。"普斯卡什晚年接受采访时，这样定义自己。这名被公认为"20世纪最佳前锋"之一的匈牙利天才，是皇马连续5年称霸欧洲的肱股之臣。前无古人、后亦难有来者的欧冠五连霸伟业中，普斯卡什对后两次夺冠厥功至伟。而在皇马随后开启的首个西甲五连冠王朝中，普斯卡什不仅全程亲历，更是四度将联赛金靴揽入怀中。

1958年加盟皇马之时，已是31岁"高龄"的他仍留下了262场242球的恐怖传说，他与同过而立的迪斯蒂法诺，携手带领皇马在欧洲刮起一阵白色旋风。人们不禁设想，倘若普斯卡什在更年轻的时候到达马德里，甚至整个职业生涯都在西班牙首都写就，他的足球人生将达到何种高度。然而世上本就没有如果，就连普斯卡什与皇马的牵手，都是突破重重险阻才得以完成。

1954年世界杯，普斯卡什的匈牙利队遗憾成为"伯尔尼奇迹"的背景板。作为匈牙利足球史上最出色的一代，普斯卡什与队友们两年后受到了国内政局

← 1964年5月24日，对阵AC米兰的欧冠决赛前3天，普斯卡什在伯纳乌球场进行训练。

俱乐部生涯

1943-1956	布达佩斯捍卫者	356场375球
1958-1966	皇家马德里	262场242球

皇马生涯统计

赛季	联赛		国内杯赛		外战		总计	
	出场	进球	出场	进球	出场	进球	出场	进球
1958-59	24	21	5	2	5	2	34	25
1959-60	24	25	5	11	7	12	36	48
1960-61	28	28	9	14	4	2	41	44
1961-62	23	20	8	13	9	7	40	40
1962-63	30	26	7	4	2	0	39	30
1963-64	25	21	0	0	8	7	33	28
1964-65	18	11	4	4	3	2	25	17
1965-66	8	4	3	1	3	5	14	10
总计	180	156	41	49	41	37	262	242

↓ 1960年5月18日，欧冠决赛，普斯卡什上演大四喜助皇马7比3大胜法兰克福，图为他攻入的戴帽进球。

动荡的牵连，尚未等到为国正名之日的到来，他们便因在国外参赛且拒绝回国，而成为"叛国"罪名的背负者，被迫远离故土、流亡他乡。而普斯卡什本人也遭遇了整整两年无球可踢的窘境。

主席伯纳乌力排众议，向普斯卡什张开双臂。这时的普斯卡什，不仅生活境遇天翻地覆，就连个人形象也不复往昔。顶着超出标准18千克的体重与硕大的肚腩，普斯卡什来到了他人生的"第二故乡"。重返球场的第一步从重塑体形做起，在伊比利亚半岛8月的烈日炙烤下，普斯卡什独自身着厚实毛衫跑步，不一会儿便汗流浃背。匈牙利人以地狱减肥法令身材恢复如初，一并回暖的还有他的竞技状态。普斯卡什套上球鞋的一霎，批评家们突然意识到，当初对他的贬低是何等愚蠢。

在那个系统训练和运动科学都无从谈起的遥远岁月里，球员运动寿命普遍低于30岁。而普斯卡什却反其道而行，年岁愈增状态愈盛，从32岁到35岁，他的每季进球均超40粒，直至36岁仍是西甲第一前锋。你该如何相信，如此神兵竟曾远离足球两年，且一度严重超重。

"他的左脚简直太棒了，控球技术比手还好。"普斯卡什的黄金搭档、同时代另一位巨星迪斯蒂法诺对前者出神入化的脚法心悦诚服。而在普斯卡什以流亡者身份加盟之初，迪斯蒂法诺便以惺惺相惜的姿态率先向匈牙利前锋表示欢迎。阿根廷传奇还给他取了"潘乔"的昵称，足见二人关系之亲密。迪斯蒂法诺年长普斯卡什不到1岁，但在前者产量出现下滑时，后者才刚刚开始对手门前的疯狂扫荡。他们是同位置的竞争对手，更是配合天衣无缝的默契拍档。

皇家荣耀 | 皇家马德里传奇功勋志

皇马生涯集体荣誉

西甲冠军
1960-61　1961-62　1962-63　1963-64　1964-65

国王杯冠军
1961-62

欧冠冠军
1958-59　1959-60　1965-66

洲际杯冠军
1960

↓ 1961年10月11日，普斯卡什在马德里街头向一群西班牙小男孩展示他的左脚技术。

评选世界足坛历史最佳球员，无论榜单出自何等权威的媒体、机构，前10名中倘若没有普斯卡什的名字，便很难使皇马球迷信服。按照常理，一家球会有一名不世神锋已是上天眷顾，而首期白衣王朝，皇马不仅拥有堪称"神明同位词"的普斯卡什和迪斯蒂法诺，还有刚刚步入巅峰的亨托，令人眼花缭乱之余，更是难以做出取舍。

1960年欧冠决赛，是对普斯卡什和迪斯蒂法诺配合天衣无缝的最佳诠释。当年5月18日的格拉斯哥汉普顿公园球场，迪斯蒂法诺上演帽子戏法，普斯卡什则更胜一筹，大四喜包办剩余进球，成为欧冠决赛历史上唯一单场四破对手大门的传奇英雄，最终皇马7比3大胜法兰克福，以前所未有的方式摘得欧冠五连。而这场大战，至今依旧为后世仰望，被很多人视为史上最精彩的欧陆顶级决战。

逐一罗列普斯卡什的进球数据，只能直观说明其效率的恐怖，却不足以展现他脚法的华丽与优雅。世人只知当今神仙进球会获得以普斯卡什命名的奖项，鲜少有人了解，这名匈牙利巨星传说中频献的神来之笔威力几何。普斯卡什的黄金左足有多精准，1961年的一场马德里德比能给出最直接的答案。

主场迎战死敌，普斯卡什开场未几便在带球突破时被放倒，倒地后还被马竞后卫格里法的鞋钉踩到手。格里法逃过主裁视线，并未因此领罚，普斯卡什则毫无怨言，一心专注于距离球门30米的任意球机会。他起身拍掉泥土，将球码正，抡起左腿便精准洞穿了对手大门。同时，主裁哨声响起。由于起脚先于

↑ 1977年,皇马俱乐部成立75周年庆典,科帕、普斯卡什和亨托(左起)与球队6座欧冠奖杯合影留念。

哨响,普斯卡什的进球被判无效。换成任何球员,都一定难以忍受自己的精彩进球被吹,但普斯卡什的非凡之处正在于此。他不以为意,重新摆正足球,头脑迅速冷静下来,接着再次摆动左腿。这是一个奇迹时刻,足球划出了与之前完全相同的彩虹弧线,并在一模一样的位置飞入球网。多年后,目睹此景的马竞门将马迪纳贝蒂亚仍然难以置信,他称赞普斯卡什匪夷所思的外脚背破门乃是传世经典。

效力皇马的最后一季,39岁的普斯卡什仍能在出战的14场比赛中打入10球。他将接力棒交由后辈,让出舞台中心,却依旧在皇马第6次登上欧洲足坛之巅的过程中有所斩获。

相较于璀璨夺目的球员生涯,普斯卡什的从教之旅略显沉寂,但仍有1970/1971赛季带领帕纳辛奈科斯杀入欧冠决赛的高光时刻,最终虽以0比2不敌阿贾克斯,却已创造了希腊足球的历史。生命最后的岁月中,漂泊一生的普斯卡什终于得到赦免,回归祖国。他已不再是匈牙利罪人,而是一个国家的英雄,他的雕像屹立于布达佩斯街巷,国家级体育场冠其名姓。而成就这一切的,不仅是历史的更迭交替,更有赖于第二故乡赐予他的第二人生,与他缔造的一代白衣王朝的相互成就。

皇马生涯个人荣誉

西甲最佳射手
1959-60　1960-61　1962-63　1963-64

欧冠最佳射手
1959-60　1963-64

国际足联百大球星
2004

皇家荣耀 | 皇家马德里传奇功勋志

Ignacio Zoco 索科

承仙启后

20世纪60年代，西班牙足球迎来了第一个黄金年代。乘着皇马欧冠五连的东风，一批颇有天赋的年轻球员成长起来。阿拉贡内斯和路易斯·苏亚雷斯等便是其中的代表。另外，萨拉戈萨、毕尔巴鄂竞技等队也涌现出大量人才，反观当时长期统治西甲的皇马阵中，伊格纳西奥·索科的名字，看起来却反倒没那么起眼了。

生于西班牙北部纳瓦拉的索科职业生涯始于当地名门奥萨苏纳。1米83的身高，让这位后腰在初登西甲时就已受人瞩目。1962年，皇马的欧冠五连时代行至尾声，23岁的索科被伯纳乌招至麾下，在接下来的11年间留下了434次的各项赛事出场记录，并随队捧起10座奖杯，也让皇马在上个辉煌时代过后继续充满活力。

经历了担任替补的处子季，索科很快成为皇马中后场的重要一环，亲历了1961年至1965年间西甲五连冠中的后3次捧杯。但和几年前刚达成的欧冠五连霸比起来，西甲赛场的五连冠终究不是皇马的终极舞台。坐在替补席上见证1962年球队决赛失利，又在1964年目睹了国际米兰捧杯，1966年的布鲁塞尔，2比1击败贝尔格莱德游击队后，26岁的索科终于第一次将大耳朵杯高高举起。

加盟皇马前4年，索科共随队3次登顶联赛，1次欧冠称雄。随后的4年，他又随队斩获了联赛三连，另将一座国王杯奖杯收入囊中。在传奇教头米格尔·穆尼奥斯的带

← 索科在加盟后逐渐撑起了当时的皇马中后场。

皇家档案

伊格纳西奥·索科
Ignacio Zoco Esparza

生卒	1939.7.31-2015.9.28
国籍	西班牙
身高	1.83米
位置	后腰

俱乐部生涯

1959-1962	奥萨苏纳	69场4球
1962-1974	皇家马德里	385场14球

皇马生涯统计

赛季	联赛出场	联赛进球	国内杯赛出场	国内杯赛进球	外战出场	外战进球	总计出场	总计进球
1962-63	13	1	0	0	2	1	15	2
1963-64	29	1	0	0	9	3	38	4
1964-65	29	1	0	0	6	0	35	1
1965-66	30	1	0	0	9	0	39	1
1966-67	26	0	0	0	6	0	32	0
1967-68	28	2	1	0	8	0	37	2
1968-69	22	1	0	0	2	0	24	1
1969-70	28	0	1	0	3	0	32	0
1970-71	27	0	0	0	8	2	35	2
1971-72	34	1	0	0	4	0	38	0
1972-73	30	1	1	0	7	0	38	1
1973-74	20	0	1	0	1	0	22	0
总计	316	8	3	0	66	6	385	14

皇马生涯集体荣誉

西甲冠军
1962-63 1963-64 1964-65 1966-67
1967-68 1968-69 1971-72

国王杯冠军
1969-70 1973-74

欧冠冠军
1965-66

→ 索科在伯纳乌球场的草皮上进行训练。

领下，索科和同龄的队友们继承了迪斯蒂法诺交过的接力棒，而这批被后世称为"耶耶一代"的年轻人，也让皇马"天生赢家"的烙印越来越深刻。

每年都有机会赢，自然就越来越习惯赢。1964年，索科把这份赢家气质带到了欧洲杯上。作为决赛首发11人中的两名皇马球员之一，索科随西班牙队击败苏联，队史上首次登上欧洲之巅。而这支西班牙取得的成就，直到40多年后才被人们如今更熟悉的那一代超越。

连续8年有奖杯入账，也源自索科和皇马对胜利的渴望。直到1970/1971赛季，索科加盟皇马的第9个赛季，球队才在各条战线同时迎来奖杯真空。当季优胜者杯决赛对阵切尔西，索科在第90分钟打进绝境下的扳平一球，比赛也按照当时的规则进入重赛。只是在重赛中，英格兰人依然是表现更好的一方。

1974年，索科在赢得生涯第二座国王杯奖杯之后退役。12年十冠的索科，并没有活在迪斯蒂法诺、普斯卡什等人的阴影下，而是和新一代队友一起，开创了属于他们自己的时代。球员生涯结束后，索科依然长期活跃于足球界。1994年，被任命为皇马领队的他重新走入台前，而2014年，他还接过了"皇马名宿协会"的主席头衔，直到次年9月以76岁的年龄逝世。

皇家荣耀 | 皇家马德里传奇功勋志

> 1971年1月1日，阿曼西奥在训练场闲坐。

阿曼西奥 Amancio
噩梦巫师

1966年5月11日，布鲁塞尔的海瑟尔球场上，欧冠决赛进行到70分钟，皇马0比1落后于贝尔格莱德游击队。队友送出直塞球后，身穿8号球衣的阿曼西奥高速插上，连续两次变向晃开跟防的游击队后卫，随即单刀破门，扳平场上比分，也为皇马吹响了冲向冠军的反攻号角。

1962年，日渐老迈的皇马在欧冠决赛中3比5败在了尤西比奥领衔的本菲卡脚下。35岁的普斯卡什和36岁的迪斯蒂法诺，已经很难应付整个赛季的激烈对抗。皇马在为这两位传奇寻觅接班人时，相中了前一年的西乙金靴，拉科鲁尼亚新星阿曼西奥。这名时年23岁的小个子攻击手，已经连续3年在西乙进球上双，前一个赛季更是以25球荣膺西乙射手王，助拉科鲁尼亚夺冠升级。

只是登上皇马的平台，阿曼西奥也要和其他人一样，带着新鲜感和紧张感度过适应期。那年，皇马前往摩洛哥出战热身巡回赛，在一场比赛前，阿曼西奥接过球衣，却发现那件球衣的胸前没有皇马队徽，小伙子顿觉错愕不安。作为他的老前辈，迪斯蒂法诺的粗犷声线突然传来："想让自己配得上这枚队徽，必须让你的汗水浸透这件球衣才行。"

阿曼西奥做到了，他谨记迪斯蒂法诺的教诲，14年如一日为皇马拼尽全力。他成了查马丁球场的宠儿，不仅因为进球，更因为他用各种方式为皇马球迷带来的快乐——他的盘带、跑位，他的每球必争……在当时的西甲，阿曼西奥的假动作成了所有后卫的噩梦，他对足球的享受，之于后卫们却是煎熬。"就算迷迷糊糊地想上床睡觉，他也能把自己的床晃翻了。"队友德尔索尔曾如此评价阿曼西奥。

其实，1966年帮助皇马重新登顶欧洲足坛的两年前，

48

皇家档案

阿曼西奥
Amancio Amaro Varela

生卒	1939.10.16-2023.2.21
国籍	西班牙
身高	1.76米
位置	右边锋

俱乐部生涯

1958-1962	拉科鲁尼亚	108场69球
1962-1976	皇家马德里	471场155球

皇马生涯统计

赛季	联赛出场	联赛进球	国内杯赛出场	国内杯赛进球	外战出场	外战进球	总计出场	总计进球
1962-63	28	14	8	1	2	0	38	15
1963-64	24	6	3	1	8	3	35	10
1964-65	22	9	0	0	5	6	27	15
1965-66	25	8	2	0	7	5	34	13
1966-67	25	7	5	0	6	0	36	7
1967-68	28	10	8	5	7	4	43	19
1968-69	29	14	1	0	2	1	32	15
1969-70	29	16	9	6	3	1	41	23
1970-71	19	6	2	0	9	0	30	6
1971-72	28	6	6	0	3	1	37	7
1972-73	25	8	2	0	7	1	34	9
1973-74	26	8	3	0	1	0	30	8
1974-75	17	3	7	1	2	0	26	4
1975-76	19	4	2	0	7	0	28	4
总计	344	119	58	14	69	22	471	155

皇马生涯集体荣誉

西甲冠军
1962-63 1963-64 1964-65 1966-67 1967-68
1968-69 1971-72 1974-75 1975-76

国王杯冠军
1969-70 1973-74 1974-75

欧冠冠军
1965-66

皇马生涯个人荣誉

西甲最佳射手
1968-69 1969-70

➜ 阿曼西奥是拥有华丽脚法的皇马右路主人，深受伯纳乌赏识。

阿曼西奥已经获得过更高成就：1964年欧洲杯半决赛，西班牙与匈牙利的比赛中，出任右边锋的阿曼西奥打入制胜一球，随后与苏联在马德里的决战，他也屡次制造威胁，最终和另一位皇马传奇索科一起，成为西班牙队首次问鼎大赛冠军的功臣。身披西班牙国家队的战袍，阿曼西奥12年内出战1届世界杯、2届欧洲杯，42场11球的数据背后，那座48年后才被斗牛士军团再次捧起的德劳内杯熠熠发光。

阿曼西奥活跃的年代，西班牙足坛不缺天才。但相比当时西班牙队的前场核心路易斯·苏亚雷斯和在皇马效力过的德尔索尔，代表白衣军团征战14年的阿曼西奥在那个年代的皇马球迷心中地位特殊。进入20世纪70年代，阿曼西奥开始改变踢法，在场上更倾向于扮演组织者的角色。他的进球数自1970/1971赛季开始逐渐下滑，但也是这次成功的转型，让他能在36岁高龄时，依然拥有单赛季高达30次首发的出勤率。

皇家荣耀 | 皇家马德里传奇功勋志

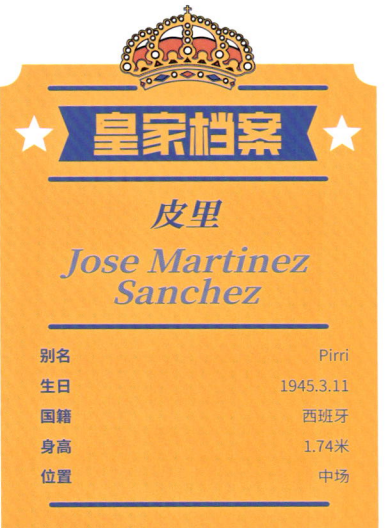

> 皮里不仅能力全面，且意志坚强，有皇马铁肺之称。

斜杠卷神

Pirri 皮里

皇家档案

皮里
Jose Martinez Sanchez

别名	Pirri
生日	1945.3.11
国籍	西班牙
身高	1.74米
位置	中场

一名球员退役后，会转而出现在什么岗位？有人选择成为教练，有人选择成为球探，有人走上管理者位置，也有人淡出足球圈。1964年至1980年间为皇马效力16年之久的传奇球星皮里与众不同。退役后的他，还在皇马当了13个赛季的队医。

1945年3月，西班牙位于北非的飞地休达，一位名叫何塞·马丁内斯的男婴降生了。哪怕很多西班牙人，每当谈起祖国的国土，都会忘记休达和梅利利亚，这两块地处北非的飞地。而在18岁时，这位绰号"皮里"的小伙子，同样发现这个远离西班牙本土的地方，已经无法满足他日渐显露的足球天赋。

1963/1964赛季，皮里租借加盟对岸的格拉纳达，登上职业足球舞台，并在次年加入皇马。皇马在搞定皮里的加盟事宜时，还以促进学业为由说服了他的父亲，而这位离开家乡来到首都的年轻人，很快就翻开了自己皇马辉煌生涯的篇章。1964年主场与巴萨的国家德比，19岁的皮里上演皇马首秀，

俱乐部生涯

1963-1964	格拉纳达	22场12球
1964-1980	皇家马德里	561场172球
1980-1982	普埃布拉	56场18球

皇马生涯统计

赛季	联赛 出场	联赛 进球	国内杯赛 出场	国内杯赛 进球	外战 出场	外战 进球	总计 出场	总计 进球
1964-65	21	9	3	1	4	0	27	10
1965-66	28	7	4	1	9	3	41	11
1966-67	27	7	4	2	6	1	37	10
1967-68	28	10	5	0	8	3	40	13
1968-69	17	3	2	0	3	4	22	7
1969-70	26	3	9	2	3	1	38	6
1970-71	29	13	2	1	10	2	41	16
1971-72	23	11	5	3	2	0	30	14
1972-73	25	8	2	0	7	1	34	9
1973-74	28	7	7	4	2	0	37	11
1974-75	20	7	6	3	4	3	30	13
1975-76	31	13	2	0	7	3	40	16
1976-77	31	11	2	2	3	1	36	14
1977-78	26	7	2	4	-	-	28	11
1978-79	25	5	8	3	4	1	37	8
1979-80	27	2	4	0	5	0	36	2
总计	417	123	67	26	77	23	561	172

皇马生涯集体荣誉

西甲冠军
1964-65　1966-67　1967-68　1968-69　1971-72
1974-75　1975-76　1977-78　1978-79　1979-80

国王杯冠军
1969-70　1973-74　1974-75　1979-80

欧冠冠军
1965-66

让人眼前一亮。他的活力、勇敢和旺盛斗志，为白衣军团的中场注入了新鲜血液。

不过皮里不只会做脏活累活。让他在皇马史册上留名的，还有他出色的后插上得分能力。作为一名中场，皮里能用后插上射门、突破后射门、远射等各种方式进球。不管身前是荣誉等身的亨托，还是象征"皇马精神"的华尼托，皮里都能展现他的得分能力。作为一名中场球员，他亦能将进球视作其个人本能。

皮里刚加盟皇马的1964/1965赛季，各项赛事的总进球数就已上双。这名19岁的新人很快就征服了全西班牙最挑剔的球迷。效力皇马期间，皮里共在各项赛事打进172球，排名皇马队史第九。而纵观其长达16年的白衣生涯，皮里在大部分赛季都能收获超过10粒入球。

皮里的斗志到底有多恐怖？他日复一日地用危险的动作拼抢，全身上下的大小伤病，都化成一代皇马球迷对他的爱。那些常人难以想象的伤病，被他咬紧牙关克服：1968年的国家德比，皮里曾带着40℃的高烧上阵，遭遇锁骨骨折后仍咬牙坚持；1971年优胜者杯决赛对阵切尔西，皮里在桡骨骨折后打完全场；1975年的国王杯，他忍着下巴骨折的疼痛，帮助皇马在120分钟鏖战后，经过点球大战最终击败马竞捧杯。

1980年，35岁的皇马队长皮里，在赢下西甲联赛和国王杯双冠王后告别。他在墨西哥度过了生涯暮年，获得药学学位，从而让一个不同寻常的梦想得以实现：成为一名皇马队医。从1982/1983赛季起，皮里在这个不起眼的位置干了13年，直到1996年升任皇马体育总监。

2000年8月，皮里再次被推上风口浪尖。他作为体育总监对皇马球员的评价被《阿斯报》公之于世，报道得名"皮里报告"，流传至今。他对古蒂"不够职业，可以卖掉"的看法引发了球员本人的暴怒，但这份报告中，皮里也准确预言了劳尔和卡西利亚斯将成为皇马旗帜的未来。只是事后不久，皮里的位置就被巴尔达诺取代，他也就此与白衣军团彻底作别。

退役后的皮里以皇马队医的身份重返伯纳乌。

桑蒂利亚纳
飞翔的1米75

皇家档案

桑蒂利亚纳

Carlos Alonso Gonzalez

别名	Santillana
生日	1952.8.23
国籍	西班牙
身高	1.75米
位置	前锋

提起足坛擅长头球攻门的神锋，你会想起谁？或许桑蒂利亚纳这个有些久远的名字，已不再是人们的优先选择。但在属于他的时代，这位身高只有1米75的皇马前锋，就代表了头球的最高境界。根据西班牙《国家报》的统计，桑蒂利亚纳共为皇马打入76粒头球。而这其中的相当一部分，都是颇具观赏性的冲顶破门。

与伯纳乌主席其他几个"无心插柳柳成荫"的故事相似，桑蒂利亚纳来到皇马，也源自一次偶然。在一场大力神对阵桑坦德竞技的比赛中，原本去考察边锋阿吉拉尔的伯纳乌，却对桑坦德的19岁中锋桑蒂利亚纳印象深刻。前一个赛季，桑蒂利亚纳刚刚获得了西乙联赛的最佳射手。

"行吧，签下阿吉拉尔，但是一定要不计代价地把那个中锋签下来。"伯纳乌的一句话，为桑蒂利亚纳开启了一段成功的皇马岁月。1971年加盟后，桑蒂利亚纳一直为皇马效力到了1988年，并在此挂靴。他9次帮助皇马夺得联赛冠军，而他在退役时为皇马留下的290粒进球，在当时是仅次于迪斯蒂法诺的队史第二高。三十多年过去，也只有劳尔、C罗与本泽马赶超到桑蒂利亚纳的身前。

桑蒂利亚纳

← 面对身高超过1米90的对手中卫，桑蒂利亚纳展现出了惊为天人的弹跳力。

逆转，是皇马骨子里的属性，20世纪80年代，皇马在联盟杯赛场，就曾多次在首回合较大比分落败的绝境下，次回合上演超级逆转，而桑蒂利亚纳则是这其中的绝对主角。1984/1985赛季联盟杯1/16决赛，皇马首回合1比3不敌里耶卡，次回合3比0逆转，桑蒂利亚纳破门；半决赛对阵国际米兰，皇马首回合2球不敌，次回合桑蒂利亚纳梅开二度，皇马3比0再次翻盘。

而1985/1986赛季联盟杯1/8决赛，则是皇马"流芳后世"、具有代表性的逆转神作——首回合1比5负于门兴之后，皇马次回合4比0大胜，桑蒂利亚纳在第76分钟和第88分钟各入一球，让皇马凭借客场进球优势晋级。之后的半决赛，皇马再次成功逆转国际米兰，又是桑蒂利亚纳在加时完成梅开二度，决定了比赛的结果。而这两个赛季的联盟杯，皇马都赢得了最终的冠军。

这位擅长头球的神锋在赛场上最为精彩的瞬间，当属1979/1980赛季的欧冠赛场。在皇马对阵索菲亚列夫斯基的比赛中，桑蒂利亚纳面对对方身高超过1米90的中卫格兰察罗夫，上演了一幕大鹏展翅般的头球争顶，展现出了惊为天人的弹跳力：在空中时，桑蒂利亚纳的身体趋近平行于地面，却已高过格兰察罗夫的头顶。在那个记录手段并不丰富的年代，这一幕恰好被摄影师抓拍了下来，成为皇马队史的经典瞬间之一。

不过，桑蒂利亚纳对于自己的头球绝技，也有着独特的看法："其实，我从来都不想用头球来射门，也不想跳起来，我不喜欢这样，但我总是凭着直觉这样做。"职业生涯的告别之战，桑蒂利亚纳在第40分钟头球破门，用这样具有代表性的方式，为自己的职业生涯画上了一个完美的句号。

俱乐部生涯

1970-1971	桑坦德竞技	36场16球
1971-1988	皇家马德里	645场290球

皇马生涯统计

赛季	联赛 出场	联赛 进球	国内杯赛 出场	国内杯赛 进球	外战 出场	外战 进球	总计 出场	总计 进球
1971-72	34	10	6	3	4	2	44	15
1972-73	29	10	0	0	6	5	35	15
1973-74	18	3	6	7	0	0	24	10
1974-75	32	17	7	3	4	3	43	23
1975-76	30	12	2	1	7	5	39	18
1976-77	30	12	2	0	4	1	36	13
1977-78	34	24	6	4	-	-	40	28
1978-79	33	18	11	6	4	2	48	26
1979-80	33	23	6	3	8	3	47	29
1980-81	31	13	4	1	8	3	43	17
1981-82	20	9	3	0	5	2	28	11
1982-83	27	9	12	13	9	8	48	30
1983-84	31	13	8	3	2	1	41	17
1984-85	22	4	7	3	8	5	37	12
1985-86	27	8	5	3	9	5	44	14
1986-87	18	1	2	1	5	2	25	4
1987-88	12	4	7	4	4	0	23	8
总计	461	186	97	57	87	47	645	290

皇马生涯集体荣誉

西甲冠军
1971-72　1974-75　1975-76　1977-78　1978-79
1979-80　1985-86　1986-87　1987-88

国王杯冠军
1973-74　1974-75　1979-80　1981-82

西班牙联赛杯冠军
1985

联盟杯冠军
1984-85　1985-86

→ 在属于他的时代，身高只有1米75的桑蒂利亚纳，代表了头球的最高境界。

皇家荣耀　皇马德里传奇功勋志

伤痕锻金　卡马乔　Camacho

皇家档案

何塞·安东尼奥·卡马乔

Jose Antonio Camacho Alfaro

生日	1955.6.8
国籍	西班牙
身高	1.74米
位置	左后卫

当一名球员的十字韧带和半月板同时断裂，并被迫休战20个月的时候，你对他接下来的职业生涯还会有多少信心？翻开皇马队史的篇章，卡马乔留下的最深印记，不是教练席上的是非，而是他作为一名优秀左后卫克服伤病，并在伤愈复出后登上职业生涯巅峰的历程。身为球员，卡马乔效力皇马16年，相伴走过彼此的低谷，最终守得云开见月明。

1973年夏天，皇马和巴萨同时相中了一位18岁的年轻球员。当时还在地区联赛征战的阿尔瓦塞特，也因为卡马乔的存在，同时获得了两大豪门的关注。最终皇马力压死敌，签下了这名超新星。仅仅一年过后，卡马乔已经在皇马坐稳主力——1974/1975赛季坐上皇马帅位的南斯拉夫人米利亚尼奇大手一挥，把当时刚满19岁的卡马乔列入了主力阵容。

米利亚尼奇的这个决定一度不被人理解，毕竟在皇马的处子赛季中，卡马乔只在联赛中出战过5场。但卡马乔很快证明了自己，1974/1975赛季皇马赢得国内双冠，他的稳定发挥至关重要。对上巴萨头牌克鲁伊夫，卡马乔竟将彼

| 卡马乔

← 1986年5月6日，皇马在柏林击败科隆卫冕欧洲联盟杯，卡马乔作为队长携奖杯与鲜花庆祝胜利。

俱乐部生涯

1972-1973	阿尔瓦塞特	4场0球
1973-1974	皇家马德里二队	31场0球
1974-1989	皇家马德里	577场11球

皇马生涯统计

赛季	联赛 出场	联赛 进球	国内杯赛 出场	国内杯赛 进球	外战 出场	外战 进球	总计 出场	总计 进球
1973-74	5	0	0	0	0	0	5	0
1974-75	34	0	7	1	6	0	47	1
1975-76	33	1	2	0	8	0	43	1
1976-77	32	2	2	0	4	0	38	2
1977-78	15	2	4	0	0	0	19	2
1978-79	0	0	0	0	0	0	0	0
1979-80	33	0	3	0	8	0	44	0
1980-81	34	0	4	0	9	0	47	0
1981-82	33	2	6	0	9	0	48	2
1982-83	34	1	13	0	8	0	55	1
1983-84	30	1	8	1	2	0	40	2
1984-85	33	0	8	0	12	0	53	0
1985-86	29	0	4	0	12	0	45	0
1986-87	32	0	2	0	8	0	42	0
1987-88	30	0	8	0	4	0	42	0
1988-89	7	0	1	0	1	0	9	0
总计	414	9	73	2	90	0	577	11

皇马生涯集体荣誉

西甲冠军
1974-75　1975-76　1977-78　1978-79　1979-80
1985-86　1986-87　1987-88　1988-89

国王杯冠军
1973-74　1974-75　1979-80　1981-82　1988-89

西班牙联赛杯冠军
1985

西班牙超级杯冠军
1988　1989

联盟杯冠军
1984-85　1985-86

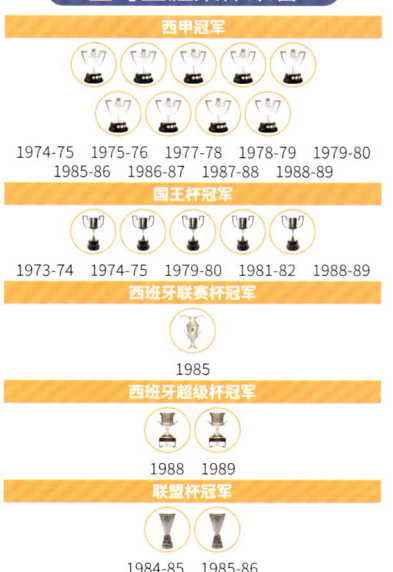

→ 1985年3月20日，卡马乔在欧洲联盟杯1/4决赛次回合比赛中铲断托特纳姆热刺中场米奇·哈泽德。

时如日中天的荷兰人完全冻结，克鲁伊夫甚至连射门的机会都很难得到。慢慢地，米利亚尼奇也开始发掘卡马乔的进攻天赋，后者与桑蒂利亚纳在左路的配合愈发纯熟。

1977/1978赛季，卡马乔经历了大起大落。赛季首轮告负，恩师米利亚尼奇挂印而去，但此后不久，卡马乔在面对西班牙人时打进两球，完成其皇马生涯唯一一次梅开二度。又过了不到半个赛季，1978年1月12日上午，卡马乔痛苦地倒在了皇马的训练场上，十字韧带和半月板双双断裂！冰冷的诊断报告震惊了皇马，也震惊了正在备战世界杯的西班牙队。当时人们讨论的甚至不是卡马乔会缺席多久，而是他是否可能因为这次受伤直接选择退役！

经历了两次手术和长达20个月的康复，卡马乔重返球场。而在他缺席了整个1978/1979赛季后，另一名南斯拉夫人博斯科夫已经接过了皇马教鞭。博斯科夫一上任，就找到大伤初愈的卡马乔，鼓励他努力康复，并继续向其许诺主力位置。在卡马乔做康复训练的健身房里，经常能看到博斯科夫的身影，两人从这时起结下了深厚的友谊。直到2000年欧洲杯，执教南斯拉夫的博斯科夫见到执教西班牙的卡马乔时，还会像当年一样叫他"卡马乔托"。

卡马乔伤愈后，虽然继续稳坐主力位置，但爆发力已经大不如前。年仅24岁时，卡马乔就很难再将大量精力投入进攻端。球员生涯的前半段，卡马乔的身边虽有皮里、博斯克等名宿做伴，但皇马彼时正陷入低谷，直到20世纪80年代中期"皇马五鹰"横空出世，卡马乔才和下一代一起，开创了皇马的又一个王朝。效力皇马16个赛季，卡马乔共随队赢下19冠，而其中的半数，也都是在最后的5年内获得。

皇家荣耀　皇家马德里传奇功勋志

> 每逢皇马陷入绝境，"华尼托精神"都是球队坚持到底的力量源泉。

华尼托 Juanito
斗魂永驻

"奇迹！奇迹！奇迹！华尼托奇迹！"

每到比赛的第 7 分钟，这样的歌声总是会在伯纳乌球场的看台上响起。皇马球迷用这样的方式，纪念着俱乐部历史上一位传奇 7 号——华尼托。

逆转属性，刻在了皇马的"DNA"里。从拉莫斯欧冠决赛读秒绝平帮助皇马最终逆转马竞，到 2021/2022 赛季欧冠淘汰赛接连翻盘晋级，多年以来，尤其是在欧战赛场，皇马总能呈现出令球迷振奋不已的神奇之夜。每逢皇马陷入绝境，"华尼托精神"都是球队坚持到底的力量源泉。

早年曾效力于马竞梯队的华尼托，并不是天生的皇马人，但在加盟之前，华尼托就一直对皇马抱有极大的好感。一次意外的受伤，改变了小将华尼托的命运，也对之后的皇马产生了深远影响。1973 年 1 月的一场友谊赛，华尼托第一次获得为马竞一线队出战比赛的机会，但喜出望外的他，迎来的却是胫骨与腓骨骨折的结果。康复过程很漫长，不仅马竞取消了新赛季将其提至一线队的计划，华尼托更是被迫接受转会至布尔戈斯的这一选项。

经历加盟初期的困顿与挣扎后，华尼托在新球队获得了成长，也逐步展现出了自己的才华。作为前锋，华尼托既可以出任右边锋，也能够来到中路。而当他出现在左路的位置时，还能用精彩的内切突破制造威胁。高速盘带、急停、再启动，这样的场景总是在华尼托的比赛当中重复上演。娴熟的控球技巧和超一流的节奏变化，是华尼托在攻击线上"横行霸道"的法宝。

为布尔戈斯效力期间，华尼托帮助球队升入西甲，并在之后一个赛季中对放弃自己的老东家完成了复仇——布

华尼托

皇家档案

华尼托
Juan Gomez Gonzalez

别名	Juanito
生卒	1954.11.10-1992.4.2
国籍	西班牙
身高	1.69米
位置	右边锋/前锋

俱乐部生涯

1973-1977	布尔戈斯	116场27球
1977-1987	皇家马德里	401场121球
1987-1989	马拉加	77场16球

皇马生涯统计

赛季	联赛出场	联赛进球	国内杯赛出场	国内杯赛进球	外战出场	外战进球	总计出场	总计进球
1977-78	32	10	4	3	-	-	36	13
1978-79	29	6	7	0	4	4	40	10
1979-80	31	10	6	4	4	1	41	15
1980-81	33	19	4	2	9	3	46	24
1981-82	30	9	7	2	6	1	43	12
1982-83	28	9	12	4	9	4	49	17
1983-84	31	17	7	3	2	1	40	21
1984-85	17	0	6	1	7	3	30	4
1985-86	28	4	6	0	7	0	43	4
1986-87	25	1	3	0	5	0	33	1
总计	284	85	62	19	55	17	401	121

皇马生涯集体荣誉

西甲冠军
1977-78　1978-79　1979-80　1985-86　1986-87

国王杯冠军
1979-80　1981-82

西班牙联赛杯冠军
1985

联盟杯冠军
1984-85　1985-86

皇马生涯个人荣誉

西甲最佳射手
1983-84

➔ 华尼托曾5次帮助皇马赢得西甲冠军。

尔戈斯3比0客胜马竞,华尼托表现出色。赛季末,马竞与巴萨都向他伸出了橄榄枝,但华尼托在收到皇马发来的邀请时,毫不犹豫地选择披上白衣战袍。他也是伯纳乌主席的最后几笔签约之一。

效力皇马的10个赛季里,华尼托出战401场比赛,收获121粒进球。他与皇马阵中的桑蒂利亚纳,组成了极具杀伤力的锋线搭档。而从俱乐部阵容的发展角度来说,华尼托也为20世纪80年代崛起的"皇马五鹰"起到了相当大的帮助作用。

1983年到1986年,华尼托迎来职业生涯的巅峰。他在1983/1984赛季的西甲联赛中打入17粒进球,与豪尔赫·达席尔瓦并列成为联赛最佳射手。而在之后的两个赛季,皇马连续两年获得联盟杯冠军,尽管这并非欧战最高舞台,但皇马在此期间多次上演"非常规"的神奇逆转,而这也正是"华尼托精神"的最集中体现。

皇家荣耀　皇家马德里传奇功勋志

1984/1985赛季联盟杯，拥有华尼托的皇马3次上演逆转好戏，最终夺冠。

1984/1985赛季联盟杯，皇马在1/16决赛对阵里耶卡、1/8决赛对阵安德莱赫特、半决赛对阵国际米兰的较量中，都是在首回合客场净负2球至3球的情况下，依靠次回合在伯纳乌主场的拼搏，实现逆转晋级。这其中，尤以半决赛逆转国际米兰最为激动人心。首回合0比2落败后，华尼托用意大利语对国际米兰球员说："伯纳乌的90分钟，特别漫长。"这句话在多年以后仍被西班牙媒体反复提起，成为"华尼托精神"的核心表达。

其实华尼托后来也将这句话说给队友听。次回合在伯纳乌，桑蒂利亚纳的梅开二度与米歇尔的进球，最终帮助皇马实现主场翻盘。次年，皇马又一次在联盟杯半决赛中逆转战胜国际米兰，但这一赛季皇马的逆转神作，却并非这次交手。1985/1986赛季联盟杯1/8决赛对阵门兴格拉德巴赫，皇马在首回合客场1比5惨败的绝境下，次回合在伯纳乌4比0取胜，凭借客场进球优势晋级。这场比赛也成为欧战历史上最为经典的大逆转之一。比赛最后阶段被换下场时，激动的华尼托无法掩饰自己的情绪，接连两次跳起挥拳庆祝，这一幕，同样被定格为经典画面。

在那些逆转之夜，华尼托并不是进球最多的人，或许也并不是在战术方面贡献最大的人。但后来提起这些逆转，人们都在说，华尼托的作用具有决定性的意义。

在更衣室里，性格直率的华尼托总是首先站出来为全队鼓劲，让队友们相信逆转的可能性。而在球场上，激情洋溢的华尼托，是与伯纳乌看台上的球迷互动最多的球员，他总能将高涨的情绪和昂扬的斗志传递给球迷。伯纳乌的球迷在他的带动下，也爆发出了巨大的能量，将球场变

华尼托，伯纳乌球场的精神图腾。

成了十足的魔鬼主场，帮助皇马实现一个又一个"伯纳乌奇迹"。正因如此，最有带动力量的华尼托，成为奇迹的代名词。

1989年7月，已转会至马拉加的华尼托，迎来了自己的职业生涯告别战。赛后，著名斗牛士库罗·罗梅罗为他剪下了一撮头发，完成了象征着斗牛士退役的"剪辫礼"。热衷于斗牛运动的华尼托，也是球场上的斗士，极致顽强、从不服输、寸土不让。只不过，这样的性格也同样是一柄双刃剑。

华尼托在球场上，是出了名的不好惹，这样的个性也贯穿了他职业生涯的始终。布尔戈斯当年的主席拉雷多就评价称："华尼托犯了很多错误，但总是能第一时间认错。"而伯纳乌在决定签下华尼托之前，也因为他的性格而产生过犹豫。然而，华尼托终究还是酿下大祸。1986/1987赛季欧冠半决赛首回合，为队友琴多"出头"的华尼托，将脚踩在了马特乌斯的背部和头上。这次恶性犯规，让他吃到了5个赛季欧战禁赛的重罚，伯纳乌球场也因此被罚欧战空场。在此之后，他不得不离开挚爱的皇马。

1992年4月2日，在伯纳乌观看完皇马与都灵的欧冠比赛后，华尼托在返回梅里达的途中遭遇车祸，不幸逝世，年仅37岁。当时，华尼托的教练生涯刚刚起步，对于这样一位球员时期个性十足的球场斗士，外界对他日后的执教水平本有很多期待，但这一切，都停留在了他离开的那一天。不过所有的一切，也从那一天再次开启——华尼托精神，永远地留在了伯纳乌球场。这份不灭的斗士精神刻在了皇马人的骨子里，注入了俱乐部的血液里，成为白衣军团的永恒灯塔。

皇家荣耀　皇家马德里传奇功勋志

性感炸弹

米歇尔 Michel

皇家档案

米歇尔
Jose Miguel Gonzalez Martin del Campo

别名	Michel
生日	1963.3.23
国籍	西班牙
身高	1.83米
位置	右前卫

小桑奇斯作为五鹰遗老，在阿姆斯特丹捧起皇马失落32年的欧冠奖杯之时，追随布特拉格诺加盟塞拉亚，征服神秘南美大陆的米歇尔·冈萨雷斯，刚刚结束了自己的球员生涯。他在荷兰现场，目睹球队逆势揽胜，见证自己的兄弟如最后一个莫西干人般实现了五鹰的未竟之业。

米歇尔的皇马生涯始于12岁。他拒绝巴列卡诺和马竞的邀约，套上了一生挚爱的白衣。彼时同龄人布特拉格诺刚刚成为校队一员，待"秃鹫"进入拉法布里卡时，米歇尔·冈萨雷斯已是老体育城里的神一般的存在。他靠的不单是俊朗性感的外形，还有出众的才华与创造力。

阿曼西奥麾下的皇马二队，最锋利的杀器是布特拉格诺，最亮眼的明星则是米歇尔。"秃鹫"曾调侃："我的球迷构成都是12岁以下的小孩和65岁以上的老人，中间那个年龄段归米歇尔管。"在通信手段并不发达的20世纪80年代，出入均有狗仔跟随，正是米歇尔巨星身份的名片。

米歇尔是皇马五鹰之中最早完成一线队首秀的球员之一，1982年对卡斯特利翁的比赛中，他攻入一球，助皇马2比1取胜。但给他留下更深印象的，是

| 米歇尔

← 1994年3月15日，米歇尔在皇马对阵巴黎圣日耳曼的欧洲优胜者杯1/4决赛中出场。

更衣室的传帮带氛围。初赴一队报到，最先向他表示友好的是施蒂利克："怎么样，米歇尔，你好吗，欢迎，你假期过得如何？"米歇尔暗暗高兴："他们认识我。"午餐时间，餐厅里只剩一个位置，桌前分别坐着加列戈、卡马乔和华尼托，"菜鸟"米歇尔慑于大神气场不敢上前，直到被华尼托呼唤上桌。自此，桌上三人与圣何塞一道，成了他的皇马指引者和保护人。

待五鹰合体于一队，米歇尔才华尽展。他双足能力非凡，右脚技术更是登峰造极，传中犹如名医手中刀——锋利且精准，可谓分毫不差。他和布特拉格诺一道为乌戈·桑切斯和萨莫拉诺填弹，甘为传奇射手稳定输送保障。米歇尔是天生的组织者，和"秃鹫"亦有天然默契，二人超越时代的脚底功、形势判断的洞察力和取之不竭的创造力，奠定了皇马中场对敌人的碾压之势，令攻击群可以肆意书写美轮美奂的现代足球。

皇马连续称霸西甲的5年，作为8号传奇的米歇尔存在感斐然。网球巨星纳达尔儿时初次近距离接触的皇马球员，正是当时如日中天的米歇尔，作为"美凌格"的纳达尔如见到神明真身，愣在原地，言语不能。

欧战之巅是五鹰的永恒缺憾。两度败给拥有三剑客的AC米兰，五鹰心服口服，称赞对手踢的是另一维度的足球。最大的不甘在1987/1988赛季，跨过马拉多纳领衔的那不勒斯后，皇马接连拿下波尔图和拜仁，却在半决赛两平埃因霍温翻船。埃因霍温后通过点球大战拿下决赛，自八强后5战，埃因霍温悉数打平，常规时间仅两球入账，是欧冠改制前胜场最少的冠军。米歇尔和队友们几十年都没能想通："就差了那么一点，真的只有一点。"

及至米亚托维奇一脚破除施加在皇马身上的欧冠诅咒，米歇尔方才如释重负，捧杯一刻，他仿佛住进了小桑奇斯的胳膊，感受着他未曾触及的奖杯重量，"最重要的是小桑奇斯是其中一员，他出自皇马自家青训，是迪斯蒂法诺的遗产"。米歇尔没意识到的是，他、五鹰一代，甚至连续几代人，亦是荣誉构成——皇马的传世金身立于两大支柱之上：劳尔、华尼托、皮里和卡马乔们彪炳史册，诠释永不言弃；迪斯蒂法诺、齐达内、布特拉格诺和米歇尔等艺术家青史流芳，缔造华丽演出。

俱乐部生涯

1981-1984	皇家马德里二队	116场26球
1982-1996	皇家马德里	559场130球
1996-1997	塞拉亚	34场9球

皇马生涯统计

赛季	联赛出场	联赛进球	国内杯赛出场	国内杯赛进球	外战出场	外战进球	总计出场	总计进球
1981-82	1	1	0	0	0	0	1	1
1984-85	26	2	8	2	9	3	43	7
1985-86	31	7	5	0	12	1	48	8
1986-87	44	5	6	2	8	0	58	7
1987-88	35	14	7	1	8	4	50	19
1988-89	36	13	10	2	5	0	51	15
1989-90	37	8	6	0	3	2	46	10
1990-91	36	8	4	1	6	1	46	10
1991-92	38	10	6	3	10	2	54	15
1992-93	37	6	6	1	8	3	51	13
1993-94	37	11	6	1	6	2	49	14
1994-95	13	2	0	0	5	0	18	2
1995-96	33	6	3	1	8	1	44	8
总计	404	97	67	13	88	20	559	130

皇马生涯集体荣誉

西甲冠军
1985-86　1986-87　1987-88
1988-89　1989-90　1994-95

国王杯冠军
1988-89　1992-93

西班牙联赛杯冠军
1985

西班牙超级杯冠军
1988　1989　1990　1993

联盟杯冠军
1984-85　1985-86

皇马生涯个人荣誉

联盟杯最佳射手
1987-88

→ 1985年5月22日，米歇尔在对阵维迪奥顿的联盟杯次回合决赛中带球突袭、准备打门。

皇家荣耀　皇家马德里传奇功勋志

皇马第六鹰

Chendo 琴多

皇家档案

琴多
Miguel Porlan Noguera

别名	Chendo
生日	1961.10.12
国籍	西班牙
身高	1.75米
位置	右后卫

能够在同一支球队从出道效力到退役，不是件容易的事情，更不用说是在皇马这样的顶级俱乐部。截至目前，只有两名球员做到在皇马"从一而终"，其一是皇马五鹰之一的马诺洛·桑奇斯，其二便是米格尔·波兰·诺格拉，也就是我们所熟知的传奇右后卫琴多。

从1982年初首度被皇马一队起用，到1998年正式宣布退役，出生于1961年的琴多总计为这家西甲豪门效力了17个赛季，各项赛事出场497场。出场数差一点突破500大关，也足够表明他是皇马历史上一位了不起的人物。值得一提的是，和另一位"终生皇马球员"桑奇斯不同，琴多并非出生于马德里，他的故乡在西班牙东南部的穆尔西亚地区一个名叫托塔纳的小镇。

琴多这个昵称源自他的妈妈琴达（Chenda）。在托塔纳，琴多14岁时成为当地俱乐部的青训球员，不久后他被主要负责莱万特地区，也就是西班牙东部大片区域考察工作的皇马球探尼托发现。1977年，琴多凭借出色的脚下技术打动了皇马青年队教练，正式加盟这家西甲豪门的青训梯队，从此开始了作为"皇

← 1986年5月6日，皇马联盟杯决赛次回合对阵科隆，琴多在右路带球出击。

俱乐部生涯

1979-1983	皇家马德里二队	69场1球
1982-1988	皇家马德里	497场3球

皇马生涯统计

赛季	联赛 出场	联赛 进球	国内杯赛 出场	国内杯赛 进球	欧战 出场	欧战 进球	其他 出场	其他 进球	总计 出场	总计 进球
1981-82	1	0	0	0	0	0	0	0	1	0
1982-83	2	0	0	0	0	0	0	0	2	0
1983-84	21	0	5	0	0	0	0	0	26	0
1984-85	25	0	7	0	11	0	0	0	43	0
1985-86	30	0	6	0	9	0	0	0	45	0
1986-87	40	0	6	0	6	0	0	0	52	0
1987-88	31	1	7	0	8	0	0	0	46	1
1988-89	26	0	7	0	5	0	0	0	38	0
1989-90	37	1	5	0	4	0	0	0	46	1
1990-91	36	0	4	0	5	0	0	0	45	0
1991-92	37	0	7	0	10	0	0	0	54	0
1992-93	12	0	4	0	0	0	0	0	16	0
1993-94	12	0	1	0	0	0	0	0	13	0
1994-95	10	1	0	0	2	0	0	0	12	1
1995-96	23	0	2	0	4	0	0	0	27	0
1996-97	16	0	2	0	0	0	0	0	18	0
1997-98	4	0	1	0	1	0	0	0	6	0
总计	363	3	58	0	70	0	1	0	497	3

皇马生涯集体荣誉

西甲冠军
1985-86　1986-87　1987-88　1988-89
1989-90　1994-95　1996-97

国王杯冠军
1988-89　1992-93

西班牙联赛杯冠军
1985

西班牙超级杯冠军
1988　1989　1990　1993　1997

欧冠冠军
1997-98

联盟杯冠军
1984-85　1985-86

→ 1989年4月19日，皇马欧冠中客场面对AC米兰，琴多防守对方头号前锋巴斯滕。

马人"的球员生涯。

不到3年后，琴多开始为卡斯蒂利亚，也就是皇马二队出战。1982年4月，琴多获得了短暂的一线队替补机会，并完成了个人一线队首秀。他真正崛起是在1983/1984赛季，当时皇马主力右后卫胡安·何塞受伤，时任主帅迪斯蒂法诺便将琴多升为首发。迪斯蒂法诺在1982年重返皇马执教，回归后不久就注意到了这位在二队表现出色的年轻人。而在何塞伤愈之后，琴多虽然一度回到替补席，但他的上升势头已经不可阻挡。

从1985年开始，皇马进入连续捧杯的鼎盛时期，传奇射手乌戈·桑切斯，以及青训自产的皇马五鹰，便是那个时代的主要代表。身为边后卫的琴多名气可能稍逊一筹，但也曾被部分球迷称作"第六鹰"。除了长期稳定地以主力身份在右闸位置贡献力量，攻防俱佳的琴多也留下过一些经典战役。其中最为高光的，应数1987/1988赛季欧冠淘汰赛首轮，皇马与那不勒斯的首回合较量。此役皇马主场2比0取胜，琴多表现最为抢眼——他凭借一己之力，限制住了正值黄金年华的马拉多纳。

不过在帮助球队淘汰那不勒斯之后，皇马却没有在当年的欧冠赛场上取得太好的成绩。那段时期，皇马主要在国内称霸，连拿了5届西甲冠军，欧战则在1985年和1986年连夺两届联盟杯冠军。琴多也是位擅长"马拉松"的选手，虽然从1992/1993赛季开始，他的出场次数骤减变为替补，但无论主力是谁，琴多都是皇马可靠的后备力量，直到1997/1998赛季，他仍在西甲和欧冠中有零星出场。也正是在那一年，皇马击败尤文图斯再捧大耳朵杯。欧冠圆梦后，37岁的琴多正式退役，为自己的球员生涯画上了一个完美的句号。

皇家荣耀 | 皇家马德里传奇功勋志

布特拉格诺

Emilio Butragueno

新潮派骄子

皇家档案

埃米利奥·布特拉格诺

Emilio Butragueno Santos

生日	1963.7.22
国籍	西班牙
身高	1.70米
位置	前锋

佛朗哥统治时期的西班牙充斥着封闭与禁锢，马德里则是代表独裁压迫体系和政治经济中心主义窠臼的首都。这里满是陈腐官僚和反动阶级，且缺乏工业体系，被认定为蛀空民脂民膏的肥硕白蚁。20世纪70年代，佛朗哥离世，四十余载的右派独裁统治终于落幕，新政权登台，一场思想和文化的双重解放运动随之而来。新社会带着急切的渴望和西班牙特有的热情，投入新环境所带来的新事物中，欲填补多年的精神文化空白，以逆反姿态报复那套信息闭塞、不接受批评的旧秩序。这把火轰轰烈烈、愈烧愈旺，终在20世纪80年代彻底燎原，形成举世闻名的"新潮派"运动，圆心正是昔日"白蚁"马德里。新体制最活跃的阶层在1976年创办的《国家报》，成了官方进步文化圈的中心刊物。

社会期待变革与创新，体育亦不例外，尤其在西班牙队经历了1982年本土世界杯的挫败之后。将足球变成艺术的皇马神话布特拉格诺，则被公认为回应并实现了这份社会期待的传奇英雄。昔日战友小桑奇斯认为："布特拉格诺代表了一种精神，他是那个时代所需要的球员和人物，充实着大家的心灵。"

布特拉格诺

← 1986年4月30日，带球推进的布特拉格诺突破科隆后卫盖尔斯的防守。

俱乐部生涯

1982-1984	皇家马德里二队	53场34球
1984-1995	皇家马德里	463场171球
1995-1998	塞拉亚竞技	91场29球

皇马生涯统计

赛季	联赛出场	联赛进球	国内杯赛出场	国内杯赛进球	外战出场	外战进球	总计出场	总计进球
1983-84	10	4	2	2	0	0	12	6
1984-85	29	10	4	0	11	4	44	14
1985-86	31	10	6	2	12	2	49	14
1986-87	35	11	3	3	7	5	45	19
1987-88	32	12	3	1	8	2	43	15
1988-89	33	15	8	3	8	4	49	22
1989-90	32	10	6	2	2	2	40	14
1990-91	35	19	4	2	4	4	43	25
1991-92	35	14	6	4	9	1	50	19
1992-93	34	9	3	1	6	1	43	11
1993-94	27	8	2	1	4	2	33	11
1994-95	8	1	0	0	4	0	12	1
总计	341	123	47	21	75	27	463	171

→ 1989年4月5日，布特拉格诺在皇马主场对阵AC米兰的联盟杯半决赛首回合较量中出场。

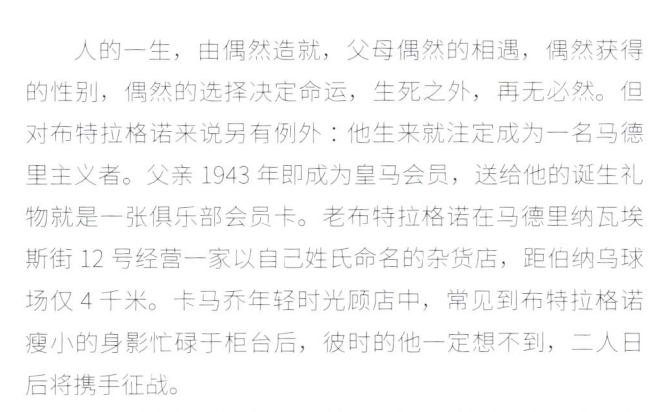

    人的一生，由偶然造就，父母偶然的相遇，偶然获得的性别，偶然的选择决定命运，生死之外，再无必然。但对布特拉格诺来说另有例外：他生来就注定成为一名马德里主义者。父亲1943年即成为皇马会员，送给他的诞生礼物就是一张俱乐部会员卡。老布特拉格诺在马德里纳瓦埃斯街12号经营一家以自己姓氏命名的杂货店，距伯纳乌球场仅4千米。卡马乔年轻时光顾店中，常见到布特拉格诺瘦小的身影忙碌于柜台后，彼时的他一定想不到，二人日后将携手征战。

    10岁的布特拉格诺在对规则一窍不通的情况下加入了卡拉桑西奥私校的篮球队。有天他被足球教练萨克里斯坦叫住，问他为何不随篮球队比赛，布特拉格诺回答："比赛一般在周日下午，而那时我要跟我爸上山。"从小在伯纳乌球场顶端观赛，造就了他超凡的足球视野。萨克里斯坦以"足球队周六比赛"为由向他发出邀请，12岁的布特拉格诺由此进入学校的U13足球队。布特拉格诺瘦弱如芦苇，一起训练的大孩子戏耍、整蛊甚至欺凌他，但他仿佛生来就具备无视一切折辱的能力，展现出苇秆般的韧性。躲避简陋场地的坑洼沟壑比躲避拳头重要，至于生活给予什么，他逆来顺受。

    1980年，17岁的布特拉格诺参加了马德里青少年锦标赛，得到了皇马的试训机会。他与素不相识的孩子共同组队，踢的是后腰位置。对于那些互为竞争对手的陌生少年搭档，球来到谁脚下，进攻便会终结于谁。但布特拉格诺自认为发挥不错，结束后还兴冲冲地告诉父亲：要将在老体育城的试训经历讲述给后辈。布特拉格诺并未获得皇马垂青，反而得到了马竞的邀约，他断然拒绝。最后还是靠着华尼托的父亲获悉布特拉格诺经历后再做推介，他才成为拉法布里卡的一员。

    只用了两年，布特拉格诺便升入二队，他因左右脚均衡、助攻无数的特质，被推上锋线，成为阿曼西奥手下的一张王牌，1983/1984赛季，拥有华尼托、卡马乔、博斯克等一众巨星的皇马一队，正在经历迪斯蒂法诺救火执教以来第2

皇家荣耀 皇家马德里传奇功勋志

个四大皆空的赛季,而二队却在西乙疯狂席卷每一个对手。当时两队共用伯纳乌,二队的上座率一度碾压一队。据布特拉格诺的回忆,通常他们有1万到1.5万名观众,但随着球队一路奏凯,到6比1毕尔巴鄂一役,现场观赛人数达到了惊人的8.5万到9万人。

"新潮派"运动亦于此时抵达小高潮,《国家报》更成了市民高质量的日常信息获取渠道。1983年11月14日,胡里奥·伊格莱西亚斯在上面发表了奠定皇马中兴的著名文章——《阿曼西奥和他的"五只秃鹫"》:"如果足球是一门精确的科学,那么卡斯蒂利亚的成功充满了数学的美感。如果足球只是一门科学,那么布特拉格诺的成功可以通过一个简单的数据体现:11场比赛打入了15个进球。"这份鼎新建言令伊格莱西亚斯得到了迪斯蒂法诺本人的召唤。皇马传奇对提拔"五鹰"顾虑重重,伊格莱西亚斯则化身预言家:"那就告诉人们你在为21世纪的足球做准备。"迪斯蒂法诺承诺招4个人试试,这次换记者先生不干了,"什么4个人,他们是五鹰!"

1984年2月5日,皇马客战加的斯,半场0比2落后,小桑奇斯膝盖受伤,迪斯蒂法诺下达了令"秃鹫"铭记一生的指令:"孩子,起来热身。"结果布特拉格诺在"地狱级"首秀中不仅梅开二度扳平比分,还在补时阶段助攻队友打入反超一球,一己之力缔造惊天逆转。同年,五鹰领衔的二队称雄西乙,成为历史上唯一夺得西班牙第二级别联赛冠军的青年队。

1984/1985赛季,阿曼西奥接过迪斯蒂法诺教鞭,五鹰悉数升组,但皇马战绩并无改观,前者在8个月后辞职。救火专员莫洛尼四进宫,虽未能挽救联赛,但却率队夺得联盟杯,埋下了第2次西甲五连冠的导火索。比起人们津

← 1986年4月30日，欧洲联盟杯决赛首回合皇马首发阵容。前排左起：布特拉格诺、华尼托、乌戈·桑切斯、巴尔达诺、拉斐尔·马丁·巴斯克斯。后排左起：萨尔格罗、奥古斯丁、米歇尔、索拉纳、戈迪略、卡马乔。

→ 2012年8月27日，布特拉格诺陪同莫德里奇出席后者加盟皇马的首场新闻发布会。

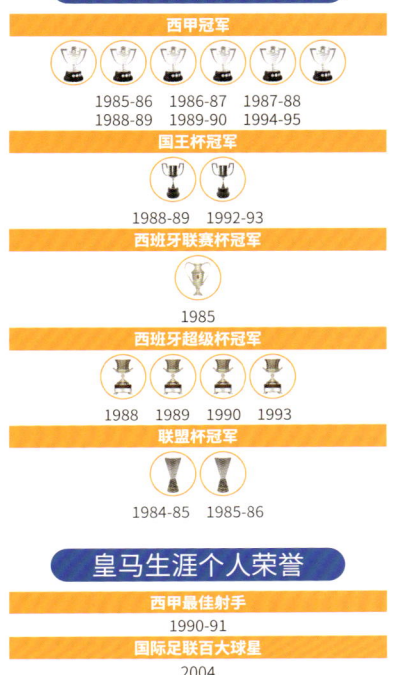

皇马生涯集体荣誉

西甲冠军
1985-86　1986-87　1987-88
1988-89　1989-90　1994-95

国王杯冠军
1988-89　1992-93

西班牙联赛杯冠军
1985

西班牙超级杯冠军
1988　1989　1990　1993

联盟杯冠军
1984-85　1985-86

皇马生涯个人荣誉

西甲最佳射手
1990-91

国际足联百大球星
2004

津乐道的半决赛逆转国际米兰，"秃鹫"印象更深的，却是16强战对阵安德莱赫特：皇马首回合0比3告负，次回合6比1主场翻盘。"秃鹫"戴帽立功，将逆转写入皇马基因，还终结了球队近20年的欧战冠军荒。

布特拉格诺因其强烈的个人风格与杀手特质，成为对手重点盯防对象，但他一手"油炸丸子"绝技令人防不胜防：带球、突破、停顿、启动、出球。每每"秃鹫"得球，看台上的球迷们便会停止喧嚣，静待他出其不意的后续动作，虔诚沐浴艺术圣光。值此同时，乌戈·桑切斯的加盟为皇马完成了最后一块冠军拼图，他以180场150球的完美成绩单铸就五连冠霸业，背后则离不开以"秃鹫"为首的皇马学徒的集体贡献。

布特拉格诺是绿茵骑士精神的代表性人物。他先后搭档华尼托、巴尔达诺和乌戈·桑切斯，甘为红花做绿叶，回撤发起进攻与助攻，牺牲个人得分能力，令一众队友受益匪浅。在父亲打造的荣誉室里，"秃鹫"珍重又难为情地抚摸着自己唯一的西甲最佳射手奖杯，说道："这个金靴进球数少得可怜，是C罗只用20场就能达到的数字，19球。"那是1990/1991赛季，桑切斯状态滑落，布特拉格诺扛起了终结进攻的重担，旋即登顶射手榜。

时间不为任何人驻足。自取代桑蒂利亚纳的主力之位以来，布特拉格诺便清楚，同样的事情有朝一日也会降临于他。1994年，顶着"秃鹫二世"名号的劳尔横空出世，接过了"秃鹫"的7号衣钵，布特拉格诺也结束了自己的球场使命。千禧之年，布特拉格诺作为体育总监巴尔达诺的助手，重返进入弗洛伦蒂诺时代的伯纳乌。"银河一期"落幕，"佛爷"离任，"秃鹫"随之辞职。待"佛爷"2009年二度当选，布特拉格诺又以公关总监身份回归，至今再未离开。

皇家荣耀 | 皇家马德里传奇功勋志

→ 1998年5月20日，马诺洛·桑奇斯在皇马对阵尤文图斯的欧冠决赛中防守齐达内。

皇家档案

马诺洛·桑奇斯
Manuel Sanchis Hontiyuelo

生日	1965.5.23
国籍	西班牙
身高	1.77米
位置	中后卫

马诺洛·桑奇斯
Manolo Sanchis
一队一生

20世纪80年代初，一度被皇家社会、毕尔巴鄂和巴塞罗那轮番击倒的皇马，曾祭出一套以青训自产新秀为核心的发展战略，其间，有5名来自拉法布里卡的年轻人被俱乐部和媒体尤为看好。由于5人之中最大腕的前锋布特拉格诺绰号"秃鹫"，当时的西班牙记者也就给他们取了一个特别的雅号，叫作"秃鹰部队"，而中国球迷则习惯称之为"皇马五鹰"。

马诺洛·桑奇斯就是五鹰之一。作为1983年12月首次代表皇马一队出赛的选手，桑奇斯并不是五鹰中最早出道的，显然也不是最具明星气质的，但他却是陪伴皇马最久的那个人——其他4人都没能像他一样能在皇马待上18年。除了时间跨度极长，更难能可贵的是，桑奇斯还是那种终生只为一支球队效力的球员。除了1983/1984赛季曾在卡斯蒂利亚（皇马二队）短暂停留，这名传奇后卫直到挂靴都是皇马一队的成员。

值得一提的是，在漫长的18年时间里，马诺洛·桑奇斯不仅一直在为皇马效力，还保持了相当高的出勤率。在初出茅庐的1983/1984赛季之后，他连续12个赛季西甲出场在28次以上，且只有1985/1986赛季没有达到30场。而直到1999/2000赛季，已经34岁的桑奇斯才首次单季联赛出场不足15次。如此马拉松式的职业生涯，可以说很有铁人风范。

跻身豪门本就颇为不易，桑奇斯却稳稳当当地驻足了18年，最后留下710场各项赛事的出场纪录，排名皇马队史第3名，仅次于后来居上的劳尔和卡西利亚斯。桑奇斯究竟有何魔力？其一也许是桑奇斯家族的优良基因。马诺

马诺洛·桑奇斯

俱乐部生涯

1983-1984	皇家马德里二队	10场2球
1983-2001	皇家马德里	710场40球

皇马生涯统计

赛季	联赛出场	联赛进球	国内杯赛出场	国内杯赛进球	欧战出场	欧战进球	其他出场	其他进球	总计出场	总计进球
1983-84	18	3	2	0	0	0	-	-	20	3
1984-85	30	4	7	0	10	1	-	-	47	1
1985-86	28	1	6	2	7	0	-	-	41	3
1986-87	36	2	6	0	7	1	-	-	49	3
1987-88	33	9	8	0	8	1	-	-	49	10
1988-89	33	3	9	0	7	0	2	0	51	3
1989-90	34	3	7	0	4	0	-	-	45	3
1990-91	31	2	2	0	1	0	2	0	36	2
1991-92	37	1	6	1	9	1	-	-	52	3
1992-93	37	0	6	1	6	0	-	-	49	1
1993-94	32	1	4	0	6	0	2	0	44	1
1994-95	37	1	2	0	3	0	-	-	42	1
1995-96	32	1	2	0	6	0	1	0	41	1
1996-97	22	0	0	0	-	-	-	-	22	0
1997-98	31	1	1	0	10	0	2	0	44	1
1998-99	33	0	4	0	7	0	2	0	46	0
1999-00	14	0	2	0	7	0	-	-	23	0
2000-01	5	0	1	0	3	0	-	-	9	0
总计	523	33	75	3	99	4	13	0	710	40

皇马生涯集体荣誉

西甲冠军
1985-86　1986-87　1987-88　1988-89
1989-90　1994-95　1996-97　2000-01

国王杯冠军
1988-89　1992-93

西班牙联赛杯冠军
1985

西班牙超级杯冠军
1988　1989　1990　1993　1997

欧冠冠军
1997-98　1999-2000

联盟杯冠军
1984-85　1985-86

洲际杯冠军
1998

➔ 2000 年 5 月 24 日,皇马在欧冠决赛 3 比 0 击败瓦伦西亚夺冠,马诺洛·桑奇斯以队长身份举起大耳朵杯。

洛的父亲曼努埃尔·桑奇斯也是一名出色的后卫,曾经在 20 世纪六七十年代为皇马出战超过 200 场,随队拿下了 4 届西甲冠军和 1966 年欧冠冠军。

不过需要说明的是,虽然从父亲那里得到了遗传,马诺洛·桑奇斯的身材若以当代足球的标准来看,作为中卫却并不出众。他身高只有 1 米 77,并不是那种高大威猛的类型。但矮个子也有其独特的优势,桑奇斯不仅能用敏捷的步伐跟上那些危险的杀手,其位置感也是超乎常人,出色的预判能力让其总是先人一步将危机化解。配上出色的比赛阅读能力,桑奇斯在后场自由人或者清道夫的位置上如鱼得水。甚至他还展现过极强的攻击能力,在 1987/1988 赛季破门 10 次,其中西甲就有 9 次。到退役时,桑奇斯一共为皇马打进了 40 粒进球。

桑奇斯的防守是富有侵略性的,但与此同时他又十分镇定从容。皇马官网如此写道:"无论场上场下,桑奇斯都在俱乐部之内树立了新的标准。"在更衣室,职业生涯中后期的桑奇斯是位出色的队长、老大哥。他佩戴袖标的时间长达 13 年,包括 1998 年皇马击败尤文图斯欧冠夺魁的那场决赛——当时还差 3 天年满 33 岁的桑奇斯作为队长踢满了全场。

那座大耳朵杯还不是桑奇斯的生涯唯一,2000 年皇马 3 比 0 大胜瓦伦西亚再夺欧冠冠军,这位老将在决赛第 80 分钟替补出场。一年后桑奇斯选择退役,18 年皇马生涯,带着 8 座西甲冠军、2 座欧冠和 2 座联盟杯的冠军奖杯挂靴,桑奇斯没有留下遗憾。

皇家荣耀 | 皇家马德里传奇功勋志

倒勾神锋

乌戈·桑切斯
Hugo Sanchez

皇家档案

乌戈·桑切斯
Hugo Sanchez Marquez

生日	1958.7.11
国籍	墨西哥
身高	1.74米
位置	前锋

作为同城死敌，皇家马德里与马德里竞技之间的"人员交流"不算特别多，但前者也有直接从后者阵中挖核心的时候。乌戈·桑切斯，这位活跃于20世纪80年代的墨西哥前锋，便是皇马挖角马竞的成果。据说当年为了不惹怒球迷，马竞方面在出让桑切斯时还选择了"迂回战术"，先在1985年7月初宣布将其卖回给墨西哥的国立自治大学俱乐部。几天之后，桑切斯在墨西哥城的一家银行里与皇马签约，从此开启了另一段故事。

大费周章从死敌那里挖人，皇马的付出当然是值得的，抛开桑切斯在后来获得的成就不谈，当年他一加盟就为皇马注入了一剂强心针。从1981年到1985年，皇马连续5个赛季无缘西甲冠军，即便阵中有"五鹰"这样的青训才俊，但球队仍然需要有经验的成熟球员来完成关键性的助推。

乌戈·桑切斯就是这样的人物。27岁加盟皇马之前，他已经在马竞效力了4个赛季，从最初的单季8球到1984/1985赛季的西甲金靴，这位23岁才从墨西哥来到西甲的前锋正在步入完全成熟期。转会皇马后，他在新环境中更

← 1989年4月4日，欧冠半决赛首回合，皇马1比1战平AC米兰，乌戈·桑切斯和米兰铁卫巴雷西过招。

上一层楼，又在5年时间里拿到了4次西甲最佳射手。那段时期，皇马在西甲中也是无敌般的存在，自1986年重夺联赛冠军开始，一口气完成了西甲五连冠的霸业。

凭着在马竞的1次和在皇马的4次西甲金靴，桑切斯达成了非同凡响的成就。比如他是第一位连续4个赛季独享西甲金靴的人物。在他之前，另一名皇马传奇迪斯蒂法诺虽然也曾连续4个赛季荣获联赛金靴，但有2次是与其他球员共享。直到2020年，梅西才成为第2位四连独霸金靴的球员，并在2021年刷新了这一纪录。

有趣的是，桑切斯在1988/1989赛季的联赛射手王之争中，输给了当时效力马竞的巴西人巴尔塔扎尔，随后一季他卷土重来，送出了个人职业生涯的单季联赛最高数据——38球，追平了由西班牙神射手萨拉在1950/1951赛季创造的西甲单季进球纪录，这一数字直到梅罗时代才被打破。2010/2011赛季，C罗

俱乐部生涯

1976-1981	国立自治大学	200场104球
1979-1980	圣迭戈球袜（租借）	32场26球
1981-1985	马德里竞技	152场82球
1985-1992	皇家马德里	282场208球
1992-1993	墨西哥美洲	35场18球
1993-1994	巴列卡诺	35场17球
1994-1995	亚特兰特	31场13球
1995-1996	林茨	20场6球
1996	达拉斯燃烧	25场7球
1997	塞拉亚竞技	11场4球

皇马生涯统计

赛季	联赛出场	联赛进球	国内杯赛出场	国内杯赛进球	外战出场	外战进球	总计出场	总计进球
1985-86	33	22	5	2	11	5	49	29
1986-87	41	34	6	6	7	3	54	43
1987-88	36	29	7	3	7	3	50	35
1988-89	35	27	8	5	7	5	50	37
1989-90	35	38	6	3	3	1	45	42
1990-91	19	12	3	2	3	5	25	19
1991-92	8	2	1	0	1	1	10	3
总计	207	164	36	21	39	23	282	208

皇马生涯集体荣誉

西甲冠军
1985-86　1986-87　1987-88　1988-89　1989-90

国王杯冠军
1988-89

西班牙超级杯冠军
1988　1989　1990

联盟杯冠军
1985-86

皇马生涯个人荣誉

欧洲金靴奖
1980

西甲最佳射手
1985-86　1986-87　1987-88　1989-90

国际足联百大球星
2004

→ 1986年5月6日，联盟杯决赛次回合，皇马客场0比2负于科隆，总比分5比3夺冠，乌戈·桑切斯赛后高举奖杯庆祝。

进了 40 球，而此时，乌戈·桑切斯的神迹已过去了 21 年。

如果不是梅西和 C 罗这对"绝代双骄"的出现，墨西哥神锋的传说恐怕还会在西甲最高点飘荡更久。他曾是西甲历史上进球最多的外援，超越迪斯蒂法诺，在西甲总进球榜上一度只落后于 20 世纪四五十年代的球星萨拉。总计 234 次西甲破门中，有 54 球贡献给马竞，而在皇马的 164 球则助他位列队史射手榜第 7（各线总产 208 球）。生涯晚期的 1993/1994 赛季，桑切斯还曾在西甲为巴列卡诺破门 16 次。

如此数据可以用恐怖形容，但千万不要以为桑切斯只是数据好看，他不仅拥有无与伦比的门前嗅觉，速度、技巧和位置感都是绝对顶级。当然，最能展现这位神锋才华的，还是他触碰球的那一瞬间，并不需要太多控制和调整，就能一击即中，洞穿对方球门。关于这一点，最具代表性的是 1989/1990 赛季的那 38 粒进球：在追平萨拉的同时，乌戈·桑切斯还运用一种与众不同的方式留下了完全属于他的印记——38 次破门全都是"一脚触球"，没有复杂的盘带突破，也没有多余的假动作。

直接而又冷酷，听上去像是那种朴实无华的禁区杀手特质，但乌戈·桑切斯恰恰相反，他的风格华丽到令人咋舌，射门方式不仅丰富多样，并且难度甚高。在国际足联的介绍页面上，这位墨西哥前锋甚至被认为是"蝎子摆尾（腾空而起将腿向后摆动击球）"的创造者。据称桑切斯在很年轻的时候，就经常在训练中尝试这个动作，并给它取了名字。

虽然在正式比赛中，桑切斯并没有"蝎子摆尾"进球，但"倒挂金钩"破门却多到让人眼花缭乱。在皇马的官方网站上，有关墨西哥神锋的一段经典回放就来自他的倒勾

破门：1987/1988 赛季，皇马主场对洛格罗涅斯，队友从左路送出传中，桑切斯一个转身拔地而起，身姿舒展地腾跃半空，左腿笔直地踢向皮球，就在这电光火石之间，对手球门已宣告失守。

其实论身高，乌戈·桑切斯并不具备一副中锋的好身板，但由于有着惊人的运动天赋，只有 1 米 74 的他却拥有超凡的"空战"能力。除了倒勾射门，桑切斯的头球抢点也颇为不俗，他标志性的庆祝动作更是充分展现了自己的运动能力：桑切斯喜欢在进球后来一个前空翻。这个动作引来不少后辈的模仿，加蓬人奥巴梅扬就是著名的空翻庆祝爱好者，他曾在接受采访时亲口承认，这个创意来自墨西哥神锋。

乌戈·桑切斯能有如此非凡的空中转体技能，或许和家族遗传有关。他父亲就是球员，姐姐则是一位体操运动员，曾代表墨西哥参加 1976 年蒙特利尔奥运会。小时候由于身材特别矮小，乌戈一度被认为不太适合踢足球，反倒练习了一些体操项目。结果这些早年打下的基础在后来发挥出意料之外的作用，让这个装着"弹簧腿"的家伙成为皇马历史上尤为特别的一道风景。

↑ 乌戈·桑切斯被公认拥有堪称完美的倒勾技术。

← 1989 年 9 月 9 日，乌戈·桑切斯对洛格罗涅斯进球后振臂庆祝。

→ 1989 年 4 月 1 日，乌戈·桑切斯和他的爱车在伯纳乌球场外拍照留念。

皇家荣耀　皇家马德里传奇功勋志

1986年5月6日，皇马联盟杯决赛次回合做客科隆，戈迪略在左路持球观察队友跑位。

戈迪略

Rafael Gordillo

皇家左使

皇家档案

拉斐尔·戈迪略
Rafael Gordillo Vazquez

生日	1957.2.24
国籍	西班牙
身高	1.80米
位置	左后卫

20世纪80年代后半段，皇马经历了辉煌的西甲连霸时期。从1986年到1990年，他们连续5个赛季拿到联赛冠军。当时队内既有青训自产的"五鹰"，也有一些从其他西甲劲旅帐下挖来的高手，比如来自马竞的墨西哥前锋乌戈·桑切斯。戈迪略则是一位在此期间加盟的本土悍将，他并非成名于皇马，但在伯纳乌留下了7年的美妙时光。

1985年转会皇马之前，能够在左路"一条龙"突破的戈迪略就已经在西甲打出了名堂。他职业生涯的第一座奖杯是1977年的国王杯。当时皇家贝蒂斯夺冠，戈迪略才是个第一年代表一队出场的新人。随后8个赛季，这位左后卫和左边锋都能踢的西班牙人，逐渐成了贝蒂斯的顶梁柱，还在1979/1980赛季获得由《足球先生》杂志评选的当赛季西甲最佳本土球员称号。转会离去时，戈迪略代表贝蒂斯各项赛事出场已逾300次。此外，他1978年就入选了西班牙国家队，帮助斗牛士军团获得了1984年欧洲杯亚军。

不过，说到戈迪略职业生涯的最高成就，还是他身为皇马球员时取得的。

| 戈迪略

俱乐部生涯

1976-1985	皇家贝蒂斯	330场28球
1985-1992	皇家马德里	254场27球
1992-1995	皇家贝蒂斯	81场13球
1995-1996	埃西哈	20场1球

皇马生涯统计

赛季	联赛 出场	联赛 进球	国内杯赛 出场	国内杯赛 进球	外战 出场	外战 进球	总计 出场	总计 进球
1985-86	22	1	2	0	9	4	33	5
1986-87	36	5	6	2	8	0	50	7
1987-88	35	6	3	0	8	0	46	6
1988-89	34	6	9	1	8	0	51	7
1989-90	33	0	5	0	3	0	41	0
1990-91	12	2	2	0	2	0	16	2
1991-92	10	0	0	0	7	0	17	0
总计	182	20	27	3	45	4	254	27

皇马生涯集体荣誉

西甲冠军
1985-86　1986-87　1987-88　1988-89　1989-90

国王杯冠军
1988-89

西班牙超级杯冠军
1988　1989　1990

联盟杯冠军
1985-86

虽然加盟皇马首个赛季，28岁的他便因为伤病问题出场受到影响，西甲仅出赛22场打进1球，但很快戈迪略就适应了新的体系，不仅随队在联赛中捧杯，还作为先发主力出战1986年联盟杯决赛。当时皇马的对手是来自德甲的科隆，后者首回合率先破门，不过坐镇主场的皇马连扳5球还以颜色，为皇马攻入反超一球的，正是作为左翼卫出场的戈迪略。最终，皇马以两回合总比分5比3夺魁。

当年决赛扭转局势的那一球，是戈迪略接队友开出的间接任意球，禁区内冲顶得分。作为一名身高达到1米80的边路球员，他有这么做的本钱。但戈迪略还有更擅长的技巧，比如主罚定位球。在西班牙国家队，戈迪略曾长期担任任意球操刀手，经典之作来自1988年欧洲杯小组赛对阵丹麦，这位左脚将直接任意球破门，帮助西班牙3比2取胜。

从1986年到1989年这3年间，戈迪略的单季西甲进球都在5球以上，他与后卫卡马乔的左路组合攻守兼备，令人闻风丧胆。除了进攻数据以及冠军荣耀，这位本土明星还给皇马球迷留下了相当特殊的印象：戈迪略总是喜欢把球袜卷起来，有时甚至只盖住脚踝；身材敦实的他，奔跑姿态也有些古怪，但这反而让他更加受到球迷的喜爱。

在皇马的最后两个赛季，年龄渐长的戈迪略出场次数锐减，但这并不妨碍他继续在西班牙足坛书写故事。1992年戈迪略回到已经降级的贝蒂斯，1994年便帮助球队重返西甲。挂靴之后，他还曾于2010年当选皇家贝蒂斯俱乐部主席。从这个层面来讲，戈迪略更像是一位"绿白"传奇。但他为皇马所做的贡献也绝不会被遗忘，那个曾在左路风驰电掣的男子，已经载入了这家世界足坛最成功俱乐部的史册。

1986年4月30日，联盟杯决赛首回合，戈迪略为主场作战的皇马打进2比1反超比分一球。

皇家荣耀 | 皇家马德里传奇功勋志

皇家档案

帕科·布约
Francisco "Paco" Buyo Sanchez

生日	1958.1.13
国籍	西班牙
身高	1.79米
位置	门将

俱乐部生涯

1975-1976	马洛卡	5场0球
1976-1980	拉科鲁尼亚	130场0球
1978-1979	韦斯卡(租借)	25场0球
1980-1986	塞维利亚	248场0球
1986-1997	皇家马德里	454场0球

→ 国家德比中全神贯注的布约。

布约
Paco Buyo

球门前的灵猫

换作其他俱乐部，13号或许毫无特殊意义，只是作为分配给替补门将的普通球衣号码。但在皇马，这个数字是门神象征，蕴藏着无上荣耀，只因它曾经的主人——帕科·布约。

很难想象，这名被时任皇马主帅本哈克赞为"有布约在，西班牙足球的大门就盖上了被子"的门将身高只有1米79，他因动若脱兔的迅捷门前反应，获得了"灵猫"绰号。并不出色的身体条件，令布约成为白色巨轮之中最具传奇色彩的门将之一，效力皇马的11年时间里，出场454次的布约共随队夺得12个冠军头衔。

布约生于拉科鲁尼亚，14岁时加盟贝坦索斯县的当地球会乌拉尔CF。效力初年，布约身兼门将与右边锋双职，达成了门柱之间立于不败且加冕队内射手王的壮举。1975年，他在马洛卡开启职业生涯，一个赛季后转会拉科鲁尼亚，后又租借加盟韦斯卡。1980年，他被塞维利亚相中，完成了个人西甲首秀。他先后代表塞维利亚出战248场比赛，

| 布约

皇马生涯统计

赛季	联赛 出场	联赛 进球	国内杯赛 出场	国内杯赛 进球	外战 出场	外战 进球	总计 出场	总计 进球
1986-87	44	0	6	0	8	0	58	0
1987-88	35	0	8	0	8	0	51	0
1988-89	31	0	10	0	7	0	48	0
1989-90	35	0	7	0	4	0	46	0
1990-91	31	0	2	0	2	0	35	0
1991-92	35	0	4	0	10	0	49	0
1992-93	26	0	3	0	4	0	33	0
1993-94	38	0	6	0	6	0	50	0
1994-95	37	0	2	0	4	0	43	0
1995-96	31	0	3	0	7	0	41	0
1996-97	0	0	0	0	0	0	0	0
总计	343	0	51	0	60	0	454	0

皇马生涯集体荣誉

西甲冠军
1986-87　1987-88　1988-89
1989-90　1994-95　1996-97

国王杯冠军
1988-89　1992-93

西班牙超级杯冠军
1988　1989　1990　1993

皇马生涯个人荣誉

萨莫拉奖（《马卡报》评选的西甲最佳门将）
1987-88　1991-92

↓ 1993 年 3 月 17 日，客场对阵巴黎圣日耳曼的欧洲联盟杯 1/4 决赛次回合，布约压过本队中卫里卡多·罗查高高跃起，赶在里卡多·戈麦斯争顶前将皮球摘下。

出色表现令他获得了西班牙国家队的召唤。

1986 年，皇马对布约抛出了橄榄枝。同加盟塞维利亚时一样，来到伯纳乌的布约再次展现了超凡的适应能力，到队初日即成为主力门将，无缝填补了米格尔·安赫尔留下的空缺，将奥乔托雷拉和奥古斯丁牢牢按在板凳席上。首个赛季，他打满 44 场联赛，帮皇马通过冠军组季后赛卫冕西甲冠军。1987/1988 赛季，在五鹰军团和老男孩部队的加持下，皇马向联赛三连冠发起冲击，布约厥功至伟，半程仅失 12 球的纪录直到 35 年后才被追平，赛季 35 场只丢 23 球的出色成绩单，令他获得职业生涯首个萨莫拉奖。在布约门前固若金汤的镇守之下，皇马称霸西班牙足坛多年，完成西甲五连冠伟业。而在 1991/1992 这个被巴萨"梦一期"压制的无冠赛季，布约则以 35 场丢 27 球的数据，拿到个人第二个萨莫拉奖杯。

值得一提的是，皇马重新夺回联赛宝座的 1994/1995 赛季，布约凭借神级表现，在 1994 年 12 月 3 日至 1995 年 2 月 12 日间创造了西班牙联赛史上第五长的 709 分钟不失球纪录，整个赛季更有 17 场零封。1996/1997 赛季，已经 39 岁的布约随皇马拿到他职业生涯的最后一座西甲奖杯，但由于年龄增长，当时他的出场顺位落在伊尔格纳和卡尼萨雷斯之后，成为如兄长般守护后辈的第三门将。当赛季结束，布约宣告退役，留下了 542 场西班牙顶级联赛出场及 213 场不失球纪录，零封率高达 39.3%。西甲历史出场纪录中，布约排在苏比萨雷塔、华金、劳尔·加西亚、劳尔和欧塞维奥之后，位居第 6 位。

布约的技术特点同他驻守的球门一样，一言以蔽之，便是稳固。他是黄油手的绝对反义词，扑救之时会将球稳稳拿住，不为身前队友制造任何麻烦。而被称作"灵猫"，说明他同样少不了嗅觉灵敏的特质，布约的线路预判、门前反应和出击封堵皆为顶级。同五鹰一样，布约职业生涯的最大遗憾，也是未能随队染指欧冠，1987/1988 赛季两回合激战那不勒斯，人们记住的，除了在伯纳乌将如日中天的马拉多纳牢牢冻结的琴多之外，还有客场 3 次一对一完封卡雷卡的布约。欧陆足坛顶级奖杯的缺失，丝毫无损他的伟大，正是有了他的稳定加持，才令那支皇马成为荣誉满堂的荣耀之师。

皇家荣耀　皇家马德里传奇功勋志

2001年11月26日，作为队长的耶罗在皇马主场对阵安德莱赫特的欧冠A组小组赛中。

耶罗
Fernando Hierro

铁锚镇巨轮

皇家档案

费尔南多·耶罗
Fernando Ruiz Hierro

生日	1968.3.23
国籍	西班牙
身高	1.87米
位置	中后卫

喜爱皇马的人，不可能没听说过耶罗的名字。这名皇马历史上最伟大的后卫之一，引领了世纪之交银河战舰的航向。在西班牙语中，"耶罗（Hierro）"一词的含义恰恰是"铁"，他的祖辈如何拥有了这样的姓氏，已经无从考证，但至少我们都明白，球场上的耶罗，就是对这个姓氏的绝佳诠释。

身着白衣，耶罗以其凶狠却干净的防守和超强得分能力为人所知，但年轻时，耶罗并非"天赋异禀"的代名词。1984年，由于被认定没有踢职业足球的未来，马拉加的青训营淘汰了16岁的耶罗。离开其家乡所在区域的最大俱乐部，意味着耶罗登上职业足坛的梦想几乎被判了死刑。

体育世家的出身救了耶罗。在他之前，两个哥哥已经成了职业球员，且在西甲都有多年征战经历。1986年，耶罗的哥哥马诺洛加盟巴拉多利德，签约时，马诺洛希望俱乐部也能给弟弟一个机会，让他再在职业球队的青训营中碰碰运气——巴拉多利德捡到宝了。耶罗在二队踢了一个赛季，就被一线队主帅坎塔托雷看中，19岁的他，很快便成为球队的主力中前卫，风头丝毫不逊于哥哥。

俱乐部生涯

1987-1989	巴拉多利德	58场3球
1989-2003	皇家马德里	602场128球
2003-2004	赖扬	19场3球
2004-2005	博尔顿	29场1球

皇马生涯统计

赛季	联赛出场	联赛进球	国内杯赛出场	国内杯赛进球	外战出场	外战进球	总计出场	总计进球
1989-90	37	7	5	0	4	0	46	7
1990-91	35	7	3	0	5	1	43	8
1991-92	37	21	7	3	9	2	53	26
1992-93	33	13	6	0	6	5	45	18
1993-94	34	10	5	0	5	2	44	12
1994-95	33	4	2	0	5	0	40	7
1995-96	31	7	4	1	5	1	40	9
1996-97	39	6	6	2	0	0	45	8
1997-98	28	3	2	0	10	3	40	6
1998-99	28	6	3	1	9	1	40	8
1999-2000	20	5	2	0	14	2	45	7
2000-01	29	5	1	0	13	1	42	6
2001-02	30	5	5	0	14	0	49	5
2002-03	25	0	1	1	12	0	38	1
总计	439	102	52	8	111	18	602	128

↓ 2002年4月23日，耶罗在皇马2比0客胜巴萨的国家德比中从克鲁伊维特脚下断球。

1989年，耶罗已经成为西甲赛场上备受瞩目的潜力新秀。帮助巴拉多利德打进当年的国王杯决赛，更是让他引发广泛关注。最先为耶罗抛来橄榄枝的是马竞，双方甚至几乎已经谈妥，但时任皇马主席拉蒙·门多萨突然加入竞争。关键时刻，耶罗本人的意见起到了决定性作用："皇马是我自从儿时起就会因为他们的失败而哭泣的球队。"如今网络上调侃的"儿皇梦"或许就出自耶罗。最终，门多萨给马竞付了2亿比塞塔违约金，把他带到了伯纳乌球场。

耶罗不是马德里人，也并非出自皇马青训，但谈及他的皇马生涯，球迷们倍加看重的，仍然是其对白衣军团的忠诚。除了为加盟皇马拒绝马竞，耶罗在皇马效力期间，也曾受到过其他诱惑，但他无一例外地选择留队。1993年，由于耶罗在皇马表现出色，突然出现了有关转会巴萨的流言——当时巴萨"梦之队"正迈向巅峰。与此同时，都灵也对耶罗有意，但耶罗后来亲口承认："为了遵从本心，我拒绝了更优厚的报价。"

效力皇马14年，耶罗共在各项赛事打进了令人惊叹的128球，在防守球员中排名历史第一。但耶罗蜕变为一名带刀侍卫的过程中，也经历了一番"进化"。加盟皇马后的第一个赛季，威尔士人托沙克看重他的防守能力，便将他编入自己主打的五后卫体系。耶罗刚到皇马，就跟随球队夺得联赛冠军，但他在进攻端给皇马的帮助，还是只体现在定位球中。整个赛季下来，耶罗也"只"打进了7球。

1990/1991赛季，皇马很快陷入了意料之外的低谷，单赛季经历了3任主教

皇家荣耀 | 皇家马德里传奇功勋志

练。但也正是在下半程接任的安蒂奇手下，耶罗实现了升级改造。南斯拉夫人发现了耶罗的进攻天赋，将他前提至中场。第二年，耶罗彻底爆发，凭借出众的力量和后插上得分能力，他竟然在联赛中打进了恐怖的21球，一举拿下西甲银靴，各项赛事总产量更是高达26球。耶罗只会进定位球？事实证明并非如此。

20世纪90年代初，皇马被进入巅峰期的巴萨压过一头，"五鹰"也不再似他们刚出道时那般凶猛。年轻的耶罗于是不仅在防守端出力，还成为球队的一个主要火力点，连续3年进球数上双。他登峰造极的一战，是1992年皇马7比0主场大胜西班牙人。那场比赛中，耶罗上演了大四喜。当时的西甲尚未固定号码，那场比赛中，耶罗穿的竟然是9号！

1994/1995赛季，皇马重夺联赛冠军，小将劳尔横空出世。正值生涯巅峰期的耶罗终于迎来春天。随着苏克、罗伯托·卡洛斯、米亚托维奇和伊尔格纳等人的加盟，皇马重新成为西班牙足坛一股最强大的力量。在大批巨星队友来投后，耶罗重新回到了中卫位置，而1998年，在德国人海因克斯的带领下，他

↑ 2003年5月14日，皮耶罗（左）和耶罗于阿尔卑球场的欧冠半决赛次回合较量中再行矛与盾的对决。

→ 2000年5月24日，耶罗（右）和雷东多在法兰西大球场共举欧冠奖杯绕场奔跑庆祝。

皇马生涯集体荣誉

西甲冠军
1989-90　1994-95　1996-97　2000-01　2002-03

国王杯冠军
1992-93

西班牙超级杯冠军
1990　1993　1997　2001

欧冠冠军
1997-98　1999-2000　2001-02

欧洲超级杯冠军
2002

洲际杯冠军
1998　2002

皇马生涯个人荣誉

欧足联俱乐部年度最佳后卫
1997-98

终于实现了每个皇马球员都拥有的梦想：赢得欧冠冠军。

那场欧冠决赛中，耶罗和小桑奇斯搭档防线，全场盯死皮耶罗和因扎吉，帮助皇马时隔32年再次登顶欧洲足坛。两年后的法兰西大球场，耶罗再次随队称雄欧冠。2002年，齐达内凌空斩射落勒沃库森，帮助皇马完成欧冠赛场5年3冠的伟业，而这次在小桑奇斯退役后，接过皇马队长袖标的耶罗，亲手捧起了奖杯。1996年至2003年间，耶罗带领逐渐成型的"银河战舰"斩获11个冠军。

进入30岁后，耶罗的身体机能开始下滑，这自然影响了他的出勤率。例如1999/2000赛季的欧冠登顶之路上，耶罗就曾因伤缺席过两个月。对阵瓦伦西亚的决赛，刚刚复出的他只能作为替补，在皇马已经3比0领先时登场。2002/2003赛季，皇马同时赢得联赛、欧洲超级杯和洲际杯冠军，耶罗只在国王杯打进一粒点球。赛季结束，耶罗离开，留下602场128球的数据，以及16个冠军。

在国家队层面，耶罗几乎等于西班牙足球的整个20世纪90年代。1990年意大利之夏，耶罗开始为国出战国际大赛。在缺席1992年欧洲杯后，西班牙开始换代，耶罗自此成为主力，并在1994年世界杯1/8决赛面对瑞士打进关键一球。只是在耶罗的时代，1/4决赛似乎成了西班牙队迈不过的一道坎。1994年世界杯、1996年欧洲杯、2000年欧洲杯、2002年世界杯，耶罗和西班牙队都倒在这一轮。没能为国家队赢得大赛的冠军奖杯，或许是耶罗球员时代最大的遗憾。

皇家荣耀 | 皇家马德里传奇功勋志

在西班牙与南美媒体眼中，雷东多球风优雅，是后腰位置上的历史最佳球员之一。

雷东多
Fernando Redondo
最优雅的后腰

提起雷东多，人们会想起什么画面？

或许有相当一部分的回答，会指向那个著名的脚后跟磕球过人。1999/2000赛季欧冠1/4决赛次回合第53分钟，雷东多在前场左路面对3名曼联球员围堵的情况下，脚后跟从容一磕，留下了这次永载史册的经典一刻。之后他迅速跟上，底线处送出横传，劳尔中路包抄轻松破门，皇马也最终3比2淘汰上届冠军曼联，并在那个赛季的欧冠联赛中一举称雄。对于雷东多的这次神作，弗格森爵士评价称："他脚底下有什么，磁铁吗？"

雷东多1994年加盟皇马，在那之前，他已为特内里费效力4个赛季。1991/1992和1992/1993两个赛季，特内里费连续两年末轮击败皇马，让后者在联赛争冠的道路上功败垂成。而雷东多在特内里费的出色表现，也吸引了皇马的注意。皇马之后从特内里费请来了主帅巴尔达诺，而这位新帅也向球队要求签下雷东多。一代中场大师的皇马之旅，就此开启。

球员时期的雷东多留着一头飘逸的长发，甚至不惜为了保留发型，在1998年世界杯时拒绝了阿根廷国家队的征召。个性坚定的"阿根廷王子"，在职业生涯中没少与伤病做斗争。刚刚加盟皇马的那个赛季，雷东多就在季前备战时伤了膝盖韧带，直到1994年10月才上演加盟首秀。之后的时间里，雷东多逐渐成长为球队领袖，20世纪90年代后期，在马诺洛·桑奇斯与耶罗不在场上时，雷东多就以队长身份出战。

雷东多司职后腰，防守技术出色，抢断干脆利落。尽管也有人认为，雷东多在防守中"上肘"太频繁，但整个

皇家档案

费尔南多·雷东多
Fernando Carlos Redondo Neri

生日	1969.6.6
国籍	阿根廷/西班牙
身高	1.86米
位置	后腰

俱乐部生涯

1985-1990	阿根廷青年	81场1球
1990-1994	特内里费	117场8球
1994-2000	皇家马德里	228场5球
2000-2004	AC米兰	33场0球

皇马生涯统计

赛季	联赛出场	联赛进球	国内杯赛出场	国内杯赛进球	外战出场	外战进球	总计出场	总计进球
1994-95	23	1	0	0	3	1	26	2
1995-96	23	2	3	0	4	0	30	2
1996-97	33	1	6	0	—	—	39	1
1997-98	33	0	2	0	11	0	46	0
1998-99	23	0	2	0	9	0	34	0
1999-2000	30	0	5	0	18	0	53	0
总计	165	4	18	0	45	1	228	5

皇马生涯集体荣誉

西甲冠军
1994-95　1996-97

西班牙超级杯
1997

欧冠冠军
1997-98　1999-2000

洲际杯冠军
1998

皇马生涯个人荣誉

欧足联俱乐部足球先生
1999-2000

➡ 2000年4月19日，欧冠半决赛次回合，皇马场上队长雷东多单挑曼联队长基恩。

职业生涯里，雷东多吃到的红黄牌数量并不算多。在西班牙与南美媒体眼中，雷东多球风优雅，是后腰位置上的历史最佳球员之一。而在皇马的进攻端，雷东多也扮演着相当重要的角色。在克鲁伊夫看来，"尽管雷东多还是有黏球的毛病，出球也不够迅速，但他这些年已经成熟了许多，比起发牌手，我认为他更像一名控场大师"。

这位阿根廷后腰职业生涯最高光的时期，无疑是1999/2000赛季。皇马在那个赛季赢得欧冠冠军，雷东多也被评为欧足联俱乐部足球先生，尽管数据上，他在那届欧冠联赛中没有进球，助攻也只有1次——就是那次"老特拉福德的脚后跟"。高光过后，是意想不到的转折，那一季的欧冠决赛，成为雷东多的皇马谢幕战。

雷东多离开皇马的过程并不愉快。2000年的皇马主席竞选，弗洛伦蒂诺击败洛伦索·桑斯，皇马的银河战舰时代由此开启。曾在竞选中支持桑斯的雷东多，成为皇马航向变更的牺牲品。其实支持桑斯的球员不止雷东多一人，但当时已经31岁的阿根廷中场，即刻被摆上了"货架"，皇马希望用他的身价来填补菲戈的天价转会费。带着不解与不甘，雷东多离开皇马加盟AC米兰。转战亚平宁，雷东多再度受困伤病，也与个人生涯的辉煌岁月彻底告别。

皇家荣耀 皇家马德里传奇功勋志

2002年5月15日，欧冠决赛皇马对阵勒沃库森，劳尔为皇马首开纪录后做出标志性的亲吻戒指庆祝动作。

劳尔 *Raul*

为马德里主义代言

皇家档案

劳尔·冈萨雷斯
Raul Gonzalez Blanco

生日	1977.6.27
国籍	西班牙
身高	1.80米
位置	前锋

对于"70后"和"80后"的球迷而言，最能够代表皇马俱乐部形象的，应该是一位身着白衣的翩翩少年。他的名字叫劳尔·冈萨雷斯，17岁时就首次为皇马一队出赛，直到33岁时转会离开，为这家西甲豪门效力长达16年。在皇马官方的介绍页面上，昔日金童获得了极高评价："天生的王者、无可争议的领袖、深入人心的皇马人，同时也是俱乐部的标志、永远的队长和皇马精神的代言。"

如此不吝溢美之词的盛赞，足以让我们感受到劳尔的非同凡响。不过关于这位曾经的皇马旗帜，有一件轶事倒是不能不提：劳尔并非从一开始就加盟马德里白色的一方，13岁的他做过马德里竞技的青训学徒，直到15岁时才因一场意外转投皇马。当时马竞主席赫苏斯·希尔为节省开支，决定解散劳尔所在的青训梯队，同时皇马青训又盛情邀请，这才有了后来为人津津乐道的不朽传奇。

多年之后，前皇马主帅巴尔达诺（1994年至1996年）在一档谈话节目中曾经提到，17岁的劳尔似乎动过回归马竞的念头，但最终在自己的劝说下留

俱乐部生涯

1994	皇家马德里二队	1场0球
1994-2010	皇家马德里	741场323球
2010-2012	沙尔克04	98场40球
2012-2014	萨德	61场16球
2014-2015	纽约宇宙	32场9球

皇马生涯统计

赛季	联赛出场	联赛进球	国内杯赛出场	国内杯赛进球	欧战出场	欧战进球	其他出场	其他进球	总计出场	总计进球
1994-95	28	9	2	1	0	0	-	-	30	10
1995-96	40	19	2	1	8	6	2	0	52	26
1996-97	42	21	5	1	-	-	-	-	47	22
1997-98	35	10	1	0	11	2	3	0	49	13
1998-99	37	25	2	0	8	3	2	1	49	29
1999-2000	34	17	4	0	15	10	4	2	57	29
2000-01	36	24	0	0	12	7	2	1	50	32
2001-02	35	14	6	6	12	6	2	3	55	29
2002-03	31	16	2	0	12	9	2	0	47	25
2003-04	35	11	7	6	9	2	2	1	53	20
2004-05	32	9	1	0	10	4	-	-	43	13
2005-06	26	5	0	0	6	2	-	-	32	7
2006-07	35	7	1	0	7	5	-	-	43	12
2007-08	37	18	1	0	8	5	2	0	48	23
2008-09	37	18	3	2	7	4	-	-	47	24
2009-10	30	5	2	0	7	2	-	-	39	7
总计	550	228	37	18	132	66	22	11	741	323

↓ 2000年5月24日，皇马在欧冠决赛3比0击败瓦伦西亚夺冠，赛后劳尔和队友举着大耳朵杯绕场庆祝。

了下来。巴尔达诺是劳尔的恩师，正是前者注意到这位在9场青年队比赛中攻进16球的天才少年，并给了他在皇马一线队首秀的机会。1994年10月29日，皇马客场面对萨拉戈萨，17岁124天的劳尔被巴尔达诺派遣上场，刷新了当时的俱乐部最年轻登场球员纪录。

虽然没过多久，劳尔这项纪录就被打破了，但首秀即帮助队友萨莫拉诺破门，一周后的马德里德比又奉献自己的西甲处子球，这位初出茅庐的西班牙小伙子很快就向人们证明自己不仅年轻，还拥有巨大能量，能在大舞台上担纲主角。后来他也确实是这么做的，亮相一线队的第一个赛季，劳尔就在西甲破门9次，成为队内的三号得分手。

在随后十余年的时光里，劳尔有5个赛季位列队内联赛射手榜第一，并且在1999年和2001年拿到西甲最佳射手的称号。正如皇马官网所写，他的确是天生的射手，在门前有着超然的嗅觉。与此同时，劳尔飘然的身姿也总让对方后卫捉摸不透，他的进攻带着一股优雅的味道，尤其是他最偏爱的攻门方式令人陶醉——挑射，这种举重若轻的招式一旦稍有拿捏不准，就很可能弄巧成拙贻笑大方，但劳尔偏偏精于此道。1995/1996赛季，皇马主场1比1战平塞罗那，年轻的劳尔就在这场国家德比中留下经典之作，面对对方迅速出击的门将，他将球高高挑起，在空中划出一道美妙的弧线后飞入网窝。

凭借着超凡的射手本能和多年的稳定输出，劳尔总计在西甲留下228个进球，这是能排进西甲历史前5的数据，仅次于后来的梅西、C罗，20世纪四五十年代的毕尔巴鄂竞技前锋萨拉，以及在马竞和皇马都留下过深刻印记

的乌戈·桑切斯。而如果算上欧冠、国王杯等其他赛事，劳尔在皇马的总进球数达到323球，这也是皇马的前队史纪录——2009年2月，劳尔在对希洪时破门，刷新了由迪斯蒂法诺（308球）保持长达45年的俱乐部纪录。直到2015年，这一数字才被C罗再度改写。

劳尔还曾经是欧冠历史射手王。在这项欧洲足坛最顶尖的俱乐部赛事中，他为皇马打进66球，另有5球是在效力沙尔克时攻进。单看这些数据，就已经足够恐怖，但数据其实还远远体现不了劳尔的全部才华，在这位皇马标志性人物的身上，还有许多独特的优秀特质。"El Ferrari"——法拉利跑车，这是皇马传奇中卫耶罗给劳尔起的绰号，据说劳尔刚到一队训练时，他的天赋、雄心以及对足球的热爱，令年长9岁的前辈耶罗深感其未来大有可为："这孩子是一辆可以超越我们所有人的法拉利，我没有说错。"

事实如此，在16年的时光里，皇马球员换了一茬又一茬，身边的搭档也经历了萨莫拉诺、达沃·苏克、莫伦特斯、罗纳尔多和范尼斯特鲁伊等等变迁，只有劳尔一直屹立不倒。即便2010年转会沙尔克之后，劳尔也曾以连续两个赛季进球上双的数据证明自己宝刀不老。

从纯技术角度来说，劳尔的成功是建立在他多才多艺的球技基础上的，"天生射手"并非只是禁区之王。恰恰相反，这位从1996年开始穿上皇马7号球衣的前锋活动范围很大。他既可以凭借灵动的身姿充当箭头人物，也可以游走在强力中锋身后——不只接受队友的掩护，更能送出充满创造力的传递。事实上，在职业生涯的后半段，劳尔曾经不止一次扮演前腰角色。精湛的脚下技术加上老到的阅读比赛能力，让他在不同的位置都能发挥出强悍的威力。

劳尔有一只金左脚，既能轻柔精确，也能雷霆万钧，再加上聪明的头脑，让他总是能先人一步，对于对手来说，劳尔几乎就是幽灵般的存在。能驰骋欧洲足坛十余载，被最成功的俱乐部奉为旗帜，劳尔的优点显然不仅在于球技。在精神层面，他的坚韧与领袖风范也感染了无数球员和球迷，职业生涯从未染红的履历更让他堪称模范中的模范。

由于劳尔，7号在皇马成为一个特殊的符号，当老队长耶罗在2003年离开时，劳尔也接过了皇马的队长袖标。在随后的7年时间里，这位风度翩翩的美男子在西班牙被称作"El Capitan"，即"队长"，也可以理解为"唯一的队长"，足见大家对其领袖气质的认可。直到2010年离开皇马，劳尔的功劳簿上已经列满了各种令人永世难忘的条目。至今他仍是代表皇马出赛场次最多的球员，总计741场，包括联赛550场；他为皇马拿到过6次西甲冠军和3次欧冠冠军，以及其他大小冠军奖杯共7座。

← 1999年10月13日，皇马做客诺坎普2比2战平巴萨，劳尔在比赛中突破瓜迪奥拉（左）和岑登的防守。

皇马生涯集体荣誉

西甲冠军
1994-95　1996-97　2000-01
2002-03　2006-07　2007-08

西班牙超级杯冠军
1997　2001　2003　2008

欧冠冠军
1997-98　1999-2000　2001-02

欧洲超级杯冠军
2002

洲际杯冠军
1998　2002

皇马生涯个人荣誉

西甲最佳西班牙球员
1996-97　1998-99　1999-2000
2000-01　2001-02

迪斯蒂法诺奖（《马卡报》评选的西甲最佳球员）
2007-08

西甲最佳射手
1998-99　2000-01

欧冠最佳射手
1999-2000　2000-01

欧冠助攻王
2002-03

欧足联俱乐部年度最佳前锋
1999-2000　2000-01　2001-02

国际足联百大球星
2004

→ 2007年6月17日，皇马主场3比1击败马洛卡，以相互比赛成绩优势压倒巴萨夺冠，在伯纳乌赛后的庆祝活动中，劳尔模仿斗牛士。

皇家荣耀 皇家马德里传奇功勋志

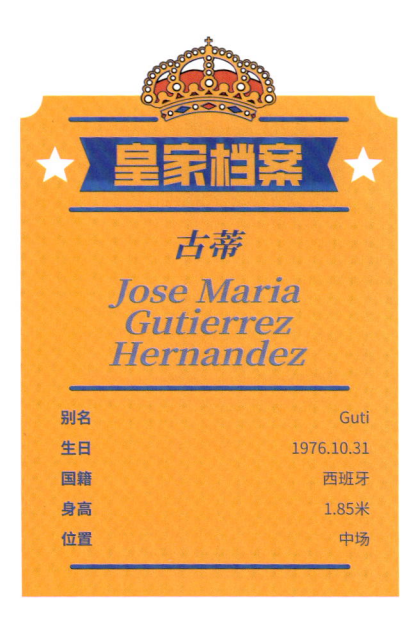

马德里公民不服从

古蒂 *Guti*

皇家档案

古蒂

Jose Maria Gutierrez Hernandez

别名	Guti
生日	1976.10.31
国籍	西班牙
身高	1.85米
位置	中场

纵使在众多拉法布里卡出身的名宿中，古蒂对皇马精神的捍卫与坚守仍然格外突出，甚至称得上激进。他曾因劳尔身上的马德里竞技属性而排斥后者，却在被对方折服后，成为王子身边最忠诚的骑士；他痛恨老体育城中前途迷茫的晦暗时日，却感念简陋场地对他的人格锤炼；他崇尚青训血统论，在皇马传统价值观被巴西帮奉行的"及时行乐"冲击之时，毅然站在劳尔背后，亦曾与罗纳尔多拳脚相向，却又在多年以后亲口承认：外星人不仅是他合作过的最佳球员，更是历史最佳；他旗帜鲜明地反对巨星之政，却甘为替补，陪伴母队度过一个又一个高光与低谷；他在抗拒之中顺从了外界对其昵称"古蒂"的呼喊，又在从教后坚决要求被以本名"何塞·马里亚·古铁雷斯"相称。

"宁为皇马只踢10分钟，也不为他队踢满整个赛季。"古蒂不屈的精神内核浸透着悲壮却动人的英雄主义，令他以反抗者形象跃入世人眼中，一如加缪名句："我反抗，故我们存在。"而在淡出主流视野后，古蒂希望被看到反叛底色外的另一面。在坚贞与对抗的矛盾中自洽，构成了他独特的处世哲学，他秉持的足球伦理与正义之道未必为世俗理解并接纳，但始终发端于一个朴素信条——世间五彩，我执纯白。

古蒂的标志性长发为他带来了许多争议。为致敬偶像雷东多，他特意将棕

← 古蒂在皇马一线队效力15年，随队获得15座奖杯。

俱乐部生涯

1995-1996	皇家马德里二队	26场11球
1995-2010	皇家马德里	542场77球
2010-2011	贝西克塔斯	40场12球

皇马生涯统计

赛季	联赛		国内杯赛		外战		总计	
	出场	进球	出场	进球	出场	进球	出场	进球
1995-96	9	1	0	0	0	0	9	1
1996-97	14	0	3	0	0	0	17	0
1997-98	17	1	3	0	2	0	22	1
1998-99	28	1	4	2	4	0	36	3
1999-2000	28	6	4	1	13	1	45	8
2000-01	32	14	0	0	14	4	46	18
2001-02	29	4	8	6	9	3	46	13
2002-03	34	4	3	2	17	7	54	13
2003-04	26	2	10	1	9	0	45	3
2004-05	31	0	0	0	8	0	39	0
2005-06	33	4	4	0	7	2	44	6
2006-07	30	1	0	0	7	0	37	1
2007-08	32	3	6	1	7	0	45	4
2008-09	18	3	3	0	6	0	27	3
2009-10	26	2	1	0	3	1	30	3
总计	387	46	49	13	106	18	542	77

皇马生涯集体荣誉

西甲冠军
1996-97　2000-01　2002-03　2006-07　2007-08

西班牙超级杯冠军
1997　2001　2003　2008

欧冠冠军
1997-98　1999-2000　2001-02

欧洲超级杯冠军
2002

洲际杯冠军
1998　2002

皇马生涯个人荣誉

国王杯最佳射手
2001-02

西甲助攻王
2007-08

→ 2009年9月30日，皇马与马赛的比赛中，古蒂带球吸引对方多名球员围抢。

发染金，令他的清秀容貌在人群之中更加抢眼。这在奉阳刚之气为圭臬的绿茵，是为大忌。就连治军惯行有容乃大方略的博斯克，都忍不住出口相劝：如不改变发型，恐将招惹麻烦。果不其然，古蒂的外形一度沦为攻击者谩骂的口实，强化了外界对其斯文、软弱的刻板印象塑造。作为回击，古蒂顶着火暴脾气游走赛场内外，一度成为世人眼中的问题制造者。

技术全面、天赋非凡、纯血青训——这些词条烙印于古蒂的皇马生涯。在古蒂看来，天赋若非服务于胜利，便毫无意义。2009/2010赛季对阵拉科鲁尼亚一役，古蒂接卡卡传中后的一瞬间，形同脑后长眼，直接脚跟回敲身后的本泽马。这场比赛皇马3比1客胜，长达19年的里亚索魔咒就此作古。这记超乎想象的传世经典是古蒂传球吊诡、直塞犀利属性的最佳诠释：符采彪炳，晖丽灼烁——这也间接定义了他的球员生涯。

这段注释之后，常伴随着缺乏稳定性的补充。这与古蒂的位置变动息息相关。提拔金狼完成一队首秀的巴尔达诺曾深刻反思：他生来即前腰，但让他顶替莫伦特斯踢中锋，他很快就取得14球，然后大罗来了；让他踢前腰，齐达内来了；让他踢后腰，贝克汉姆又来了。没能帮助他成为一个固定位置的球员，俱乐部和教练都有责任。他是关键拼图，高超技艺被赞人类直塞精华，但不曾位列群星璀璨的伯纳乌众神殿，仿佛无意间切中了建筑大师高迪的独特理念："直线属于人类，曲线属于上帝。"

古蒂的才华和角色像是经典的鸡与蛋问题：究竟是过于全能让他无法获得非他不可的角色，还是因无法固定单一位置而被迫激发了他的万金油属性。14号的球衣数字宛若命运预言：首发11人之外，他牢踞最后一个替补名额，成为教练们的绝境利器，于最后一刻背刺对手心脏。古蒂以无尽的牺牲和忠诚的守护，换来包括5次西甲和3次欧冠在内的15座冠军奖杯，542次的出场纪录也令他跻身皇马历史前10，这是古蒂为数不多的怨念："大家都只记得我踢了很多年替补，正面评价也只有那次助攻和进球，却不知道我真的在皇马踢了很多年，15年。"

皇家荣耀 | 皇家马德里传奇功勋志

米亚托维奇
Predrag Mijatovic
记忆的建构方式

对生于 20 世纪 70 年代之后的美凌格来说，由迪斯蒂法诺、科帕、亨托、普斯卡什等一众"上古圣君"缔造的欧冠五连霸伟业，遥远如希腊神话，只存在于父辈的讲述中，缺乏亲身经历的参与感。

好在他们有米亚托维奇。

1996 年，卡佩罗将时年 27 岁的南斯拉夫中锋由瓦伦西亚带到伯纳乌。加盟首个赛季，最令人印象深刻的一幕出现在联赛首回合国家德比中，米亚托维奇的幼子安德烈重病入院，卡佩罗告诉米亚，他不必出场，那是第 16 轮，皇马落后榜首巴萨 2 分。米亚谢绝主帅好意，他说："不，我要踢。"苏克先声夺人，米亚奇功制胜，伯纳乌全场高呼安德烈的名字，巴尔干硬汉猝然陨涕。皇马 2 比 0 取胜，迎来赛季转折。但很遗憾，父亲的进球和全场 8 万人的呼喊都没能挽留小安德烈脆弱的生命。米亚当赛季 38 场联赛全勤，取得 14 粒进球及 5 次助攻，与苏克和劳尔共同构成了卡佩罗圣诞树阵形的进攻铁三角，助皇马以 2 分优势险胜巴萨，夺得西甲冠军。

凭借过人与射门方面绝技，这名性格硬朗、速度奇快、球风优雅的锋线杀器入队首年，即从主席桑斯处得到新约。米亚托维奇与生俱来的赌徒特质此刻一览无余，协商奖金条款时，他脱口而出："如果我们夺得欧冠会怎样？"桑斯和主管财务的俱乐部副主席奥涅瓦面面相觑，皇马已经历过连

← 1998年5月20日，欧冠决赛赛后，进球功臣米亚托维奇快意庆祝胜利。

皇家档案

普雷德拉格·米亚托维奇
Predrag Peda Mijatovic

生日	1969.1.19
国籍	黑山/塞尔维亚
身高	1.78米
位置	中锋

俱乐部生涯

1987-1989	布杜克诺斯特	73场10球
1990-1993	贝尔格莱德游击队	133场50球
1993-1996	瓦伦西亚	128场68球
1996-1999	皇家马德里	118场36球
1999-2002	佛罗伦萨	61场9球
2002-2003	莱万特	21场3球

皇马生涯统计

赛季	联赛出场	联赛进球	国内杯赛出场	国内杯赛进球	外战出场	外战进球	总计出场	总计进球
1996-97	38	14	5	1	-	-	43	15
1997-98	24	10	2	1	8	1	34	12
1998-99	28	5	4	2	9	2	41	9
总计	90	29	11	4	17	3	118	36

皇马生涯集体荣誉

西甲冠军 — 1996-97
西班牙超级杯冠军 — 1997
欧冠冠军 — 1997-98
洲际杯冠军 — 1998

→ 1998年5月20日，米亚托维奇晃开倒地的门将佩鲁齐，一脚击穿尤文图斯大门。

续31次失望，前一赛季还因西甲第6的新低排名无缘欧战。在自己开出的价码被写入合同时，米亚留意二人表情，"仿佛在说，随你怎么加，反正都不会发生"。

1997/1998赛季，海因克斯挂帅的皇马，联赛表现乏善可陈，仅列西甲第4，却在欧冠一路奏凯，用桑斯的话说就是"一直晋级一路赢"，终至与尤文图斯的巅峰较量。而对米亚托维奇，这段决赛前的记忆，则不是那么美妙，因为出战的近7场欧冠比赛，他的进球始终挂零。更糟糕的是，他还遭遇了小腿肌肉拉伤，"我很想上场，所以告诉理疗师丘埃卡，'你绝对不能告诉任何人，否则我就杀了你'"。人生首场欧冠决战在即，米亚托维奇紧张得难以入眠。据他自己说，他起身去卫生间，镜子告诉他："放松，你明天会赢。"他兴奋地摇醒室友苏克，令后者异常无奈。不管是心理暗示或者真有玄学相助，比赛走向诚如镜中预言：帕努奇开出右侧角球，卡洛斯左脚重炮遇阻，米亚机警跟进，过掉佩鲁齐，完成一剑封喉。他即刻冲向场边拥抱桑斯，因为后者前日信誓旦旦地告诉他："你一定会进球。"米亚则回道："进球必定献给你。"

米亚托维奇的这粒欧冠赛季首球，充满着各种时间上的巧合：1966年，皇马正是击败了贝尔格莱德游击队，也就是米亚的前东家，才夺得了队史第6座欧冠奖杯；1998年，米亚面对另一支着黑白间条衫的球队，在第66分钟打进历史性一球。劳尔祝贺队友："老天爷，你踢得太神了。"米亚则不以为然，表示只是个回弹球罢了。看过回放，他才承认了劳尔的说法。而劳尔多年后仍在感叹："不管看几次，我都觉得这球进不去。"

西贝莱斯广场沸腾了，球迷涌上街头，形成磅礴"白潮"，围绕丰收女神恣意庆祝。劳尔称"米亚的进球是新时代的催化剂"，还影响了包括网球名将纳达尔、F1传奇塞恩斯、皇马女足总监安娜·罗塞尔等英杰在内的整整一代马德里人。皇马摆脱32年的欧冠沉寂，实现重生。20世纪70年代以后出生的皇马拥趸，无须再借回忆之光聊以自慰，因为米亚为他们建构了独一无二的辉煌记忆。

尽管只为皇马效力3年，但米亚是众人心中的永恒传说。压轴伯纳乌冠军庆典的他，出场后跪地仰天感叹道："作为一名职业球员，还有什么不满足的呢？我已再无他求。"

皇家荣耀 | 皇家马德里传奇功勋志

皇家档案

罗伯托·卡洛斯
Roberto Carlos da Silva Rocha

生日	1973.4.10
国籍	巴西
身高	1.68米
位置	左后卫

罗伯托·卡洛斯
左翼后膛炮

罗伯托·卡洛斯，这个名字已然成为足球世界的一个标杆——作为足球历史上进攻能力最强的左后卫之一，卡洛斯是各种历史最佳阵容评选里绕不开的人物。

鲜为人知的是，这名身高1米68的小个子，其实是踢前锋出身，作为一名巴西人，进攻足球早已写入了他的DNA。1973年4月10日，卡洛斯出生在巴西圣保罗州，是家里唯一的男孩子，他还有两个姐姐。父母靠在咖啡种植园做工谋生，由于家境贫寒，年仅12岁的小卡洛斯不得不到一家纺织厂打工帮补家计。

和巴西很多小孩子一样，卡洛斯打小就爱上了足球。他最先加入当地一支名为圣约翰联合的小球队，1992年夏天租借效力米涅罗竞技期间，他跟随预备队去欧洲参加了一项以考察新人为主的巡回赛，表现吸引了众多球探的注意。同年，19岁的卡洛斯入选了巴西国家队，并在友谊赛中出场7次。一年后，卡洛斯加盟巴甲豪门帕尔梅拉斯，先后帮助球队夺得2次巴甲冠军和2次州锦标赛冠军。

很快，欧洲豪门向他发起了召唤。1995年夏天，在阿斯顿维拉和国际米兰之间，卡洛斯选择了意甲豪门，并在代表蓝黑军团的处子秀中打进了一粒任意球。不过那一赛季国际米兰仅获得联赛第7，虽然卡洛斯打进7球，但意大利的防守足球还是让他有些水土不服。

1996年夏天，卡洛斯以600万欧元身价转会皇马，从此开始了一段传奇之旅。入队之初，卡洛斯就被赋予了象征主力的3号球衣，一直到2007年离开，他都是皇马主力左后卫的不二之选。他虽然身材不高，但脚下灵活，小巧的身躯配上粗壮得有些不成比例的大腿，可以帮他轻松完成加速摆脱，加上出色的体能，让他足以肩负整条左路走廊的攻防重担。

当然，他最标志性的技能还是左脚重炮轰门。1997年法国四国赛揭幕战，巴西对阵法国，卡洛斯30米外打出一记"违反力学定律"的任意球，球划出一道神奇的S形弧线绕开人墙击中门柱入网。这粒进球日后被无数次播

← 左脚重炮轰门是罗伯托·卡洛斯最致命的武器。

俱乐部生涯

1991-1993	圣约翰联合	66场5球
1993-1995	帕尔梅拉斯	162场16球
1995-1996	国际米兰	34场7球
1996-2007	皇家马德里	527场69球
2007-2009	费内巴切	104场10球
2010-2011	科林蒂安	61场5球
2011-2012	安日	28场5球
2015	德里迪纳摩	3场0球

皇马生涯统计

赛季	联赛 出场	联赛 进球	国内杯赛 出场	国内杯赛 进球	欧战 出场	欧战 进球	其他 出场	其他 进球	总计 出场	总计 进球
1996-97	37	5	5	0	-	-	-	-	42	5
1997-98	35	4	1	1	9	2	2	0	47	7
1998-99	35	5	4	0	8	0	2	0	49	5
1999-2000	35	4	3	0	17	4	3	0	58	8
2000-01	36	5	0	0	14	4	2	1	52	10
2001-02	31	3	6	1	13	2	2	0	52	5
2002-03	37	5	1	0	15	1	2	1	55	7
2003-04	32	5	7	1	8	2	2	0	49	9
2004-05	34	3	2	0	10	1	-	-	46	4
2005-06	35	5	3	1	7	0	-	-	45	6
2006-07	23	3	1	0	8	0	-	-	32	3
总计	370	47	33	4	109	16	15	2	527	69

皇马生涯集体荣誉

西甲冠军
1996-97　2000-01　2002-03　2006-07

西班牙超级杯冠军
1997　2001　2003

欧冠冠军
1997-98　1999-00　2001-02

欧洲超级杯冠军
2002

洲际杯冠军
1998　2002

皇马生涯个人荣誉

欧足联俱乐部年度最佳后卫
2002　2003

欧足联年度最佳阵容
2002　2003

国际足联百大球星
2004

金足奖
2008

→ 2006/2007赛季，是卡洛斯在皇马的最后一个赛季，在离开之前他已经把自己的经验传授给了接班人马塞洛。

放，成为经典中的经典。正是由于他夸张的射门功夫，卡洛斯获得了"子弹人（El Hombre Bala）"的绰号。据记录，他的左脚射门最高时速能达到169千米，2002年世界杯小组赛，中国门将江津就真实体验过卡洛斯任意球的威力。

效力皇马11年，卡洛斯出场527次打进69球，其中大多来自定位球，但也不乏精彩绝伦的运动战破门。比如1998年2月21日对阵特内里费的西甲比赛，卡洛斯左路下底，几乎在零角度的情况下左脚脚背将球抽进死角。此外，卡洛斯还奉献了整整100次助攻，最让人印象深刻的，自然是2002年欧冠决赛，卡洛斯左路的"无心插柳"成就了齐达内的"天外飞仙"。

卡洛斯虽为人低调，但他的场外生活不乏奇闻轶事。2005年6月，卡洛斯在参加电台节目时遭到持械抢劫，劫匪发现是卡洛斯后，对他颇为客气，最终只拿走他的一块名贵手表和麦克风"留念"。而除了场上进球能力强，卡洛斯的另一项"得分"能力也非常强大，他曾坦承自己有8个小孩。在2017年，卡洛斯44岁时，迎来了自己的第9个孩子，2个多月后，他甚至当上了爷爷……

卡洛斯2007年离开皇马，2015年在印度联赛挂靴，正式退役前他曾短暂试水执教，不过都不太成功。现在他主要为一些企业代言，并为皇马担任形象大使方面的工作。

皇家荣耀 | 皇家马德里传奇功勋志

1999年11月8日，稳坐主力之位的莫伦特斯在皇马做客阿森纳的纪念赛中。他的赛季状态渐入佳境，并就此走向职业生涯巅峰。

莫伦特斯
Fernando Morientes
天生赢家

1998年5月20日，皇马在阿姆斯特丹1比0击败尤文图斯，时隔32年再度登上欧陆之巅。那场决赛，对皇马众将而言，滋味犹胜人生中最酣畅甜蜜的恋爱。对终于复制父辈辉煌的马诺洛·桑奇斯来说，尤其如此。待到礼炮硝烟散尽，与空气中弥漫的酒精、汗液混作一团，小桑奇斯坐在更衣室内，兴奋渐渐被寂寞取代，适才的喧嚣仿佛空谷回响般逐渐远去，高潮过后即是深渊。作为五鹰唯一遗老的他，不甘地望向身旁的莫伦特斯，那张22岁的年轻面庞意气风发、尽显得志。

这是西班牙中锋从萨拉戈萨加盟皇马的第一个赛季。小桑奇斯想着自己刚刚通过话的五鹰老友，想着他们并肩作战之时穷尽所能也未能加冕的欧冠冠军，他注视着莫伦特斯，对后者充满羡慕。"他能成为冠军是因为他在这里，那这帮老家伙怎么就没能夺冠呢？"莫伦特斯回以热烈又无邪的笑容："马诺洛，你不是跟我说夺冠很难的吗？"

老天像是给莫伦特斯的皇马起步阶段开了后门：原本他只是作为米亚托维奇等锋线核心的替补入队，却在处子赛季即以12球成为队中的联赛射手王；他初登欧冠赛场，便以4球助力晋级之路，轻而易举地成为冠军成员；第二个赛季，他和劳尔愈加默契，形成锐利的锋线组合，伯纳乌王子由此以25球带走西甲金靴，莫伦特斯亦有19球入账，西班牙国家队也因这对搭档而受益匪浅。

硕果于千禧之交结出。1999/2000赛季，博斯克中途救火，莫伦特斯赢下与阿内尔卡的竞争，稳坐主力中锋之位，对瓦伦西亚的欧冠决赛，莫伦特斯先拔头筹，奠定了3比0大胜的基石。"球越过卡尼萨雷斯把守的球门之时，我便

94

莫伦特斯

皇家档案

费尔南多·莫伦特斯

Fernando Morientes Sanchez

生日	1976.4.5
国籍	西班牙
身高	1.84米
位置	中锋

俱乐部生涯

1993-1995	阿尔瓦塞特	31场8球
1995-1997	萨拉戈萨	79场34球
1997-2005	皇家马德里	272场100球
2003-2004	摩纳哥（租借）	42场22球
2005-2006	利物浦	61场12球
2006-2009	瓦伦西亚	102场34球
2009-2010	马赛	19场1球
2015	圣安娜	3场0球

皇马生涯统计

赛季	联赛 出场	联赛 进球	国内杯赛 出场	国内杯赛 进球	外战 出场	外战 进球	总计 出场	总计 进球
1997-98	33	12	2	0	10	4	45	16
1998-99	33	19	5	6	5	0	43	25
1999-00	29	12	5	0	17	7	51	19
2000-01	22	6	1	0	9	4	32	10
2001-02	33	18	7	0	11	3	51	21
2002-03	19	5	2	1	7	0	28	6
2003	1	0	0	0	0	0	1	0
2004-05	13	0	2	1	7	2	20	3
总计	183	72	24	8	65	20	272	100

皇马生涯集体荣誉

西甲冠军
2000-01 2002-03

西班牙超级杯冠军
2001

欧冠冠军
1997-98 1999-2000 2001-02

洲际杯冠军
1998 2002

➔ 2000年5月24日，欧冠决赛对瓦伦西亚，莫伦特斯拔脚射门。

感觉到了，我知道这是一个历史性时刻，知道那一刻将被世人铭记。我会记得，皇马球迷也会记得。你知道自己还有很长的路要走，为了赢得冠军，你也知道自己已经成为皇马的一部分。"

翌季，莫伦特斯因伤病困扰只打进10球，却在荣誉簿上再得突破，斩获球员生涯首个西甲冠军。那是人类历史和皇马队史的崭新纪元，弗洛伦蒂诺开辟了空前绝后的银河战舰时代。2001/2002赛季，皇马卫冕联赛未果，但高效的莫伦特斯重新归来，交出33场18球的成绩单，与克鲁伊维特共享西甲银靴。当年欧冠决赛，齐达内面对勒沃库森的天外飞仙，令莫伦特斯的个人欧冠奖杯数增至3座。

2002年夏天，为庆皇马百岁诞辰，"佛爷"以罗纳尔多作寿礼，白衣锋线璀璨无两。险些被交易至巴萨"贴补"外星人身价的莫伦特斯，则与皇马渐行渐远。2003/2004赛季，外租摩纳哥的莫伦特斯随队获得欧冠亚军，他在1/4决赛对阵皇马的进球，间接造就了如今欧陆球会租借条款中的回避原则。

重返正在经历频繁换帅的皇马后，上任救火的卡马乔笃定地告诉全队："罗纳尔多、劳尔和莫伦特斯，这三个是我的球队想要的前锋。"如果说在伯纳乌的人生起伏给过莫伦特斯什么启示，那必定是俱乐部永远高于一切。他带着刊登欧文加盟皇马消息的报纸敲开教练办公室房门，对上的是卡马乔同样意外的目光。

至此，莫伦特斯的8年伯纳乌生涯画上句点，272场100球的成绩单是他作为优秀9号的证明，而奖杯、荣耀和掌声则是他勤勉耕耘的对等嘉奖。他是传统中锋的代表，亦是银河战舰流动盛宴的缔造者与亲历者。平淡终场像是对他张扬开端的绥靖，换取守恒人生，在远去的历史中，接受登上这艘忒修斯之船的人代代传承般的致敬。

皇家荣耀 | 皇家马德里传奇功勋志

皇家档案

伊万·埃尔格拉
Ivan Helguera Bujia

生日	1975.3.28
国籍	西班牙
身高	1.85米
位置	中后卫/后腰

2001年4月18日，欧冠1/4决赛次回合，菲戈（右）拥抱埃尔格拉，庆祝后者对加拉塔萨雷的进球。

埃尔格拉
Ivan Helguera
万花丛中过

作为银河战舰一期崛起与覆灭的见证者，以埃尔格拉为代表的一众配角，从未成为伯纳乌镁光灯下的宠儿，就连"皇家侍卫长"的球迷爱称，亦在诠释其绿叶属性。他是独立于皇马熠熠星光的普通人，命运随摧枯拉朽的历史浪潮起伏摇摆，他不是皇马丰功伟绩的成就者，但球队辉煌却离不开他的保驾护航。

1997年，顶着桑坦德"足球三少"的声名，埃尔格拉在阿尔瓦塞特大放异彩，吸引了时任皇马主席桑斯的注意，但阿尔瓦塞特530万美元的标价，让埃尔格拉与白衣军团失之交臂。经历过罗马的阵痛锤炼，埃尔格拉在西班牙人走向成熟，这次桑斯没有吝啬钱包，在1998年以630万美元将西班牙中卫揽入麾下。

初登伯纳乌，埃尔格拉旋即成为主力，游走于防线与中场之间。他在清道夫位置的坚壁清野，是皇马在世纪之交欧冠赛季的决赛中大胜瓦伦西亚的保障。而他与耶罗镇守的防线，又在2001/2002赛季的格拉斯哥拱卫皇马击败勒沃库森，5季3夺欧冠。2002/2003赛季，埃尔格拉除作为坚固屏障，还在联赛中取得6粒进球，获得了他加盟

96

皇马生涯统计

赛季	联赛 出场	联赛 进球	国内杯赛 出场	国内杯赛 进球	外战 出场	外战 进球	总计 出场	总计 进球
1999-2000	33	0	6	0	15	2	54	2
2000-01	32	5	1	0	16	6	49	11
2001-02	26	2	6	0	12	3	44	5
2002-03	33	6	1	0	17	0	51	6
2003-04	29	1	6	0	8	2	43	3
2004-05	34	3	1	0	10	1	45	4
2005-06	19	0	4	0	4	1	27	1
2006-07	23	1	2	0	5	0	30	1
总计	229	18	27	0	87	15	343	33

皇马生涯集体荣誉

西甲冠军
2000-01　2002-03　2006-07

西班牙超级杯冠军
2003

欧冠冠军
1999-2000　2001-02

欧洲超级杯冠军
2002

洲际杯冠军
2002

↓ 2001年5月1日，欧冠半决赛首回合主场较量，埃尔格拉（左二）拦截萨利哈米季奇（中）进攻。

以来的第二座西甲奖杯。

然而辉煌与暗夜一同降临。埃尔格拉回忆个人第二次西甲冠军，复杂情感远超喜悦。当时弗洛伦蒂诺敏锐地察觉到互联网时代的来临，并意识到球员肖像权对于俱乐部营收的裨益。频繁的商业活动虽令皇马的财政欣欣向荣，却挫伤了系统性整体训练，天王巨星们成为"空中飞人"，过着时差混乱的生活，足球成了副业。重臣相继离队，更衣室内人心惶惶，球员们几乎与缔造国际足坛全新经营模式的弗洛伦蒂诺成对峙态势。夺冠当晚，皇马取消了在西贝莱斯的游行庆典，耶罗在聚餐中向主席发起"逼宫"。最终耶罗远走，博斯克下课，埃尔格拉的搭档，成了懵懂青涩的帕文。

此后弗洛伦蒂诺延续了"一年一星"的政策，为平衡财政，无数中坚相继离队，巴尔达诺对混乱年月的回忆充满无奈："我们不能在坐拥世界上最好球员的同时，再拥有世界上最好的中档球员。"埃尔格拉则成了主席彼时"豪华中前场带动本土中后场"足球理念的另类幸存者。对抗并非埃尔格拉长项，他虽有梦幻般的出球技术和强有力的空中防守能力，在耶罗身边，这些优点令他成为欧洲最好的中卫之一。而在前后场严重失衡之时，埃尔格拉一人难负全队之重，缺点也因此被无限放大，甚至被调侃为"卡西专职门将教练"。

这是普通人的宿命，功成之时身姿黯淡，沉寂之中首当其冲。埃尔格拉逆来顺受。及至2004年，弗洛伦蒂诺开启自我修正，转移引援重心，着手巩固后防。随着卡纳瓦罗、拉莫斯等猛将的加入，埃尔格拉开启了两个赛季的替补时光。2006/2007赛季，他的6号球衣亦被交由马马杜·迪亚拉继承，改穿21号的埃尔格拉，一度退回二队进行训练，但他勤恳依旧、态度端正，并在赛季中段重回主力位置，为皇马再夺西甲冠军立下汗马功劳，而这也成了埃尔格拉伯纳乌生涯的最后一季。

8年岁月悠悠，埃尔格拉携343次出场33粒进球与9座冠军奖杯的印记拂衣离去，在银河战舰中最大限度地谱写了属于自己的平民童话，将坎塔布里亚后防灵魂的传说，永远镌刻在了伯纳乌这艘巨轮之上。

萨尔加多
Michel Salgado
乘龙快婿

皇家档案

米歇尔·萨尔加多
Miguel Angel Salgado Fernandez

别名	Michel Salgado
生日	1975.10.22
国籍	西班牙
身高	1.74米
位置	右后卫

招牌与底蕴使然,皇马的球员资源永不匮乏,兼具才华与天赋者如过江之鲫,源源不绝。技艺之外,永不放弃的华尼托精神构成了皇马的另一道靓丽风景线,右闸铁卫萨尔加多当属这类精神属性的代表人物。

戎马倥偬,奋不顾身,令萨尔加多在加盟皇马后很快站稳了脚跟。虽然在20世纪末登上尚未成为银河战舰的皇马大船后,萨尔加多一度被疑借桑斯"驸马"身份奠定主力位置,但他以十载刚毅表现,证明自己不只是前主席的女婿,更是这家西班牙顶级球会的"乘龙快婿"。

萨尔加多出身塞尔塔,出道初期一直在队内担任边锋,后在卡洛斯·桑托斯手下被改造为右边卫。很多锋线球员都抵触这样的后撤,萨尔加多也是如此,桑托斯循循善诱:"若长此以往,你终将成为平庸中场。但如果改变,你就会是一名杰出的边卫。"老帅一语中的,亦使萨尔加多受益终身。

24岁的萨尔加多以当时西班牙第一右后卫的身份转投未来岳丈门庭,首个赛季表现只能说是中规中矩。尤其在左路重炮罗伯托·卡洛斯的对比之下,资质本就相对逊色的萨尔加多更是相形见绌。好在萨尔加多坚信勤能补拙。进入

← 2000年3月14日，欧冠第二阶段小组赛，萨尔加多在皇马主场迎战基辅迪纳摩的比赛中驻守后防。

新世纪，皇马改朝换代，新君弗洛伦蒂诺为伯纳乌升起一颗又一颗的足球星宿，而此时萨尔加多的主力位置已不容撼动，成为所有教练的右闸首选，亦在众星来去之间稳定把持右路走廊。

萨尔加多在皇马的第一个高光时刻，自然是世纪之交那一赛季的欧冠决赛，那场西甲内战中，萨尔加多以一记难度颇高的铲传，助莫伦特斯头球敲开卡尼萨雷斯把守的大门，奠定面对瓦伦西亚的3比0大胜，3年内两捧大耳朵杯，一代白色王朝由此屹立。

赛场上的萨尔加多仿佛永远不知疲倦，进攻奋勇当先，回防不惜身体，门线极限救险令他获得"铁闸"美誉。他是"马德里的白色可以被泥水染脏、被雨水染脏，但绝不能被耻辱玷污"这句伯纳乌箴言最身体力行的贯彻者，竞技精神和求胜欲望均全队首屈一指，并以此带动队友。10年11冠是对其拼命三郎精神的至高回馈。

对于皇马右路，萨尔加多除有立业之功外，亦有承前启后的衔接贡献。他接班回归意大利加盟国际米兰的帕努奇，以兢兢业业的表现为后来的拉莫斯、西西尼奥们树立了榜样。在巨星身边，萨尔加多甘为绿叶，赛场之外，他同样顾全大局。迎来贝克汉姆后，皇马以17天3.4万千米飞行距离的美洲之行和亚洲之行展开颠覆性的季前备战，一片疲惫之声中，萨尔加多展现出对球队利益的高度服从，"我们球员永远是俱乐部的工具，俱乐部在经济利益等诸多方面需要球员这样做，我们就必须执行"。

待到弗洛伦蒂诺二度当选主席，皇马开启银河战舰二期计划后，34岁的萨尔加多也走向了伯纳乌岁月的终点。告别之时，这名绿茵硬汉泪洒当场，球迷用标语向他致敬："你是不可替代的唯一！"效力期间，皇马每座冠军奖杯，萨尔加多都是重要功臣之一，也因此，他在美凌格的记忆中堪称永恒。

俱乐部生涯

1995-1999	维戈塞尔塔	112场3球
1996-1997	萨拉曼卡（租借）	38场1球
1999-2009	皇家马德里	371场5球
2009-2012	布莱克本	73场1球
2018	拉乔雷拉独立	1场0球

皇马生涯统计

赛季	联赛出场	联赛进球	国内杯赛出场	国内杯赛进球	外战出场	外战进球	总计出场	总计进球
1999-2000	29	0	4	0	18	0	51	0
2000-01	27	1	0	0	12	0	39	1
2001-02	35	0	7	0	14	0	56	0
2002-03	35	0	0	0	17	1	52	1
2003-04	35	1	9	0	10	0	54	1
2004-05	30	2	1	0	9	0	40	2
2005-06	27	0	3	0	5	0	35	0
2006-07	16	0	0	0	1	0	17	0
2007-08	8	0	4	0	2	0	14	0
2008-09	9	0	3	0	1	0	13	0
总计	251	4	31	0	89	1	371	5

皇马生涯集体荣誉

西甲冠军：2000-01　2002-03　2006-07　2007-08

西班牙超级杯冠军：2001　2003　2008

欧冠冠军：1999-2000　2001-02

欧洲超级杯冠军：2002

洲际杯冠军：2002

→ 2000年5月24日，萨尔加多（右）与埃尔格拉（中）及主席桑斯共同举起大耳朵杯合影留念。

皇家荣耀　皇家马德里传奇功勋志

卡西利亚斯 *Iker Casillas*
天神亦凡人

2019年5月1日，卡西利亚斯一如往常，踏上了波尔图的训练场。他照旧同队友边谈笑边热身，仅一瞬间，他的身体出现了微妙但强烈的变化，像是被人掠夺了呼吸，他吞吐的气息变得浑浊，身体前所未有地沉重。

幸运的是，身在球队的卡西，在队医的陪伴下及时被救护车送往医院，接受紧急手术后，重获澄澈空气的卡西错愕地得知：自己经历的是一场心脏病发作，那个令他浑身发热的手术，让他的心脏从此多出一个支架。

出院以后，卡西对劫后余生的庆幸，逐渐被对死亡的焦虑和恐惧所取代。毫无征兆的疾病，几乎摧毁了他，重返球场成了未知数，一觉过后能否醒来亦然如是，而后者，在卡西脑海中占据了压倒性地位。他无法通过期待设想未来，难以专注于现实当下，只能陷入对往昔的回溯，想着他对未来充分未知的前半生，想着那些志得意满、完好无损的美好时光。他不由假设：如果2010年7月，西班牙队没有夺得世界杯；如果2000年5月，他没有出战对阵瓦伦西亚的欧冠决赛；如果1999年9月，他对阵毕尔巴鄂的皇马一线队首秀没有到来；如果他当时没有选择以足球为业……

皇家档案

伊戈尔·卡西利亚斯
Iker Casillas Fernandez

生日	1981.5.20
国籍	西班牙
身高	1.82米
位置	门将

俱乐部生涯		
1999	皇家马德里二队	4场0球
1999-2015	皇家马德里	725场0球
2015-2020	波尔图	156场0球

← 2015年7月13日,皇马为卡西利亚斯举行送别仪式,一代门神与19座冠军奖杯合影。

↓ 2000年5月24日,法国巴黎,卡西利亚斯在对阵瓦伦西亚的欧冠决赛中首发,成为欧冠决赛历史上最年轻的门将。

卡西是足球世界里实打实的人生赢家,别人渴求一生的冠军奖杯,他应有尽有。他起步于拉法布里卡的职业生涯顺遂得犹如上苍保佑,遇上的最大绊子也不过是博斯克一度以塞萨尔取代了他的首发位置。每每大事发生,他的竞争对手们总有离奇伤病,卡西甚至无须争取,即被命运安排登上更大的舞台。作为当事人,回望走过的20年,亦会猝不及防地陷入运气守恒的虚无主义迷思。

但顶级球星的幸运,总是建立在绝对实力之上,无一例外。作为皇马历史乃至足球历史上的最佳门将之一,卡西的天赋与生俱来。他与伙伴们在公园踢球,大人来了便要让出场子,只有卡西会被留下,因为他是踢得最好的。9岁他就进入皇马青训营,由此开始在俱乐部和国家队各级梯队扶摇直上。1997年U16欧青赛,西班牙和奥地利会师决赛,未满16岁的卡西初露扑点绝技,助球队四度夺冠。

1997年11月27日,联赛表现挣扎的皇马正在备战与罗森博格的欧冠小组赛,在气运方面与卡西成绝对反比的卡尼萨雷斯,因意外与莫伦特斯相撞而伤到胸口。海因克斯将正在学校上课的卡西叫到挪威,作为三门待命。两小时前还在校内与朋友论争足球话题的卡西摇身一变,成了他嘴里发挥不佳的达沃·苏克和米亚托维奇等人的队友。

皇家荣耀 — 皇家马德里传奇功勋志

→ 2012年5月4日，卡西利亚斯登上丰收女神像，庆祝皇马夺得2011/2012赛季西甲冠军。

皇马生涯统计

赛季	联赛出场	联赛进球	国内杯赛出场	国内杯赛进球	外战出场	外战进球	总计出场	总计进球
1999-2000	20	0	5	0	15	0	47	0
2000-01	34	0	0	0	13	0	47	0
2001-02	25	0	6	0	9	0	40	0
2002-03	38	0	0	0	17	0	55	0
2003-04	37	0	4	0	9	0	50	0
2004-05	37	0	0	0	10	0	47	0
2005-06	37	0	4	0	7	0	48	0
2006-07	38	0	0	0	7	0	45	0
2007-08	36	0	2	0	8	0	46	0
2008-09	38	0	2	0	7	0	47	0
2009-10	38	0	0	0	8	0	46	0
2010-11	35	0	8	0	11	0	54	0
2011-12	37	0	6	0	10	0	53	0
2012-13	19	0	5	0	5	0	29	0
2013-14	2	0	9	0	13	0	24	0
2014-15	32	0	2	0	13	0	47	0
总计	510	0	53	0	162	0	725	0

皇马生涯集体荣誉

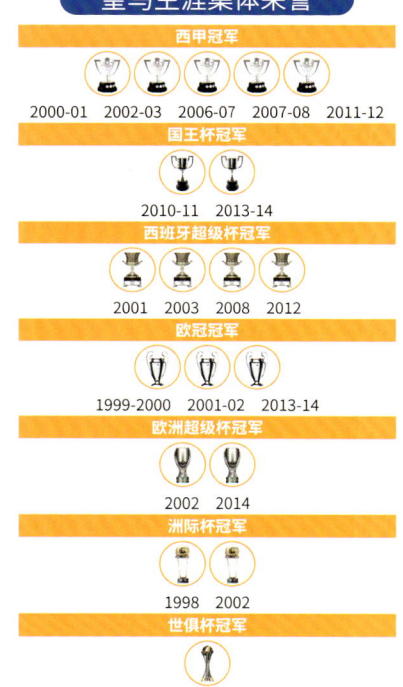

西甲冠军
2000-01　2002-03　2006-07　2007-08　2011-12

国王杯冠军
2010-11　2013-14

西班牙超级杯冠军
2001　2003　2008　2012

欧冠冠军
1999-2000　2001-02　2013-14

欧洲超级杯冠军
2002　2014

洲际杯冠军
1998　2002

世俱杯冠军
2014

皇马生涯个人荣誉

萨莫拉奖（《马卡报》评选的西甲最佳门将）
2007-08

西甲最佳门将
2009　2012

欧洲最佳门将
2010

国际足联世界最佳阵容
2008　2009　2010　2011　2012

欧足联年度最佳阵容
2007　2008　2009　2010　2011　2012

金足奖
2017

　　1999年4月，卡西作为阵中年龄最小的球员，随西班牙队征战尼日利亚U20世青赛，1/4决赛对阵加纳，两队进行了10轮点球决胜，卡西再现扑点神功，助西班牙U20最终夺冠，黄金一代雏形初现。同年9月，皇马一门伊尔格纳和二门比萨里相继受伤，卡西在懵懂中被托沙克带到圣马梅斯，担任皇马与毕尔巴鄂一役的首发门将。赛前热身，全队忧心忡忡，因为卡西18岁的年龄和过于稚拙的面庞。热身期间，他一不小心让球脱手，球门后的毕尔巴鄂球迷欲从心理层面先行击垮对手："你以后还会有机会的，今天别太绝望。哪怕我们进了7个，你也别太在意。"最后卡西被进了两个，皇马也以1比2告负。不过卡西的又一次升级却由此奠定。

　　博斯克任内，刚成年的卡西成了皇马一门。已臻生涯暮年的小桑奇斯与卡西闲聊，后者记忆犹新："他问我：'你多大了，什么时候满19岁？'我说：'5月。'他说：'你还有许多比赛要踢。要尽力享受每场比赛，因为时光稍纵即逝，你不知不觉就会发现自己踢不动了。'"就在卡西19岁生日的4天后，皇马3比0击败瓦伦西亚，于新千年再夺欧冠冠军，刷新欧冠决赛门将年龄纪录的他，容辉在目，又怎么能切实理解小桑奇斯的心境。

此后他一度因为高空球短板沦为替补，命运女神却再次眷顾。与勒沃库森的欧冠决赛只剩 20 分钟时，塞萨尔与卢西奥相撞受伤，博斯克命卡西热身，解说哀叹："好吧，现在不得不派上一个菜鸟了。"博斯克后来回忆道："每名球员都有属于自己的故事，有些因为队友受伤才替补登场。我想那天以后，那些命中注定会成为一线队球员的人，以某种方式出现了。"工作人员为他剪掉长衫袖管的场景通过转播画面传遍世界，卡西带着焦虑与紧张登场，只想着面对单刀球一定不能犯规，因为球队再无门将可用。他先是挡掉巴斯图尔克禁区内的大力施射，并呵斥了令对手迅速起脚的前辈萨尔加多和马克莱莱，而后敏捷地拦截贝尔巴托夫的必进球，令解说一改对他的菜鸟评价，惊呼："巨人般的卡西利亚斯！"皇马 1 号从此归属于他。

作为两期银河战舰的守护神，不论球队高光或动荡，卡西始终贯彻稳定表现，由此得名"圣卡西"，圣像立于美凌格心中。2010 年的南非，卡西作为队长，戴着金手套携斗牛士军团首捧大力神杯，完成了几代人的夙愿。包括与记者女友萨拉的惊世一吻，都像是终极形态版人生赢家的无声宣言。神坛之上，卡西还拥有两个欧洲杯冠军，数不清的纪录和铺天盖地的最佳奖项。

回到伯纳乌，人人都爱圣卡西的铁律在另一人生赢家穆里尼奥面前失了灵。最终卡西熬走了狂人，却也无奈发现，自己终究凡人之躯。安切洛蒂麾下，皇马迎来了欧冠赛场的"十全十美"，只是这次救星另有其人，拉莫斯的"9248"挽救的不单是战局，更是卡西白衣岁月末期的声誉。终场哨响，卡西深情献吻，落在拉莫斯脸上，全数化为无声的感激。

2015 年 7 月 12 日，带着 725 场正式比赛出战纪录和 19 座冠军奖杯，卡西泪眼中告别效力 15 年的皇马。他没能成为像小桑奇斯一样终老伯纳乌的少数派，事隔经年，卡西忆起传奇队长当初的肺腑之言，只觉人生如梦："我 40 岁了，踢了 21 个赛季，他说得太对了，很多东西真是稍纵即逝。"

2014 年 5 月 24 日，卡西利亚斯在葡萄牙里斯本举起皇马队史第 10 座欧冠冠军奖杯。

皇家荣耀　皇家马德里传奇功勋志

皇家档案

克洛德·马克莱莱
Claude Makelele Sinda

生日	1973.2.18
国籍	法国
身高	1.74米
位置	后腰

→ 2001年1月14日，麦克马纳曼扛起马克莱莱，祝贺后者在对阵皇家奥维耶多的联赛中破门。

马克莱莱
Claude Makelele

巨星之中另有超巨

银河战舰一期，皇马如象棋棋盘，阵中王卒分明，弗洛伦蒂诺为操盘手。在彼时"佛爷"眼中，巨星之外，皆为兵卒。2000年夏窗是这出冷酷游戏的序章：菲戈因其"招安"背后耸动的价值性与强烈的戏剧感，成为彼时国际足坛唯一的主角，同期以1400万欧元从塞尔塔入队的马克莱莱，则完全隐匿在彼时这颗星球最爆炸的足球新闻之下。

弗洛伦蒂诺对于这名生于刚果金沙萨的法国黑人中场兴趣寥寥，他是前任主席桑斯的手笔，后者在大选中败北，若非主帅博斯克坚持，马克莱莱恐与伯纳乌失之交臂。当年，马克莱莱已经27岁。

很难界定，马克莱莱究竟属于年少有为还是大器晚成。他在21岁便随南特称雄法甲，后闯进欧冠半决赛，其间场上位置由二前锋变为边锋，偶尔回撤中场。效力马赛期间，因改打右后卫，马克莱莱的表现严重受限，因此错过雅凯帐下夺得世界杯的那支法国队。转会维戈塞尔塔，找对了位置的马克莱莱，同马津霍等人组成了那支大杀四方的豪门肉中刺。踩着千禧步点完成蜕变的马克莱莱，却再次落选了国家队，这一次，他的遗憾变成了欧洲杯。

和所有登上银河战舰的平民球星一样，马克莱莱迎着嘘声艰难自证。一方面，他顶替的是优雅王子雷东多，美凌格的心尖肉；另一方面，他纯粹的中场绞肉机踢法，很难在视觉上餮足挑剔的伯纳乌球迷。然而在队内，他是巨星眼中的绝对巨星。"弄丢引擎之后，再给宾利刷金漆又有何用？"马克莱莱告别之时，齐达内的失落言犹

马克莱莱

俱乐部生涯

1991-1997	南特	205场12球
1997-1998	马赛	36场3球
1998-2000	维戈塞尔塔	86场6球
2000-2003	皇家马德里	140场2球
2003-2008	切尔西	217场2球
2008-2011	巴黎圣日耳曼	118场1球

皇马生涯统计

赛季	联赛出场	联赛进球	国内杯赛出场	国内杯赛进球	外战出场	外战进球	总计出场	总计进球
2000-01	33	0	0	0	16	1	49	1
2001-02	32	1	3	0	13	0	48	1
2002-03	29	0	0	0	13	0	42	0
2003-04	-	-	1	0	-	-	1	0
总计	94	1	4	0	42	1	140	2

皇马生涯集体荣誉

西甲冠军 — 2000-01　2002-03

西班牙超级杯冠军 — 2001　2003

欧冠冠军 — 2001-02

欧洲超级杯冠军 — 2002

洲际杯冠军 — 2002

在耳。埃尔格拉则给出至高赞美："马克莱莱是场上的另一名指挥官，是名副其实的银河巨星。"

在足坛至尊星宿与拉法布里卡纯血元老林立的皇马更衣室，每战终场哨响，第一个返回接受按摩的人，却是马克莱莱，尤其是在球队取胜之后。队友们感念他在比赛里的高效中场拦截与敏锐快速补位——如无马克莱莱在后场的一夫当关，何来前场巨星们的如画诗篇。他是博斯克阵中的春雨，"卡洛斯、萨尔加多、耶罗和齐达内们需要帮助之时，他便会出现"，润物无声。

作为皇马2000/2001赛季西甲，2001/2002赛季欧冠、西超杯，以及2002/2003赛季西甲、欧超杯和洲际杯的无名英雄，"马克莱莱位置"一词不胫而走，他本人也成为举世公认的头号防守型中场。

时任皇马足球总监巴尔达诺评价："再也找不出第二个能像马克莱莱一样，理解后腰角色对我们有多重要的人。"然而作为绿茵之上一块密不透风的铁板，离开了赛场的马克莱莱，却在同另外一块威权铁板的较量中败下阵来。据马克莱莱自述，他曾在2003年夏天，得到了"佛爷"涨薪5%续约一年的承诺，后者却在贝克汉姆加盟后食言。马克莱莱的父亲在"佛爷"游艇上对主席怒言相向："如果你有儿子，就不会这样对他！"在他以2000万欧元高价远走切尔西前，"佛爷"幡然醒悟，一再挽留，但已无济于事。

中文世界对马克莱莱有经典评价——抬钢琴的人。顾名思义，风雅归于队友，苦累由他承担。随着马克莱莱的离开，手握"钞级"攻击群的皇马，经历了"前场美如画、后场惨到炸"的无冠3年。弗洛伦蒂诺则一再寻腰，一再受挫。这段竞技场上的遗憾回忆，时刻启示着后来的弗洛伦蒂诺：棋，终是游戏；人，不是棋子。马克莱莱之于皇马，更深远的意义在于，他令弗洛伦蒂诺深刻意识到阵容均衡与顶级球星的等同重要性，间接铺陈了这位功勋主席再度掌舵后，白衣军团与星月同辉的彪炳战绩。

2002年4月2日，欧冠1/4决赛首回合，马克莱莱在与埃芬博格的一次拼抢中胜出。

皇家荣耀 | 皇家马德里传奇功勋志

银河第一星

菲戈
Luis Figo

皇家档案

路易斯·菲戈
Luis Filipe Madeira Caeiro Figo

生日	1972.11.4
国籍	葡萄牙
身高	1.80米
位置	右边锋

2000年皇马主席选举，以挑战者身份与桑斯竞争的弗洛伦蒂诺，放出了那句著名的豪言："我要告诉大家，如果我成为皇马主席，菲戈就会成为球队一员。"弗洛伦蒂诺赢了，也兑现了这个震惊足坛的承诺，银河战舰时代由此开启。

菲戈加盟皇马，在很多层面都极具轰动性。葡萄牙人6000万欧元的身价，打破了当时的球员转会费纪录。而菲戈之前已效力巴萨5年，是皇马死敌的副队长和旗帜性人物，更是诺坎普的宠儿。所以，菲戈为何成了巴萨球迷眼中"最大的叛徒"？

根据日后揭秘，这口锅恐怕还需要扣到他的经纪人头上。菲戈当时与巴萨在薪资方面存在分歧，弗洛伦蒂诺看准这一点，以自己若胜选则菲戈需要加盟皇马为条件，与菲戈的经纪人签订了"对赌协议"。后者完全没想到，弗洛伦蒂诺之后居然真能扳倒桑斯。

按照双方协议，若菲戈此时不加盟皇马，就需要向皇马赔付3500万欧元。菲戈找到巴萨，但巴萨并不愿意掏这笔钱。当时巴萨也刚刚进行了主席选举，

← 来到皇马时，菲戈正值职业生涯巅峰期，堪称足坛右路天尊。

菲戈对胜选的加斯帕特十分不信任。带着五分不甘和五分迷茫，菲戈就这样成了银河战舰的第一位巨星。以至于加盟皇马之后，菲戈还上演了尴尬一幕：在被提问"是否觉得自己是皇马人"的时候，菲戈答道："我觉得自己是葡萄牙人。"

这一次转会风波影响之大，甚至让人在十几年后回想起皇马时期的菲戈时，会不禁先想起此事，这也多少盖过了菲戈为球队做出的贡献。其实在皇马，菲戈展现出了极佳的状态。加盟不久，他就获得了金球奖，而在皇马首季，菲戈在各项赛事中贡献了 14 粒进球和 25 次助攻，帮助皇马夺回西甲联赛冠军。劳尔斩获当季西甲金靴，其中少不了菲戈送出助攻的功劳。

来到皇马时，菲戈正值职业生涯巅峰期，堪称足坛右路天尊。他突破犀利，既能利用个人技术突破至底线送出横传，又能给出精准的 45 度传中。而坐镇右路的菲戈，同样能积极向中路靠拢，寻觅进球机会。由于拥有定位球主罚权，这位新一任皇马 10 号总能利用点球和任意球有所斩获。

在当选世界足球先生、帮助皇马再次赢得欧冠冠军之后，菲戈在皇马队内也面临着一些波折。伴随着巨星政策，贝克汉姆、欧文先后来到队中，而菲戈也遭遇过一些伤病。2004/2005 赛季皇马几经换帅，在卢森博格手下，菲戈先是被安排改打前腰，之后主力位置甚至难以确保。虽说合同尚未到期，但要强的菲戈还是选择在那个赛季之后离开皇马，加盟国际米兰。

与众多将大部分青春献给皇马的名宿相比，菲戈 5 年的皇马生涯显得有些短暂，却也足够辉煌。效力皇马期间，菲戈收获了两个重要的个人荣誉，又帮助皇马夺回西甲冠军，并再登欧洲之巅。而这次颇具争议的转会，更成为皇马开启新时代的标志性事件。

俱乐部生涯

1989-1995	里斯本竞技	158场23球
1995-2000	巴塞罗那	249场45球
2000-2005	皇马	245场58球
2005-2009	国际米兰	140场11球

皇马生涯统计

赛季	联赛出场	联赛进球	国内杯赛出场	国内杯赛进球	欧战出场	欧战进球	其他出场	其他进球	总计出场	总计进球
2000-01	34	9	0	0	14	5	2	0	50	14
2001-02	28	7	6	1	11	3	2	0	47	11
2002-03	33	10	1	0	15	2	2	0	51	12
2003-04	36	9	6	2	10	2	2	1	54	14
2004-05	33	3	0	0	10	4	-	-	43	7
总计	164	38	13	3	60	16	8	1	245	58

皇马生涯集体荣誉

西甲冠军
2000-01　2002-03

西班牙超级杯冠军
2001　2003

欧冠冠军
2001-02

欧洲超级杯冠军
2002

洲际杯冠军
2002

皇马生涯个人荣誉

金球奖
2000

世界足球先生
2001

葡萄牙足球先生
2000

西甲最佳外籍球员
2001

欧足联年度最佳阵容
2003

国际足联百大球星
2004

→ 2001 年，菲戈当选世界足球先生。

皇家荣耀 | 皇家马德里传奇功勋志

罗纳尔多 Ronaldo

外星杀手

皇家档案

罗纳尔多
Ronaldo Luis Nazario de Lima

生日	1976.9.18
国籍	巴西
身高	1.83米
位置	前锋

说到"外星人"罗纳尔多，大多数人首先联想到的恐怕是他在巴西国家队的辉煌时刻，比如2002年韩日世界杯决赛梅开二度击溃德国；又或者，是他年轻时在巴塞罗那的那次堪称传世经典的连过数人破门，这也是他雅号的来源；而对于一些比较感性的球迷而言，2002年意甲最后一轮，罗纳尔多在国际米兰痛失联赛冠军时的泪水则最为触动心弦。

这些画面都让人印象深刻，但我们不应忘记："外星人"同样曾是皇马这家伟大俱乐部的一员。尽管他在这里的职业生涯不是最美妙的，但依然留下了不可磨灭的印记。

关于罗纳尔多与皇马的故事，其实从一开始就充满了争议。曾有不少人认为，巴西人是为了金钱而选择背叛。在国际米兰，罗纳尔多曾被视为球队重夺联赛冠军的希望，但在那次震惊世界的末轮痛失好局之后，他却没有选择留下来继续与蓝黑军团共同努力，哪怕韩日世界杯很快就证明巴西人依然是世界最顶尖的球员之一。

← 罗纳尔多加盟皇马后虽然已不在个人最巅峰状态，但在西甲赛场上依旧所向披靡。

俱乐部生涯

1993-1994	克鲁塞罗	47场44球
1994-1996	埃因霍温	57场54球
1996-1997	巴塞罗那	49场47球
1997-2002	国际米兰	99场59球
2002-2007	皇家马德里	177场104球
2007-2008	AC米兰	20场9球
2009-2011	科林蒂安	69场35球

皇马生涯统计

赛季	联赛 出场	联赛 进球	国内杯赛 出场	国内杯赛 进球	欧战 出场	欧战 进球	其他 出场	其他 进球	总计 出场	总计 进球
2002-03	31	23	1	0	11	6	1	1	44	30
2003-04	32	24	5	2	9	4	2	1	48	31
2004-05	34	21	1	0	10	3	-	-	45	24
2005-06	23	14	2	1	2	0	-	-	27	15
2006-07	7	1	2	1	4	2	-	-	13	4
总计	127	83	11	4	36	15	3	2	177	104

皇马生涯集体荣誉

西甲冠军
2002-03

西班牙超级杯冠军
2003

洲际杯冠军
2002

皇马生涯个人荣誉

金球奖
2002

世界足球先生
2002

西甲最佳射手
2003-04

洲际杯MVP
2002

欧足联年度最佳阵容
2002

国际足联百大球星
2004

金足奖
2006

→ 2005年7月20日，皇马第二次访华期间，罗纳尔多受到热情欢迎。

然而事实总有多面。在痛苦的失败之后，罗纳尔多有意离开不假，但同时国际米兰对他的态度也不是特别友善。主帅阿根廷人库珀不太喜欢这位生性自由的巴西人，在不少场合都曾表现出对后者的不满。而根据罗纳尔多多年后的自述，可以看出两人的矛盾到最后已经无法调和，他也一度跑到主席莫拉蒂那里诉苦："不是他走，就是我走，我们没法继续。"结果国米老板选择了支持主帅，这才有了后来罗纳尔多的压哨转会。

从经济角度而言，当年被某些人称为"叛徒"的罗纳尔多并没有亏欠国米，后者收获了4600万欧元转会费，这在2002年绝对算得上是天价。而付出这笔巨款的皇马也很快就得到了回报，在"外星人"正式加盟的第一天，俱乐部专卖店里售价72欧元的11号球衣就卖掉了3000多件。这一数字在今天看来也许不值一提，但在那个足球市场还没有高度开发的年代，已经足够打破皇马的首日销售纪录。"球衣还没有摆上货架就被抢购一空。"这是俱乐部销售主管当年留下的喜悦之词。

再瞧瞧罗纳尔多亮相时的盛况：据称有来自世界各地30多家电视台和

皇家荣耀 | 皇家马德里传奇功勋志

2003年4月23日，罗纳尔多在老特拉福德大演帽子戏法，帮助皇马淘汰曼联晋级欧冠四强。

300多名记者涌进了伯纳乌，闪光灯几乎从未停下。"外星人"的降临，也标志着弗洛伦蒂诺的"银河战舰"计划又向前迈出了一大步。在连续引进了菲戈、齐达内两位顶级攻击中场的情况下，罗纳尔多成为战舰尖端最引人注目的新箭头。

"金童"劳尔搭配"外星人"，这就是当年皇马主席心目中的天作之合。前者优雅灵动，罗纳尔多则是速度与技术的完美结合。可惜罗纳尔多虽好，在漫长的赛季中却免不了受到伤病的侵扰。事实上巴西人在踏上马德里的土地之后不久，便在首次训练中受伤，这让他的皇马首秀被推迟到了同年10月。

显而易见，这并不是一次完美的结合，但即便皇马版的罗纳尔多不是最强，却也为全世界球迷留下一些经典之作。其中最令人印象深刻的，当属2002/2003赛季欧冠1/4决赛次回合。在老特拉福德，"外星人"用一个帽子戏法再度征服了所有观众。从接队友直塞快速前插后突施冷箭，到门前包抄轻松笑纳边路横敲助攻，还有反击中力拔千钧的远距离重炮，3粒进球展现出了罗纳尔多的多种非凡特质。当他被提前替换下场时，迎接他的是双方球迷的起立鼓掌。

而在半决赛中罗纳尔多又率先破门，帮助皇马主场2比1战胜尤文图斯。可惜随后他因伤缺席，皇马次回合惨遭逆转，这位巴西传奇也就此距离大耳朵杯越来越远，在职业生涯留下了一个巨大遗憾。不过罗纳尔多亦非没有重

2006年4月1日,罗纳尔多在做客诺坎普的国家德比中,单刀吊射破门,为皇马扳平比分。

要收获,那一年他凭借23粒联赛进球成为皇马队内的最佳射手,西甲冠军也随之到手。这也是"外星人"唯一一次在欧洲五大联赛夺魁。

为了保护自己的身体,多次受到伤病折磨的罗纳尔多在皇马改变了踢球风格,不再过多展现速度,连续变向盘带也越来越少见,但门前嗅觉敏锐的他还是一直保持着非常稳定的输出。从2003年到2006年,皇马首个赛季之后的3年里,"外星人"一直是队内最佳射手,2003/2004赛季还拿到了西甲金靴。这一事实无人可以辩驳。

也许是树大招风,也许是巴西人天生浪漫,总之在皇马生涯的后半段,罗纳尔多被西班牙媒体紧紧盯住,成为问题人物。有大肆报道他场外花边新闻的,也有嘲讽他身材走形的,还有与卡佩罗之间的将帅之争。多年后意大利人说过这么一句话:"罗纳尔多是我执教过的最难对付的球员。"他将巴西前锋划归到"问题球员"的范畴。在执教皇马期间,卡佩罗也确曾多次质疑罗纳尔多的职业素养,把控制不住体重的后者当成眼中钉。

然而现在,我们知道"肥罗"的由来其实另有隐情,由于不幸患上甲状腺功能减退症,罗纳尔多的体重比普通人更难控制,这才有了2006年98千克踢世界杯的怪事。但即便如此,这位不世之才的光辉也不会被掩盖。到2007年1月离开马德里去往意甲俱乐部AC米兰时,罗纳尔多已为皇马在各项赛事破门104次,也是皇马队史上第5位突破百球大关的非西班牙籍球员,单凭这一点他也足够在功劳簿上添上一笔。

皇家荣耀　皇家马德里传奇功勋志

贝克汉姆
David Beckham
实力偶像派

"金子般的英格兰人",在皇马官方网站的介绍界面上,俱乐部对大卫·贝克汉姆做出了如此定义。这番描述很容易让人联想到两方面:其一是这位英格兰中场的黄金右脚,其绝技"圆月弯刀"可谓独步天下;另一方面便是贝克汉姆非同凡响的商业价值,他在2003年的加盟对于"银河战舰"而言,绝对是又一次品牌价值的重大提升。

由于在曼联与恩师弗格森关系闹僵,贝克汉姆当年从英超到西甲的转会并没有遭遇太多障碍。已为红魔出战11个赛季的他,当时正值28岁的黄金年龄,转会费也不过3750万欧元。不过在正式离开英格兰之前,贝克汉姆的跳槽还是经历了一段颇为有趣的小插曲:当时巴萨和皇马都想得到这位英格兰中场,也都曾宣布自己与曼联达成了协议,但贝克汉姆最终选择了后者,让那年夏天刚刚当选巴萨主席的拉波尔塔颇受打击。

从菲戈到齐达内,然后是罗纳尔多和贝克汉姆,那时候的皇马主席弗洛伦蒂诺奉行的策略就是每个赛季都要签下一名超级明星。而贝克汉姆虽然转会费不及前面3位,吸金能力却远远超出他们。他亮相当日即打破了俱乐部球衣首日销量纪录,甚至直接翻倍。而对于这块"金字招牌"的魔力,皇马球衣赞助商的一名发言人曾留下这样的评价:"只要把贝克汉姆的名字印在任何产品上,皇马都能卖个不停。"这听上去可能有点夸张,但事实是小贝确实大大拓展了皇马的市场影响力,尤其是在亚洲。

不过也许正是因为吸金能力过强,贝克汉姆其他方面

← 贝克汉姆的成名绝技"贝氏弧线"使无数球迷为之倾心。

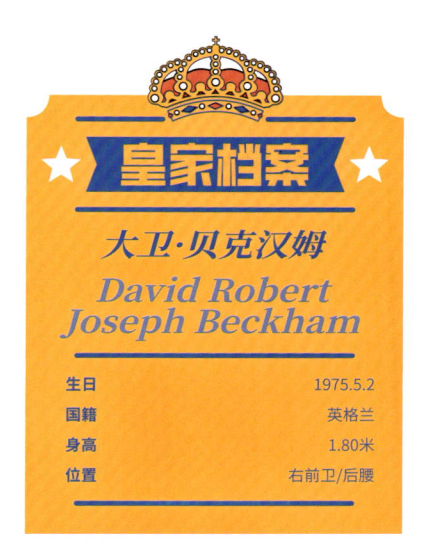

的优点一度被人轻视。他加盟初期，皇马正处在一个比较混乱的阶段，虽然刚刚在 2002/2003 赛季重夺西甲冠军，但过量堆积进攻巨星导致阵容失衡的弊端也在逐渐显现。贝克汉姆来到西甲的第一个赛季，皇马只拿到了联赛第 4，随后两年他们则连续屈居西甲亚军，主教练也换了好几位。

由于自己最习惯的右前卫位置与菲戈重叠，贝克汉姆一开始在皇马很难有充分发挥自己特长的机会。他甚至被改造成后腰，要作为中场的栅栏频繁参与防守，显然这并非贝克汉姆最擅长的，他也因此受到一些质疑。但即便是受客观环境的严重限制，兢兢业业的贝克汉姆还是挺了下来，并最终赢得了更多球迷的尊敬。

2006/2007 赛季是贝克汉姆在皇马的最后一个赛季，当时已经三十出头的他在这场"最后的演出"中充分展现了自己的敬业精神，并最终帮助皇马拿到了当赛季的西甲冠军。那一年贝克汉姆的出场次数其实不算很多，一度被主帅卡佩罗打入冷宫，联赛总共只有 23 次出赛，创下他皇马时期的最低出勤率，但重要的是他在冠军争夺战胶着的下半程贡献良多，因此功劳也不应被忘记。就此皇马官网也写下了这么一句："这位英格兰人在夺冠道路上扮演了关键角色。"

皇家档案

大卫·贝克汉姆
David Robert Joseph Beckham

生日	1975.5.2
国籍	英格兰
身高	1.80米
位置	右前卫/后腰

俱乐部生涯

1992-2003	曼联	394场85球
1995	普雷斯顿（租借）	5场2球
2003-2007	皇家马德里	155场20球
2007-2012	洛杉矶银河	118场20球
2009	AC米兰（租借）	20场2球
2010	AC米兰（租借）	13场0球
2013	巴黎圣日耳曼	14场0球

皇马生涯统计

赛季	联赛 出场	联赛 进球	国内杯赛 出场	国内杯赛 进球	欧战 出场	欧战 进球	其他 出场	其他 进球	总计 出场	总计 进球
2003-04	32	3	4	2	7	1	2	1	45	7
2004-05	30	4	0	0	8	0	0	0	38	4
2005-06	31	3	3	1	7	1	0	0	41	5
2006-07	23	3	2	1	6	0	0	0	31	4
总计	116	13	9	4	28	2	2	1	155	20

皇马生涯集体荣誉

西甲冠军
2006-07

西班牙超级杯冠军
2003

皇马生涯个人荣誉

皇马年度最佳球员
2005-06

国际足联百大球星
2004

→ 2006/2007 赛季，贝克汉姆用自己的敬业精神打动了主帅卡佩罗。在最后一轮锁定联赛冠军后，小贝举起双臂庆祝。

皇家荣耀 | 皇家马德里传奇功勋志

拉莫斯 Sergio Ramos
大心脏队魂

皇家档案

塞尔吉奥·拉莫斯
Sergio Ramos Garcia

生日	1986.3.30
国籍	西班牙
身高	1.84米
位置	中后卫

欧冠决赛补时阶段，皇马一球落后。莫德里奇开出角球，拉莫斯在人群中跳起，甩头，球奔入球门！时间定格在92分48秒，皇马绝处逢生，扳平比分！

这就是2013/2014赛季欧冠决赛，属于拉莫斯的"9248奇迹"。在那个里斯本之夜，皇马加时4比1战胜马竞，再次赢得欧冠冠军，拉莫斯也就此封神，成为皇马的超级英雄。作为进球高产的后卫，这只是拉莫斯100多粒进球的一粒，却是他在皇马生涯中最重要、最振奋人心的一粒。这不是拉莫斯唯一帮助皇马赢得的欧冠冠军，他甚至还以队长身份在日后率领皇马完成欧冠三连冠壮举。然而，在评价拉莫斯的皇马生涯时，西班牙媒体首先提到的用词不是"队长"或"功勋"，而是"第十冠的英雄"。

2005年拉莫斯加盟皇马，那个夏天，他原本希望与当时的东家塞维利亚达成涨薪协议并留队，而时任主席德尔尼多不屑地拒绝了他的请求。当弗洛伦蒂诺的邀约到来，19岁的拉莫斯没有拒绝，踏上了前往马德里的行程，开启了一段传奇岁月。

← 2015/2016赛季欧冠决赛皇马对阵马竞，拉莫斯上半时抢点破门，怒吼庆祝。皇马最终点球大战胜出夺冠。

俱乐部生涯

2003-2005	塞维利亚	50场3球
2005-2021	皇家马德里	671场101球
2021-2023	巴黎圣日耳曼	58场6球
2023-2024	塞维利亚	37场7球

皇马生涯统计

赛季	联赛 出场	联赛 进球	国内杯赛 出场	国内杯赛 进球	欧战 出场	欧战 进球	其他 出场	其他 进球	总计 出场	总计 进球
2005-06	33	4	6	1	7	1	-	-	46	6
2006-07	33	5	3	0	6	1	-	-	42	6
2007-08	33	5	3	0	7	0	2	1	45	6
2008-09	32	4	0	0	8	1	2	1	42	6
2009-10	33	4	0	0	7	0	-	-	40	4
2010-11	31	3	7	1	8	0	-	-	46	4
2011-12	34	3	4	0	11	1	2	0	51	4
2012-13	26	4	4	0	9	1	2	0	40	5
2013-14	32	4	8	0	11	3	-	-	51	7
2014-15	27	4	2	1	8	0	5	2	42	7
2015-16	23	2	0	0	10	1	-	-	33	3
2016-17	28	7	3	1	11	1	2	1	44	10
2017-18	26	4	1	0	11	1	4	0	42	5
2018-19	28	6	6	3	5	0	3	2	42	11
2019-20	35	11	2	0	5	2	2	0	44	13
2020-21	15	2	0	0	5	2	1	0	21	4
总计	469	72	48	7	129	15	25	7	671	101

皇马生涯荣誉

西甲冠军
2006-07 2007-08 2011-12 2016-17 2019-20

国王杯冠军
2010-11 2013-14

西班牙超级杯冠军
2008 2012 2017 2019-20

欧冠冠军
2013-14 2015-16 2016-17 2017-18

欧洲超级杯冠军
2014 2016 2017

世俱杯冠军
2014 2016 2017 2018

→ 拉莫斯5次帮助皇马赢得西甲冠军，4次助皇马赢得欧冠冠军。

初到皇马，拉莫斯背负的压力巨大，他继承了功勋队长耶罗穿过的4号球衣，而他2700万欧元的转会身价，也打破了当时的西班牙后卫身价纪录，并成为那个夏天的西甲转会窗标王。同时，他也是弗洛伦蒂诺第一任期内，引进的唯一的西班牙球员。不过，天生大心脏的拉莫斯并不惧怕压力，很快就适应了新球队，并且迅速成为球队重要一员。

效力皇马初期，拉莫斯也经历了位置调整，他既可以出任中卫，也能够出任右后卫。与边路快马相比不落下风的速度，以及在进攻端的天赋，让他在右后卫的位置上十分出彩。而在防守方面，拉莫斯的功力也愈发纯熟。2011/2012赛季，由于卡瓦略受伤，拉莫斯出任中卫，那段时期由他领衔镇守的防线，曾在7场比赛中仅失一球。技术不俗的拉莫斯在出球方面也颇为精湛，这也为球队流畅的进攻提供了可靠的基础。

至此，拉莫斯越来越向中路靠拢，成为世界足坛的超一流中卫。2020年评选的金球奖历史梦之队，拉莫斯入选了第三阵容，在他身前的中卫是贝肯鲍尔与巴雷西两大传奇。而在一些西班牙媒体看来，这位皇马队魂，就是足坛历史最佳后卫。能获得如此评价与地位，只靠防守端的表现或许还不够，拉莫斯对于自己的评价是"一名拥有前锋之心的后卫"。拉莫斯共为皇马打入了101

皇家荣耀 | 皇家马德里传奇功勋志

↑ 2013/2014赛季欧冠决赛，拉莫斯在补时阶段头球破门，帮助皇马扳平比分。皇马加时4比1战胜马竞，夺得冠军。

皇马生涯个人荣誉

国际足联世界最佳阵容
2008　2011　2012　2013　2014
2015　2016　2017　2018　2019
2020

欧足联年度最佳阵容
2008　2012　2013　2014　2015
2016　2017　2018　2020

欧冠赛季最佳阵容
2013-14　2015-16　2016-17　2017-18

欧冠赛季最佳后卫
2016-17　2017-18

西甲赛季最佳后卫
2011-12　2012-13　2013-14　2014-15　2016-17

世俱杯最佳球员
2014

世俱杯最佳射手
2014

粒进球，并且后期进球数据尤其突出。当然，这与C罗离队后，拉莫斯成为第一点球手的缘故。而曾经连续命中25粒点球，何尝不是"大心脏"的另一种体现呢？除了欧冠赛场，拉莫斯也经常在联赛中挺身而出，在关键时刻建功。2020年，西甲在经历停摆后恢复比赛，拉莫斯甚至一度成为联赛重启后的最佳射手。

2015年卡西利亚斯离队后，拉莫斯接过队长袖标。在拉莫斯担任队长期间，皇马完成了欧冠三连冠的霸业！此前，还没有球队在欧冠改制后实现卫冕。其中，拉莫斯的领袖角色起到了至关重要的作用。2015/2016赛季欧冠决赛，拉莫斯开场仅15分钟就完成破门，帮助皇马领先了大半场，并且在点球决战中第四个出场，一蹴而就。而在皇马陷入成绩危机时，拉莫斯也能主动召集队友开会，鼓励全队走出困境。天生领袖，当是如此。

关于拉莫斯的领袖气质，或许西班牙教头卡帕罗斯很有发言权，拉莫斯初到塞维利亚一线队时，卡帕罗斯正是当时的主帅。

"拉莫斯有着极为鲜明的个性，总能做出别人不敢做的事情。队里当时不乏性格火暴的球员，训练中经常有摩擦，但拉莫斯总是站出来说'我在这里呢'。

2017/2018赛季欧冠联赛，皇马在决赛中3比1战胜利物浦，实现欧冠三连冠伟业。赛后拉莫斯亲吻奖杯。

拉莫斯就是天生的领袖，他那时就是个年轻的'老兵'。"拉莫斯的强势个性，从卡帕罗斯的回忆中可见一斑，而他在赛场上的强势性格，也自然会在一些时候成为"双刃剑"。离开皇马时，拉莫斯在俱乐部生涯中已经吃到26张红牌和226张黄牌，全都打破了西甲纪录，而他那时的40黄4红，也同样是欧冠联赛的纪录。

在这当中，自然不乏"经典场景"：2010/2011赛季首回合国家德比，皇马客场0比5不敌巴萨，拉莫斯终场前因踢倒梅西被罚下，还在离场前推倒了哈维等人。几个月之前，他和哈维还作为队友，帮助西班牙捧回大力神杯。那是拉莫斯身着皇马球衣在西甲联赛吃到的第10张红牌，让他追平耶罗，成为皇马队史联赛被罚下次数最多的球员。而区别是，耶罗用了439场，而拉莫斯只用了175场。

如此个性的另一面，则是铁血的意志。2006/2007赛季欧冠联赛，拉莫斯在皇马与拜仁的比赛中，和拜仁前锋马凯相撞，鼻部受伤。意志坚韧的拉莫斯不希望在赛季关键期缺席比赛，硬是挺到了6月才接受手术治疗。手术完成后，主刀医生动容地对拉莫斯的家人说："看到他鼻子的情况，我感觉这个小伙子实在是太可敬了。他这种状态连呼吸都很困难，换成常人甚至无法正常工作，但他居然还能进行高强度的运动！"

正是如此个性，让拉莫斯成为皇马阵中无可辩驳的中流砥柱和精神领袖。每当皇马陷入绝境、球迷呼唤逆转到来时，"华尼托精神"就是皇马人最值得依赖的力量源泉。而在很多人眼中，天生大心脏的队魂拉莫斯，就是"华尼托精神"的最佳继承人。与当年的华尼托一样，拉莫斯离开皇马时，既有无奈也有不甘，告别发布会上动情落泪的一幕，令人神伤。尽管如今卸下了白色战甲，但拉莫斯与英魂永驻伯纳乌的前辈一样，已经将这份顽强不屈战斗到底的精神，传承给了皇马的后来人。

皇家荣耀 | 皇家马德里传奇功勋志

双面武僧

Pepe 佩佩

皇家档案

佩佩

Kepler Laveran Lima Ferreira

别名	Pepe
生日	1983.2.26
国籍	葡萄牙/巴西
身高	1.87米
位置	中后卫

远看像光头的圆寸发型，凶狠凌厉的目光，一副恶汉模样——在中国，佩佩有个与其外在形象极为贴切的外号：武僧。

球风粗野、场上的"暴力分子"，近些年球风有所收敛的佩佩，或许已经很难改变人们对他的印象。不过初入皇马时，佩佩给人的第一印象只是"天价后卫"。2007年夏天，皇马宣布佩佩从葡超波尔图转会而来，转会费高达3000万欧元。当时，佩佩的身价打破了之前拉莫斯创造的皇马队史后卫引援身价纪录，并且成为那个时代的第三身价中卫，仅次于费迪南德和图拉姆。

作为中后卫，佩佩爆发力强、速度快、防守能力出众，他的选位合理而精准，一对一防守能力尤其出色。而上乘的头球能力，也让他在定位球进攻时威胁十足。不过，刚来皇马时，佩佩还有一段"水土不服"的经历。西班牙超级杯皇马对阵塞维利亚的次回合比赛，佩佩不仅手球送点，还在终场前被罚下。此后，佩佩又因为伤病缺阵两个月，更令外界对他质疑不断。好在翻身仗来得不算晚，当赛季联赛首回合国家德比，皇马1比0战胜巴萨，与卡纳瓦罗组成中卫搭档

118

← 2015/2016赛季欧冠决赛，皇马点球战胜马竞，夺得冠军，佩佩怒吼庆祝。

的佩佩表现极佳，多次关键抢断和解围，完全限制住了埃托奥，那场比赛他也被评为全场最佳球员。

随着佩佩在皇马的位置越发稳固，他趋向"暴躁"的球风逐渐成为外界关注的焦点。佩佩的防守动作很大，而且时常控制不住脾气，最终酿成大错。2008/2009赛季西甲第32轮，皇马3比2战胜赫塔费，终场前赫塔费的卡斯克罗接到妙传突入禁区，没能拦住传球的佩佩用手将卡斯克罗推倒，又情绪失控地猛踢对方两脚，随后还攻击了前来抗议的赫塔费球员。佩佩因此被禁赛10场，而皇马在最后5轮联赛中也连输5场，无力向榜首的巴萨发起冲击。

对于佩佩，葡萄牙中卫卡瓦略如此评价："场外，佩佩是个很安静的人，不怎么说话。而进入球场，他就像变了一个人，这是他的特质之一。"而佩佩自己也曾给出解释："从对阵赫塔费的那场比赛开始，人们就给我打上了粗暴的标签。但我是个希望在场上一对一的球员，我的风格从未改变，我会为了保护球门而尽我所能。"赛场之外，佩佩与妻子、爱女一同出行的场景常常被媒体捕捉，画面温馨有爱，这与他的比赛风格形成极大反差。

话虽如此，在那次事件之后，虽然佩佩在场上仍然火气十足、防守凶悍，但他在皇马效力后期的红黄牌数量都已经有所控制。2015/2016赛季，佩佩达到了个人职业生涯的巅峰。当赛季他又一次帮助皇马赢下了欧冠冠军，并且与C罗一同带领葡萄牙队赢得2016年欧洲杯冠军，他还当选那届欧洲杯决赛的最佳球员。

佩佩确有粗暴鲁莽的一面，但队友和拥趸也都对他投入比赛的精神不吝赞赏。媒体人龙塞罗评价称："佩佩在10年间勇猛地捍卫了皇马的队徽。他犯过错，可很多人其实是想将他妖魔化。他看起来彪悍，但他是个真诚而感性的人。为皇马效力的最后五六年，他没做出令人指责的行为。诺坎普全场喊他'杀手'时，他亲吻皇马的队徽，以此回应。"

有些遗憾的是，佩佩离开皇马时，也同样心有不甘。由于年过而立，且效力皇马的最后一个赛季伤病频发，佩佩没有得到期望中的两年合同。但欣慰之处在于，离开皇马7年后，已经年过40的佩佩，仍然以饱满的状态屹立于赛场之上。

俱乐部生涯

2002-2004	马德拉航海	63场3球
2004-2007	波尔图	87场8球
2007-2017	皇家马德里	334场15球
2017-2018	贝西克塔斯	52场7球
2019-2024	波尔图	201场9球

皇马生涯统计

赛季	联赛 出场	联赛 进球	国内杯赛 出场	国内杯赛 进球	外战 出场	外战 进球	总计 出场	总计 进球
2007-08	19	0	3	0	3	0	25	0
2008-09	26	0	1	0	5	0	32	0
2009-10	10	1	1	0	6	0	17	1
2010-11	26	1	4	0	8	0	38	1
2011-12	29	1	7	0	9	0	45	1
2012-13	28	1	3	0	11	1	42	2
2013-14	30	4	7	1	11	0	48	5
2014-15	27	2	2	0	9	0	38	2
2015-16	21	1	1	0	9	0	31	1
2016-17	13	2	2	0	3	0	18	2
总计	229	13	31	1	74	1	334	15

皇马生涯荣誉

西甲冠军
2007-08　2011-12　2016-17

国王杯冠军
2010-11　2013-14

西班牙超级杯冠军
2008　2012

欧冠冠军
2013-14　2015-16　2016-17

欧洲超级杯冠军
2014

世俱杯冠军
2014　2016

皇马生涯个人荣誉

欧冠赛季最佳阵容
2013-14

→ 技术全面的佩佩，在加盟皇马时被认为是"现代型中卫"的代表。

皇家荣耀 | 皇家马德里传奇功勋志

马塞洛 Marcelo
冠中之冠

皇家档案

马塞洛
Marcelo Vieira da Silva Junior

生日	1988.5.12
国籍	巴西/西班牙
身高	1.74米
位置	左后卫

在皇马锁定2021/2022赛季西甲联赛冠军之后，马塞洛也达成了一项新成就——在皇马这支冠军之师的漫漫岁月中，他超越老前辈亨托，以24个冠军数独享队史冠军最多球员的殊荣。当然，这个数字在2022年5月28日的欧冠决赛后，又变成了25个。为皇马效力15年，马塞洛从那个刚满18岁的毛头小伙，变成了荣誉等身的队长和领袖。

2006年11月，时任皇马主席卡尔德隆敲定了马塞洛的加盟，那时巴西小将的定位是罗伯托·卡洛斯的替补。刚刚加盟时，马塞洛在卡佩罗手下很难得到太多表现机会，意大利教头并不希望他过多助攻上前。不过到了2007/2008赛季，马塞洛在左路的放飞之旅，终于开始了。那个赛季，卡洛斯离开皇马，海因策主打中卫，接过教鞭的舒斯特尔十分欣赏马塞洛。多重因素叠加，马塞洛获得了相当稳定的出场时间。作为边后卫，马塞洛的助攻能力十分突出，速度快，控球技术出色，这些优点很快在比赛中显现出来。之后在胡安德·拉莫斯和佩莱格里尼手下，马塞洛位置进一步前移，成为进攻端的重要一员。虽然如此，马塞洛还是没有忘记自己的老本行："我现在打前卫，但我始终是个左后卫。"

与进攻技能相比，马塞洛的防守能力略显薄弱，不过随着时间推移，弱环也在慢慢弥补，他逐渐成为球队的绝对主力。而皇马的中场与后卫群，也总是

← 2022年6月13日，皇马为马塞洛举办致敬告别仪式。马塞洛和皇马主席弗洛伦蒂诺与25座冠军奖杯合影。

俱乐部生涯

赛季	球队	出场/进球
2005-2006	弗鲁米嫩塞	30场6球
2006-2022	皇家马德里	546场38球
2022-2023	奥林匹亚科斯	10场3球
2023-2024	弗卢米嫩塞	61场5球

皇马生涯统计

赛季	联赛 出场	联赛 进球	国内杯赛 出场	国内杯赛 进球	外战 出场	外战 进球	总计 出场	总计 进球
2006-07	6	0	0	0	0	0	6	0
2007-08	24	0	2	0	6	0	32	0
2008-09	27	4	2	0	5	0	34	4
2009-10	35	4	2	0	6	0	43	4
2010-11	32	3	6	0	12	2	50	5
2011-12	32	3	5	0	7	0	44	3
2012-13	14	0	3	0	2	1	19	1
2013-14	28	1	4	0	7	1	39	2
2014-15	34	2	5	1	14	1	53	4
2015-16	30	2	0	0	11	0	41	2
2016-17	30	2	4	0	13	1	47	3
2017-18	28	2	2	0	14	3	44	5
2018-19	23	2	4	0	7	1	34	3
2019-20	15	1	4	1	4	0	23	2
2020-21	16	0	1	0	1	0	19	0
2021-22	12	0	3	0	3	0	18	0
总计	386	26	46	3	114	9	546	38

皇马生涯荣誉

西甲冠军
2006-07　2007-08　2011-12
2016-17　2019-20　2021-22

国王杯冠军
2010-11　2013-14

西班牙超级杯冠军
2008　2012　2017　2019-20　2021-22

欧冠冠军
2013-14　2015-16　2016-17　2017-18　2021-22

欧洲超级杯冠军
2014　2016　2017

世俱杯冠军
2014　2016　2017　2018

皇马生涯个人荣誉

欧足联年度最佳阵容
2011　2017　2018

国际足联世界最佳阵容
2012　2015　2016　2018　2019

欧冠赛季最佳阵容
2010-11　2015-16　2016-17　2017-18

→ 2017-18赛季，皇马完成欧冠三连冠伟业，马塞洛手捧奖杯庆祝。

能在马塞洛飞驰于前场时，在身后为其保驾护航。皇马5年四夺欧冠冠军的时期，也是马塞洛职业生涯的巅峰期，这位巴西左后卫多次在关键时刻发挥了重要作用。

2013/2014赛季的欧冠决赛，马塞洛加时赛的进球，基本浇灭了马竞翻盘的希望。而2017年，相同的舞台，马塞洛在第90分钟底线突破送出妙传，助攻阿森西奥破门，为皇马彻底锁定胜局。一年之后皇马与利物浦决战基辅，又是马塞洛送出的传中，帮助贝尔打入了超出比分的精彩倒勾。皇马实现欧冠三连冠伟业，马塞洛的功绩不可忽视。

而由于加盟皇马时间较早，早在2011年，马塞洛的队长顺位就排在了卡西利亚斯与拉莫斯之后，成为第三队长。性格外向开朗的马塞洛总能活跃队内气氛，也最喜欢在更衣室里分享音乐，而这并不妨碍他在队中发挥领袖作用。对于年轻球员，尤其是自己的巴西小老乡，马塞洛一向关照有加。2021年夏天，拉莫斯离队，马塞洛成为新一任队长，这是皇马自1904年以来首次由外籍球员担任第一队长。2021/2022赛季的欧冠决赛，马塞洛没有登场，但他一直在鼓励年轻球员，尽到了队长的职责。他说："我赢得了5个欧冠冠军，参加了4次欧冠决赛。最后一次我虽然没有登场，但我感觉自己在这一次中最重要。"

随着年龄渐长，马塞洛助攻上前和回防后撤时，已很难像年轻时从容。索拉里执教时就曾坐冷板凳的马塞洛，在齐达内二进宫之后也逐渐让出主力位置。

但每当回想起2016/2017赛季，那段马塞洛的高光时期，他总是人们眼中那个不知疲倦，甚至不需要替补，却始终在场上绽放笑容的"左路旋风"。2022年夏天，马塞洛合同到期离队，他在发表临别感言时动情落泪，却又在之后的发布会上不乏风趣幽默。对于马塞洛，《阿斯报》前主编雷拉尼奥的一句评价很是恰当——他的足球，是纯真的微笑。

皇家荣耀　皇家马德里传奇功勋志

C罗
Cristiano Ronaldo
霸道总裁

2009 年到 2018 年，C 罗的皇马生涯，浓缩了足球世界的一个时代。从梅罗相争，皇萨宿敌斗法，到西甲统治欧战。对 C 罗个人来说，这是其职业生涯最巅峰的 9 年，球迷们在此期间见证了他技术日臻成熟，变得更全能、更稳定、更致命；对皇马而言，这是银河战舰二期逆袭巴萨梦三，重新登上历史顶峰的辉煌历程。

其实从 2007 年开始，C 罗就与当时的皇马主席卡尔德隆达成默契，伯纳乌将是他的下一站。但在恩师弗格森的坚决挽留下，C 罗暂时留在了英格兰。2008 年，他在曼联拿到职业生涯第一座欧冠奖杯和第一个金球奖。这显然不是他梦想的终点，对于自小立志成为世界第一的 C 罗来说，他必须踏上一个更大的舞台。

2009 年欧冠决赛输给巴萨，是 C 罗红魔生涯的终点，也是他向巴萨和梅西发起直接挑战的起点。2009 年 7 月 6 日，伯纳乌球场坐满了 8 万名球迷，这不是国家德比，也不是一场万众瞩目的重要比赛，"美凌格们"只是在等待一个人的到来——克里斯蒂亚诺·罗纳尔多。9400 万欧元，C 罗打破了足坛转会费的世界纪录。在皇马功勋迪斯蒂法诺和葡萄牙传奇尤西比奥的见证下，C 罗穿上

皇家档案

克里斯蒂亚诺·罗纳尔多
Cristiano Ronaldo dos Santos Aveiro

生日	1985.2.5
国籍	葡萄牙
身高	1.87米
位置	前锋

← 2014年5月24日欧冠决赛，皇马4比1击败马竞夺冠，C罗在加时赛罚入点球后脱掉上衣庆祝，露出钢铁般的肌肉线条。

俱乐部生涯

2002-2003	里斯本竞技二队	2场0球
2002-2003	里斯本竞技	31场5球
2003-2009	曼联	292场118球
2009-2018	皇家马德里	438场450球
2018-2021	尤文图斯	134场101球
2021-2022	曼联	54场27球
2023-	利雅得胜利	68场62球

皇马生涯统计

赛季	联赛出场	联赛进球	国内杯赛出场	国内杯赛进球	欧战出场	欧战进球	其他出场	其他进球	总计出场	总计进球
2009-10	29	26	0	0	6	7	-	-	35	33
2010-11	34	40	8	7	12	6	-	-	54	53
2011-12	38	46	5	3	10	10	2	1	55	60
2012-13	34	34	7	7	12	12	2	2	55	55
2013-14	30	31	6	3	11	17	-	-	47	51
2014-15	35	48	2	1	12	10	5	2	54	61
2015-16	36	35	0	0	12	16	-	-	48	51
2016-17	29	25	2	1	13	12	2	4	46	42
2017-18	27	26	0	0	13	15	4	3	44	44
总计	292	311	30	22	101	105	15	12	438	450

↓ 2009年7月6日，C罗在伯纳乌正式亮相。在皇马功勋迪斯蒂法诺和葡萄牙传奇尤西比奥的见证下，C罗向现场的8万名球迷展示球技。

从小梦寐以求的白色球衣，亲吻队徽，高喊"Hala Madrid（前进马德里）！"从那一刻开始，这位未来的皇马队史最伟大射手，开始了走向世界巅峰的旅程。

勤奋天才

C罗火了三年又三年，欧冠冠军和金球奖拿了一个又一个，和他共事的教练和队友，无论关系远近，谈到他的求胜欲望和职业精神，都只有大写的叹服。毫无疑问，这两大精神特质，是除了足球天赋以外，驱使他不断成功的最大动力。而C罗贫寒的家庭出身，和他伟大的职业成就，又正好形成了极为强烈的反差。

C罗出生在葡萄牙"乡下"马德拉岛首府丰沙尔。谁能想到，日后这个地方因为C罗而变得世界闻名。父亲若泽·迪尼斯·阿韦罗是个园丁，母亲玛莉亚·多洛蕾丝·多斯桑托斯是个厨娘。C罗家兄弟姐妹一共4个，两个姐姐，一个哥哥，C罗最小。尽管家里物质条件并不充裕，C罗还是得到了最多疼爱。不过，令人惊奇的是，C罗的诞生，却完全在阿韦罗家的计划之外。

C罗父亲阿韦罗年轻时曾加入葡萄牙军队，参与镇压安哥拉独立战争，战败回国后，阿韦罗患上了战后心理综合征，并染上酗酒恶习，经常对妻子拳打脚踢。加上夫妻二人收入微薄，有了3个孩子后，当多洛蕾丝怀上C罗，她其实并不打算把孩子生下来。多洛蕾丝去找医生堕胎，遭到拒绝后，她开始大量喝酒、满街疯跑，想让肚子里的胎儿流产。

幸好"事与愿违"，C罗平安出生，健健康康。也许，C罗强大的抗争意识和不服输精神，在娘胎里就已开始酝酿。父亲给他取名罗纳尔多，这与巴西球星罗纳尔多并无关系，实际上罗纳多是"罗纳德"的葡语变体，阿韦罗的偶像是美国总统罗纳德·里根，C罗出生几个月前，里根刚刚成功连任。

C罗从7岁开始加入丰沙尔一家名叫安多里尼亚的小球会，因为父亲在那

皇家荣耀 | 皇家马德里传奇功勋志

→ 2016年4月12日，皇马在欧冠1/4决赛次回合3比0击败沃尔夫斯堡，以总比分3比2实现大逆转。C罗是役独中三元，他在罚入任意球完成帽子戏法后激情滑跪庆祝。

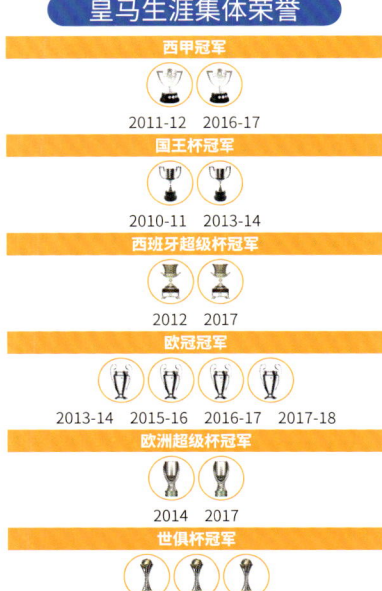

皇马生涯集体荣誉

西甲冠军
2011-12　2016-17

国王杯冠军
2010-11　2013-14

西班牙超级杯冠军
2012　2017

欧冠冠军
2013-14　2015-16　2016-17　2017-18

欧洲超级杯冠军
2014　2017

世俱杯冠军
2014　2016　2017

皇马生涯个人荣誉

金球奖
2013　2014　2016　2017

世界足球先生
2016　2017

欧洲足球先生
2013-14　2015-16　2016-17

葡萄牙足球先生
2009　2011　2012　2013
2015　2016　2017　2018

欧洲金靴奖
2010-11　2013-14　2014-15

西甲最佳射手
2010-11　2013-14　2014-15

西甲最佳球员
2013-14

西甲最佳前锋
2013-14

西甲最佳阵容
2013-14　2014-15　2015-16

迪斯蒂法诺奖（《马卡报》评选的西甲最佳球员）
2011-12　2012-13　2013-14　2015-16

欧冠最佳射手
2012-13　2013-14　2014-15
2015-16　2016-17　2017-18

欧冠最佳前锋
2016-17　2017-18

欧足联最佳阵容
2009　2010　2011　2012　2013
2014　2015　2016　2017　2018

普斯卡什奖
2009

皇马历史射手王
450球

里兼职当球衣管理员。后来父亲为了照顾儿子学球，辞掉了园丁的工作，全职在安多里尼亚上班。

所谓"不疯魔不成活"，足球几乎是C罗的全部。他对胜利异常执着，无论什么比赛，他都要赢，如果没赢他就会不停地哭。当时少年队的队友里卡多·桑托斯回忆C罗称："他非常享受胜利，如果没赢，他就哭。他经常哭，以至于我们给他取了个外号叫'爱哭鬼'。"在安多里尼亚学艺两年后，C罗去了马德拉另一家俱乐部国民，在那里他的天赋开始崭露头角。12岁那年，为了进一步提高球技和改善家人生活，C罗做出了人生第一个重大决定——离开马德拉，去里斯本踢球。这背后还有一段传奇故事，当年C罗和好友阿尔伯特·范特劳在球场踢球，突然走来一名球探说："今天你们谁进球多，我就带他去里斯本竞技学院。"

那场比赛C罗的球队3比0获胜，C罗打进第一球，范特劳进了第二个，当范特劳单刀面对门将有机会打进第三球时，他把球传给了C罗，后者轻松梅开二度。被问起这次影响两人一生命运的助攻时，范特劳说道："因为克里斯蒂亚诺比我更好。"后来，范特劳没有成为职业球员，甚至没有工作，但他却拥有一所漂亮的房子，和家人过着富足的生活，这都是C罗对那次助攻的回报。

由于背井离乡，远离家人，C罗一开始在里斯本经常以泪洗面，这使他又一次被同学和队友叫作"爱哭鬼"。但就是在这种情况下，C罗养成了坚韧不拔的精神。他每天加练，以球为伴，因为踢球可以帮他排解孤独。同时他越来越厌恶到班里上课，他向母亲恳求，让他不用回学校，因为同学们瞧不起他，嘲笑他的"乡下口音"，甚至老师也一样。有一次C罗向笑话他的老师扔了一把椅子，不出意外，他被学校开除了。

化愤怒为动力，C罗开始加倍训练。那时候，他还在身体发育阶段，结果过度训练和心理强压带来了副作用，他的心血管无法承受如此之大的运动量。很少被人提起的是，拥有一颗"大心脏"的C罗，曾经差点因为心脏问题而面临提早退役。里斯本竞技和C罗的家人商量后，决定为C罗做手术，幸运的是手术很成功，C罗的心血管问题得到解决，他可以继续踢球了。

16岁那年，C罗长期打磨的球技开始绽放光芒。时任里斯本竞技主帅拉斯洛·博洛尼被C罗出色的盘带技术打动，破格把他招进一队。结果C罗在2002/2003赛季连升四级，成为首个单赛季分别效力于U16、U17、U18、二队和一队的里斯本竞技球员，那一季，年仅17岁的C罗代表葡超豪门出场31次，打进5球。2003年8月的一场季前热身赛，C罗再一次迎来命运转折，在对阵曼联的比赛中，他把英超冠军耍得七荤八素，最终里斯本竞技3比1获胜，赛后，曼联球员建议弗格森签下C罗，弗格森也说："他是我见过的最让人激动的球员之一。"

C罗是幸运的，在曼联6年，弗格森对他悉心栽培，让他从只会"花拳绣腿"的愣头青，成长为金球巨星。2007/2008赛季，C罗49场比赛攻进42球，帮助曼联夺得英超和欧冠两大冠军，个人则捧起职业生涯第一个金球奖。一年后，曼联再次打进欧冠决赛，但在罗马奥林匹克球场，C罗和曼联队友们成了瓜迪奥拉梦三队的背景板。C罗知道，他最大的梦想和一生的对手都在西班牙等着他。

纪录狂人

2009年夏天，巴萨夺得三冠王，而皇马经历了四大皆空的赛季，弗洛伦蒂诺以救世主身份回归。"老佛爷"大手一挥，C罗、卡卡、本泽马、哈维·阿隆索、阿尔比奥尔纷至沓来，银河战舰二期组建完成。对C罗来说，加盟皇马的喜悦已然冲淡了欧冠决赛的失意，但在他面对的挑战绝不轻松。

加盟首个赛季，C罗充分展现了超强的个人能力，头球、远射、抢点、突破、高速奔袭，几乎无所不能。可惜由于受伤病影响，C罗和卡卡都缺席了不少比赛，这也是C罗皇马生涯出勤率最低的一个赛季。最终，皇马还是没能逃过四大皆空的命运，佩莱格里尼的球队虽然刷出破纪录的38轮102球，却只能以3分之差屈居亚军。C罗各线35场打进33球，然而，要想击败如日中天的梅西和巴萨，这般恐怖的进球效率还远远不够。

C罗是最不服输的，对手越强，只会刺激他变得更强。2010年夏天，刚在伯纳乌夺取欧冠冠军的穆里尼奥君临皇马，球队同时引进了厄齐尔和迪马利亚两大助攻手，C罗如虎添翼。穆里尼奥的球队在联赛中几乎复制了上一赛季的表现，同样打入了102球，C罗各项赛事54场53球，刷新个人生涯新高。但皇马还是以4分之差不敌巴萨，欧冠赛场也被死敌在半决赛淘汰。

当时，皇马和巴萨17天内三线大战4场，皇马只赢了其中一场——国王杯决赛。皇马平素对这项赛事并不重视，但毕竟是从巴萨手中夺得，意义自然非同一般。决赛中，为皇马打进制胜一球的正是C罗，他在加时赛接迪马利亚的左路传中，高高跃起头球破门。虽然皇马赛季收官时只拿到国王杯冠军，但C罗以40个联赛进球首次拿到西甲金靴，这也让他和球队都收获了自信：瓜迪奥拉的巴萨并非不可战胜。

2011/2012赛季，皇马终于以创纪录的100个积分和121个进球称雄西甲，尤其在第35轮榜首大战2比1击败

2018年4月3日，皇马在欧冠1/4决赛首回合客场3比0击败尤文，C罗打进一粒惊世骇俗的倒勾进球。

2017年10月23日，在伦敦举行的世界足球先生颁奖典礼上，"绝代双骄"C罗和梅西谈笑风生。最终C罗凭借在皇马的出色表现，以压倒性优势当选。

巴萨，彻底杀死了冠军悬念。C罗再次打入制胜球，并对诺坎普做出"安静"手势。皇马最终以9分优势夺冠，可惜欧冠赛场皇马在点球大战惜败拜仁，连续两年倒在半决赛。

2012/2013赛季瓜迪奥拉离开巴萨，这本应是皇马大展拳脚的好时机，然而球队却不幸陷入内耗。穆里尼奥再次验证了"穆三年"循环，将帅之间出现裂痕，更衣室泄密、抓内鬼等负面新闻层出不穷。尽管如此，C罗的发挥并没有受到太大影响，各线55场打入55球，还以12球夺得欧冠金靴。

经历了穆里尼奥3年的高压统治后，皇马将帅印交给了"老好人"安切洛蒂，巴萨则因为比拉诺瓦病情恶化，主帅位置出现动荡。随着帅位更迭，皇马的阵容也出现了很大变化，过去3年给C罗助攻最多的厄齐尔被送走，但从热刺签下了英超王牌贝尔，BBC组合正式成型。

随着贝尔的加盟，安切洛蒂把前任的4231阵形改成433阵形，更大程度地释放球队的进攻潜能。皇马当赛季虽然仅排名联赛第三，但打进104球，比和冠军马竞和亚军巴萨都要多。安切洛蒂不愧创造过"四10号"阵形，皇马在BBC、阿隆索和莫德里奇之外，中场还派上迪马利亚或者伊斯科，而两名边卫卡瓦哈尔和马塞洛都是助攻更突出的类型。在这样的背景下，球队的火力点更加分散，整体攻击力更有保障。虽然C罗的联赛进球有所下降，但依然

包揽了西甲和欧冠金靴，并以17球刷新欧冠单季进球纪录。欧冠和国王杯这两座沉甸甸的奖杯，为那个赛季的皇马写上完美结局。28岁的C罗，迎来了竞技生涯巅峰。

值得一提的是，国际足联主席布拉特在2013年的一次采访中，调侃C罗张扬的作风"像一名指挥官"，梅西则是乖乖宝形象。这让C罗憋了一股劲，那段时间他每逢进球就会做出指挥官敬礼动作，回敬布拉特的调侃。在年底的国际足联金球奖颁奖典礼上，C罗在布拉特的注视下接过金球奖杯，并上演了名场面，致谢完后大吼一声："Siuuu！" C罗用完美的表现和成绩，狠狠打了不尊重他的人的脸。

完美蜕变

C罗和梅西之所以是"绝代双骄"，就是因为两人你来我往，一时瑜亮。2014/2015赛季，C罗再次包揽西甲和欧冠金靴，创造了职业生涯最高进球纪录（54场61球）。但皇马的赛季虎头蛇尾，巴萨则第二次实现三冠王，BBC被MSN压了过去。这时C罗和皇马永不服输的精神再次体现。2015/2016赛季齐达内中途接替贝尼特斯，皇马的更衣室重新找到凝聚力，贝尔和C罗的核心之争被搁置，皇马在欧冠赛场一路高歌猛进，最终夺冠。

同时，齐达内也找到了他的冠军方程式。C罗在2016年欧洲杯决赛受伤之后，迟迟无法找到最佳状态，面对舆

> 2017年12月9日，C罗在主场对阵塞维利亚赛前，向伯纳乌球迷展示自己的五座金球奖奖杯。

论压力，齐达内一直对C罗给予绝对信任，同时劝服后者在一些次要比赛接受轮换，把最好的状态留给赛季冲刺阶段。接下来连续两季，C罗都是上半季蛰伏，下半季才迎来爆发。2016/2017赛季C罗前半季只有7个进球，高光演出发生在4月份之后：欧冠1/4决赛对拜仁两回合打入5球，半决赛对马竞上演帽子戏法，决赛对尤文梅开二度。

可以明显感觉到，以2016年那次左膝韧带受伤为界，C罗失去了不少"威力"。在皇马生涯后半段，C罗逐渐减少了暴力轰门，像2011/2012赛季远程世界波后秀大腿肌肉庆祝的场面不再多见。同时，他也慢慢接受位置的转变，从原来主导整个左路进攻，到更多深入禁区包抄抢点，发挥自己的意识和经验优势。任意球主罚方式也从过去标志性的"电梯球"，变为弧线球或以瞄准人墙缝隙为主的半高球、弹地球。回顾C罗职业生涯，他的任意球进球高峰基本集中在22-31岁（2007-2016年），刚好和他的风格转变期同步。

C罗年轻时，曾有运动学专家分析认为，他的大力射门动作对膝盖影响很大，随着年龄增长，C罗逐渐调整踢球方式，既保证了进球输出，又延长了运动生涯，其实这是一种非常自律和职业的表现。同时，他对饮食和训练的严格控制也达到了恐怖的程度，不少队友都吐槽，去C罗家做客别想吃美味佳肴，搞不好还得陪他训练。而立之年后C罗虽然失去了一些力量优势，但他射门和跑动的感觉却有增无减。在皇马的最后两年，一个明显的变化是C罗在禁区内的进球更多了，且射门多是一脚触球，在正确的时间出现在正确的地点，完成致命一击。

当然这也和教练的战术安排有关，但皇马的战术不正是围绕C罗的特点来构建的吗？颇具代表性的是，2016/2017赛季、2017/2018赛季，C罗最关键的几个欧冠淘汰赛进球，都是禁区杀手的经典教学范例，对手包括拜仁、巴黎、尤文和马竞等强敌。这种球星和战术的相辅相成，是皇马走向成功的关键。毕竟作为"银河战舰"，球星或许比教练的战术更重要，无怪乎"战术大师"贝尼特斯在皇马惨淡收场，而他的前任和后任都取得了历史性伟大成就。安切洛蒂和齐达内被球迷奉为"玄学"大师，因为他们懂得在场上踢比赛的是人，而不是执行指令的机器。

尽管C罗非常职业，但也许是看到他无法在一个漫长赛季持续保持巅峰状态，2018年欧冠决赛后"老佛爷"没有对C罗的加薪要求让步。最终C罗以1亿欧元转会费转投尤文，比他2009年加盟时还高。失去为球队效力9年打进450球的队史最佳射手，球迷会有不舍，球队会生动荡，但这未尝不是一个最好的告别方式。C罗已经把他最美好的岁月留在皇马，球迷们也会在回首这段辉煌历史的时候，永远记住一个最完美的C罗。

皇家荣耀 | 皇家马德里传奇功勋志

2022年5月4日，本泽马对曼城罚入勺子点球后冲到摄像机前激情咆哮庆祝。

本泽马
Karim Benzema
霸王本色

皇家档案

卡里姆·本泽马
Karim Mostafa Benzema

生日	1987.12.19
国籍	法国
身高	1.85米
位置	前锋

在巴黎的欧冠决赛结束后，本泽马拿着大耳朵杯伸出5根手指，表示这是他在皇马的第5个欧冠奖杯。2022年的夺冠和之前几次的不同在于，这是34岁的本泽马第一次以绝对主角身份，拿到欧洲足坛最具分量的俱乐部冠军。自2009年夏天加盟皇马以来，本泽马见证了银河战舰二期从开端走到现在，在马塞洛约满离队后，他是当年皇马阵容中唯一留下的"孤本"，如今这唯一的"孤本"也远走沙特。

路遥知"马"力，本泽马在皇马的14年，大概可以用"媳妇熬成婆"来简单概括。同龄的锋线竞争对手伊瓜因离开了，BBC中占据主角地位的C罗离开了，比他年轻的贝尔也失去了光彩，这时的本泽马才慢慢显露出杀手本色，以及担纲主角的实力。

本泽马既是年少成名的典型，某种程度上也是大器晚成的佳例。2004年法国U17欧青赛上，他就和本·阿尔法、梅内以及纳斯里被誉为"法国四小天鹅"。

本泽马出生在阿尔及利亚移民家庭，是家里的第六个儿子，排行老七，他

俱乐部生涯		
2004-2006	里昂二队	20场15球
2004-2009	里昂	148场66球
2009-2023	皇家马德里	648场354球
2023-	吉达联合	32场16球

皇马生涯统计

赛季	联赛 出场	联赛 进球	国内杯赛 出场	国内杯赛 进球	欧战 出场	欧战 进球	其他 出场	其他 进球	总计 出场	总计 进球
2009-10	27	8	1	0	5	1	-	-	33	9
2010-11	33	15	7	5	8	6	-	-	48	26
2011-12	34	21	5	3	11	7	2	1	52	32
2012-13	30	11	8	4	10	5	2	0	50	20
2013-14	35	17	6	2	11	5	-	-	52	24
2014-15	29	15	3	0	9	6	5	1	46	22
2015-16	27	24	0	0	9	4	-	-	36	28
2016-17	29	11	3	1	13	5	3	2	48	19
2017-18	32	5	1	1	9	5	5	1	47	12
2018-19	36	21	6	4	8	4	3	1	53	30
2019-20	37	21	3	1	6	5	0	0	48	27
2020-21	34	23	1	0	10	6	1	1	46	30
2021-22	32	27	6	3	12	15	2	2	46	44
2022-23	24	19	5	4	10	4	4	4	43	31
总计	439	238	49	25	133	78	27	13	648	354

↓ 2017年5月10日，马竞在欧冠半决赛次回合总比分2比3落后皇马，随时可能扳平，此时本泽马在底线处施展"凌波微步"，一连突破三名防守球员，制造了皇马第四个进球，彻底扑灭对手气焰。

还有两个弟弟。本泽马的童年在里昂东郊的市镇布龙度过，那里是非洲移民聚居区，三教九流，鱼龙混杂，以治安混乱和犯罪猖獗著称。本泽马没有变成少年罪犯，要感谢父亲哈菲兹的严厉管教，是他阻止了小本泽马与那些不良少年厮混。

8岁的时候，本泽马加入了当地的小俱乐部布龙-泰拉永。10岁时，有一次和里昂少年队踢比赛，本泽马独中两元帮助球队获胜，里昂的球探当即看中了他，不久后就把他签走。在里昂梯队的经历也值得一提，因为那时他就展现了一些日后赖以成功的个性特点。据本泽马在里昂梯队的好友穆尼耶介绍："他（本泽马）14岁的时候水平还很一般，没什么特别……唯一的强项可能就是射门。在那个年龄段里，有些球员就是比其他球员强。有一些东西是教练教不了的。"

本泽马当时的教练瓦莱特回忆道："他那时很瘦，很内向，有点不够自信，似乎从来不会成为焦点。但到16岁他变得完全不一样了。那年8月放完暑假回来，本泽马脱胎换骨，身体长了很多肉，像台机器一样。原来他整个暑假都在练身体。好球员和顶尖球员之间，有时就是这一点细小的差别。他十三四岁时很多教练都不看好他。但那个暑假改变了一切，他成为一颗闪闪发光的钻石。教练们别无选择，只能将他提拔进一队。"

当时，里昂正处在七连冠的王朝时期，队内有不少大牌球星，他们经常拿本泽马开玩笑，因为他曾经是俱乐部的球童，但本泽马没有隐藏自己的野心，他对嘲笑自己的老大哥说："你们别笑了，我是来抢走你们位置的！"这句话在后来成为现实，本泽马在两三年间火速成长为欧洲最炙手可热的新星。

2007/2008赛季，本泽马在对阵曼联的欧冠1/8决赛首回合中发挥出色，要不是最后时刻被特维斯绝平，里昂几乎凭借本泽马的进球击败曼联。赛后，弗

格森马上就想"招安"本泽马,还要在球员通道里找他聊几句,里昂的工作人员不得不把他拉走。弗格森之后甚至去过本泽马家拜访他的父母,然而本泽马自小的偶像是罗纳尔多,他只想去皇马。后来的事情大家都知道了,弗洛伦蒂诺也亲自去了本泽马家,邀请他加盟皇马,并在重新当上皇马主席后,以刷新法甲球员转会身价的3500万欧元签下本泽马。

不过,本泽马只是那年夏天加盟皇马的第三大球星,受到最多关注的是过去两届金球奖得主C罗和卡卡。法国人在皇马的第一个赛季也过得并不顺利,主帅佩莱格里尼更喜欢用伊瓜因和C罗搭档锋线,本泽马有一半场次只能充当替补,整个赛季只打进9球,他迷失了。所谓欲加之罪,媒体不仅批评他懒惰、不积极融入皇马、不学习西班牙语,甚至将他与当年的"坏孩子"阿内尔卡相提并论。

法国队主帅多梅内克也将他排除出2010南非世界杯大名单,他对本泽马的评价是:"C罗很清楚自己的天赋能做什么。本泽马呢?如果他有C罗10%的上进心,就能拿金球奖了。"多梅内克当时没有说错,因为就连他的下一任布兰克也曾委婉地抱怨过本泽马"不习惯努力",提醒他需要减掉体重才能更好发挥天分。皇马主帅穆里尼奥更留下了经典的"猫狗论":"如果你去打猎,你应该带上一条猎狗(伊瓜因),但你身边却只有一只猫,那你只能带着猫出去。"这就是"本泽猫"的出处。

也许很多人认为,C罗在皇马的9年使本泽马活在阴影当中,C罗离开后,本泽马的射手本能才得到最大限度发挥。C罗在时,占据了球队绝大部分进攻资源,本泽马名为中锋,实为专给C罗服务的"假9号"。葡萄牙人在皇马的450个进球中,有47个来自本泽马的助攻,是所有皇马队友中最多的。当然,只把本泽马定义为纯射手或者"喂饼师傅"未免过于狭隘。就像他的历任教练所说,本泽马是个谦逊的人,他的目标是为球队服务,球队需要他扮演任何角色,他都会义无反顾。BBC组合令对手闻风丧胆,不仅因为他们超强的个人能力,更因为三人默契无间的配合令人防不胜防。

本泽马曾经表示:"当你的队友中,有人进球是你的三四倍时,又何来竞争之说?我和C罗之间没有竞争,我的任务是改变比赛。如果我有射门机会,而C罗位置更好

← 2018年5月26日，本泽马在欧冠颁奖仪式上搂住恩师齐达内庆祝。

的话，我会把球传给他，因为我确信他会将球打进。人们都说我帮了C罗很多，但他也帮了我很多，他是给我助攻最多的球员。"

此外，C罗极佳的职业素养，也在无形中影响了本泽马。对此，本泽马的老朋友穆尼耶透露："C罗是卡本泽马的大哥。他曾经跟我说：'C罗就是台机器，总是第一个去健身房，有时也是最后一个离开。他永远在想方设法取得进步。'本泽马看到C罗如此努力，慢慢也开始效仿。本泽马说他现在大部分时间都在健身房度过，饮食很健康，训练很勤快，最终也换来了应有的回报。"

确实，本泽马在C罗离队后，进球数字稳步提升，而正是因为有了日益成熟的维尼修斯和本泽马的珠联璧合，皇马才能延续辉煌的成绩。当然，皇马第14次欧冠加冕，本泽马厥功至伟，他的15个欧冠进球中有10个为淘汰赛所进，含金量极高。尤其是面对巴黎圣日耳曼和切尔西两次上演帽子戏法，充分体现了一名射手的完美素质——组织、串联、移动、最后一击、对球妙到毫巅的把控。对切尔西的两个精彩头球破门，尤其体现了他对腰腹力量和弹跳能力强化训练的效果。难怪温格对本泽马的老当益壮赞誉有加："不得不说，本泽马在30岁以前多了两三千克赘肉。现在他是一名真正的运动员，这也是为什么他是当世数一数二的顶尖前锋。"

在皇马的最后一个赛季，法国射手依然保持着在锋线上的嗜血天性，单赛季各项赛事中打入30球，但仍未帮助皇马从西甲欧冠两条战线上取得冠军。在皇马的大清洗行动愈演愈烈的情况下，还有一年合同的本泽马申请离队，这也意味着弗洛伦蒂诺2009年夏窗组建"银河二期"的引援，已经全部告别。

皇马生涯集体荣誉

西甲冠军
2011-12　2016-17　2019-20　2021-22

国王杯冠军
2010-11　2013-14　2022-23

西班牙超级杯冠军
2012　2017　2019-20　2021-22

欧冠冠军
2013-14　2015-16　2016-17　2017-18　2021-22

欧洲超级杯冠军
2014　2016　2017　2022

世俱杯冠军
2014　2016　2017　2018　2022

皇马生涯个人荣誉

法国足球先生
2011　2012　2014　2021

西甲最佳球员
2019-20　2021-22

西甲最佳射手
2021-22

西甲最佳阵容
2019-20

欧冠最佳球员
2021-22

欧冠最佳射手
2021-22

欧冠助攻王
2011-12

欧冠最佳阵容
2020-21　2021-22

金球奖
2022

欧足联年度最佳球员
2022

→ 2022年5月28日，本泽马在欧冠决赛后带着儿子易卜拉欣跟大耳朵杯合影。

皇家荣耀 | 皇家马德里传奇功勋志

"头"号制高点

Raphael Varane

瓦拉内

皇家档案

拉斐尔·瓦拉内
Raphael Xavier Varane

生日	1993.4.25
国籍	法国/马提尼克
身高	1.91米
位置	中后卫

2021年夏天，皇马迎来了一个忙碌的转会窗。回顾这个夏天，人们或许首先会想起拉莫斯的离开、阿拉巴的到来。瓦拉内9年皇马生涯的悄然结束，似乎没有引起人们太多的注意。就连《马卡报》在做出相关报道时，也只用了寥寥数语。好像瓦拉内的离开，是在为皇马签下姆巴佩扫清财政障碍。

作为皇马球员的瓦拉内，看起来更像是顶级巨星们身后的配角，但回顾近10年的辉煌，瓦拉内绝对是个绕不开的名字。只是时间实在过得太快，快到我们依然不免觉得，那个当年为了准备高中毕业考试，挂掉齐达内电话的17岁"学霸"，还只是一个年少有为的小字辈，而非满载荣誉完成谢幕的新一代传奇。

登上皇马的舞台不久，瓦拉内就接过了属于他的主角剧本。刚成年就被皇马签下，法国人原本只被当成对未来的投资，但在2012/2013赛季，瓦拉内登陆西甲的第二年，就以19岁的年纪成为皇马阵中的第三中卫，甚至力压巅峰期的阿尔比奥尔，出乎不少人的意料。而随着佩佩年龄逐渐增大，瓦拉内的接班更像是顺理成章，而非皇马对于出色年轻人的奖励。

← 2018年5月27日，瓦拉内在伯纳乌的欧冠庆典中头顶大耳朵杯，庆祝俱乐部第13次欧冠称雄，这也是他个人第4座欧冠奖杯。

俱乐部生涯

2010-2011	朗斯	24场2球
2011-2021	皇家马德里	360场17球
2021-2024	曼联	95场2球

皇马生涯统计

赛季	联赛 出场	联赛 进球	国内杯赛 出场	国内杯赛 进球	欧战 出场	欧战 进球	总计 出场	总计 进球
2011-12	9	1	2	1	4	0	15	2
2012-13	15	0	7	2	11	0	33	2
2013-14	14	0	2	0	7	0	23	0
2014-15	27	0	5	2	14	0	46	2
2015-16	26	0	0	0	7	0	33	0
2016-17	23	1	3	1	13	2	39	4
2017-18	27	0	3	0	14	0	44	0
2018-19	32	2	4	0	7	0	43	2
2019-20	32	2	3	1	8	0	43	3
2020-21	31	2	1	0	9	0	41	2
总计	236	8	30	7	94	2	360	17

皇马生涯集体荣誉

西甲冠军
2011-12　2016-17　2019-20

国王杯冠军
2013-14

西班牙超级杯冠军
2012　2017　2019-20

欧冠冠军
2013-14　2015-16　2016-17　2017-18

欧洲超级杯冠军
2014　2016　2017

世俱杯冠军
2014　2016　2017　2018

皇马生涯个人荣誉

国际足联世界最佳阵容
2018

欧足联年度最佳阵容
2018

欧冠赛季最佳阵容
2017-18

→ 2018年5月26日，在瓦拉内的凶悍防守下，菲尔米诺面露惊惧之色。

瓦拉内接过皇马后防线的大旗，看似不知不觉，实则循序渐进。在他积累经验不断成长的道路上，经典之作频频上演。2013年初，皇马在国王杯半决赛迎来巴萨，未满20岁的瓦拉内代表皇马首发。对位巅峰期的梅西，年轻的他毫无惧色。比赛行至关键阶段，他的关键防守避免了巴萨打进第二球，随后又大力头槌攻门将比分扳为1比1。次回合来到诺坎普，继续首发的瓦拉内又为皇马头球破门，挑剔的穆里尼奥也为他送上好评。瓦拉内的争顶能力和回追速度皆属一流，若非一度受困于伤病，他甚至可能更早坐稳主力，但10年18冠的成绩单已经是历史罕见。

回顾瓦拉内在皇马的10个赛季，与佩佩和拉莫斯搭档，确实让他很难成为场上的主角，与两位前辈兼队友的比较，像是冰与火的碰撞。佩佩和拉莫斯的皇马生涯都伴随争议，无论球场内外，火爆的两人都时常抢镜，而与瓦拉内相关的一切则安静许多。与这两人的对比，或许也是对瓦拉内风格以及为人秉性的诠释：成熟、稳健而优雅。

悄然转身，瓦拉内在皇马留下了360场17球的数据，以及他在球队欧冠5年4冠路上的卓著功勋。未及而立，瓦拉内已经将所有球员奋斗终生的绝大多数荣誉收入囊中。每每回望过去，瓦拉内或许会因为身处皇马、身处法国队而幸运，但无论是法国队还是皇马，都更应该感谢瓦拉内，因为他曾经为一座座奖杯保驾护航。

皇家荣耀　皇家马德里传奇功勋志

莫德里奇
Luka Modric

打破梅罗垄断的斗士

2018年是属于莫德里奇的一年，他以绝对主力身份帮助皇马完成欧冠"三连冠"的伟业，并在当年夏天的俄罗斯世界杯上率领克罗地亚上演"小国奇迹"，年末巴黎的金球奖颁奖盛典上，莫德里奇最终力压群雄，夺得了当年的金球奖，也打破了梅西和C罗对于这一奖项长达10年的垄断。

"我要感谢我的所有队友，还有帮助过我的人，收获金球奖代表了对我过去一年表现的肯定。"达成这一成就的莫德里奇发表获奖感言的时候，保持了他一贯的谦逊，就像在皇马时那样，他始终在场上表现证明自己。在皇马，莫德里奇很少参加新闻发布会或公开采访等，即使是2018年他的声望达到了顶点，伯纳乌的球迷几乎每场比赛都在高喊"卢卡·莫德里奇，金球奖，金球奖！"的时候。

从"最差引援"到走上巅峰

2022年，卢卡·莫德里奇的传记《硝烟之子：莫德里奇传》（中文版）正式出版发行，这本书在国内外引起了不小反响。书中提及已经功成名就的莫德里奇波折的童年经历时表示，由于战争，包括莫德里奇在内的这一代克罗地亚孩子们的童年大多是在恐惧之中度过。莫德里奇在6岁时目睹了祖父在战争中被射杀，随后与父母背井离乡前往扎达尔避难，这些经历虽然不幸，却也造就

皇家档案

卢卡·莫德里奇
Luka Modric

生日	1985.9.9
国籍	克罗地亚
身高	1.72米
位置	中场

← 2018年12月15日，莫德里奇在对阵巴列卡诺的西甲比赛前，向伯纳乌观众展示金球奖杯。

了他在成为足球巨星之后的谦逊与坚韧不拔。"童年的战争经历让我变得更加坚强。"莫德里奇多次承认这一点。

莫德里奇在克罗地亚第一豪门萨格勒布迪纳摩成名，虽然他的身材略显瘦削，但身体中有着不可估量的强大力量。2008年欧洲杯上，莫德里奇第一次以主力身份为国出战世界大赛，虽然克罗地亚经历了戏剧性拉满的剧情后被土耳其挡在四强门外，但那届欧洲杯上的格子军团力压德国队拿到小组头名，作为核心的莫德里奇也给人留下了深刻的印象。欧洲杯后莫德里奇登陆英超赛场，加盟托特纳姆热刺，他的出色表现也让热刺成为英超赛场一股不可忽视的力量。

2012年夏天皇马斥高价将莫德里奇从热刺签下，转会进程一波三折。那个夏窗，皇马在和热刺主席列维进行了长期拉锯战之后，才以高价将克罗地亚人招致麾下。但在2013年上半年《马卡报》的一次评选之中，莫德里奇和巴萨的亚历山大·宋并列成为前一年夏窗西甲"最差引援"，该报在评语中写道："皇马在夏窗付出高昂代价将莫德里奇签下，但已经加盟皇马四个月的克罗地亚人似乎并没有表现出俱乐部对他的期待。"

虽然媒体的评语十分尖锐，但莫德里奇并未就此沉沦，当赛季欧冠八分之一决赛次回合皇马迎战曼联一战，莫德里奇贡献了杰出的发挥，并用自己相对不擅长的左脚轰出世界波，成为皇马逆转晋级的最大功臣。本场比赛也成为莫德里奇皇马生涯的转折点。接下来的一个赛季，莫德里奇在安切洛蒂麾下成为中场绝对主力，当赛季欧冠决赛面对马竞，绝境之下莫德里奇开出右侧角球，助攻拉莫斯头球攻入决定性扳平球，绝处逢生的皇马在加时赛完胜对手，夺得队史第10个欧冠冠军。逆境之下的莫德里奇总是愈挫愈勇，他也成就了从西甲最差引援到皇马队史欧冠第10冠最大功臣之一的佳话。

2018年基辅欧冠决战，皇马击败利物浦登上欧洲之巅，也成就了欧冠改制以来前无古人的欧冠"三连冠"伟业，与此同时，在这之前的5年里，皇马4次捧起欧冠冠军奖杯，莫德里奇以绝对主力身份全程经历了这段旅程，永不疲倦的跑动、精湛的技术、出色的视野和妙到毫巅的传球让莫德里奇成

俱乐部生涯

2003-2008	萨格勒布迪纳摩	128场32球
2003-2004	日林斯基（租借）	25场8球
2004-2005	国际扎普雷希奇（租借）	18场4球
2008-2012	托特纳姆热刺	159场17球
2012-	皇家马德里	534场39球

皇马生涯统计

赛季	联赛出场	联赛进球	国内杯赛出场	国内杯赛进球	欧战出场	欧战进球	总计出场	总计进球
2012-13	33	3	9	0	11	1	53	4
2013-14	34	1	6	0	11	1	51	2
2014-15	16	1	2	0	7	0	25	1
2015-16	32	2	0	0	12	1	44	3
2016-17	25	1	2	0	14	0	41	1
2017-18	26	1	3	0	14	0	43	1
2018-19	34	3	3	0	9	1	46	4
2019-20	31	3	3	1	6	1	40	5
2020-21	35	5	1	0	12	1	48	6
2021-22	28	2	4	1	13	0	45	3
2022-23	33	4	6	0	13	2	52	6
2023-24	32	2	3	0	11	0	46	2
总计	359	28	42	2	133	9	534	39

皇马生涯集体荣誉

西甲冠军
2016-17　2019-20　2021-22　2023-24

国王杯冠军
2013-14　2022-23

西班牙超级杯冠军
2012　2017　2019-20　2021-22　2023-24

欧冠冠军
2013-14　2015-16　2016-17　2017-18　2021-22　2023-24

世俱杯冠军
2014　2016　2017　2018　2022

欧洲超级杯冠军
2014　2016　2017　2022　2024

→ 2018年5月26日，皇马在基辅历史性缔造欧冠三连伟业，莫德里奇被媒体镜头包围。

为皇马"典礼三中场"中的重要一员，辅以组织出色的克罗斯和主打防守的卡塞米罗，成就了皇马在欧冠赛场上的无上霸业。

在基辅捧起欧冠奖杯之后，莫德里奇在接下来的一个月内再次震惊了世界。他作为核心带领克罗地亚一路过关斩将，在俄罗斯世界杯上杀入决赛，尽管最终不敌法国队屈居亚军，但克罗地亚全队在回国后得到了英雄般的礼遇。莫德里奇在自传中表示："那种感觉就像是我们在世界杯上夺冠了一样。"作为克罗地亚的中场核心，莫德里奇在2018年的表现是伟大的，他如同一台永动机，在欧冠赛场登顶过后，还能在世界杯的舞台上燃尽自己，拼尽三个加时赛后杀入决赛。虽然倒在整体实力更强的对手面前，但莫德里奇在那一年的金球奖颁奖盛典上将奖杯举起，打破了梅西和C罗对于金球奖长达十年的垄断，也宣告自己走上职业生涯巅峰。

老而弥坚，战斗不止

2018年高峰过后，随着皇马连续数年无缘欧冠冠军，外界普遍认为莫德里奇在燃尽自己的一年后将逐步老去，步入职业生涯的暮年。只是莫德里奇这位迟暮的英雄仍在战斗，并在2021/2022赛季皇马欧冠14冠的旅程中再度诠释了何谓老兵不死。

那个赛季的皇马欧冠夺冠之旅可谓是一路荆棘密布，淘汰赛之旅一次次陷入绝境，但又一次次绝处逢生。1/8决赛次回合，姆巴佩上半场的进球让皇马陷入总比分两球落后的困境，但皇马在下半场突然猛醒，15分钟内连进三球逆转了对手，莫德里奇的全场飞奔唤醒了皇马在欧冠赛场上的逆转基因，他与本泽马的连线也打入了关键的扳平总比分的进球。

皇马生涯个人荣誉		
金球奖		
2018		
世界足球先生		
2018		
欧洲足球先生		
2017-18		
克罗地亚足球先生		
2014 2016 2017 2018 2019 2020 2021		
国际足联世界最佳阵容		
2015 2016 2017 2018 2019		
西甲赛季最佳中场		
2013-14 2015-16		
西甲赛季最佳阵容		
2015-16		
欧冠赛季最佳中场		
2016-17 2017-18		
欧冠赛季最佳阵容		
2013-14 2015-16 2016-17		
2017-18 2020-21 2021-22		
世俱杯最佳球员		
2017		
金足奖		
2019		

1/4 决赛次回合，主场作战的皇马被切尔西攻入 3 球，眼看就要遭到对手的翻盘，关键时刻莫德里奇祭出自己的外脚背绝活，一记精彩助攻帮助罗德里戈攻入关键一球，皇马将比赛拖入加时并最终宣告晋级。得益于主帅安切洛蒂的充分信任，以及世界顶级体能教练平图斯专业的状态管理，这位 36 岁的老兵 2021/2022 赛季出场时间达到 3435 分钟，其中联赛 2046 分钟，欧冠更是创下生涯新高的 1078 分钟，皇马双线折桂，越老越妖的莫德里奇可谓是劳苦功高。而在 2022 年年底的卡塔尔世界杯上，莫德里奇再度贡献了出色表演，他帮助克罗地亚淘汰强敌巴西，最终收获季军的出色成绩。连续两届世界杯接连夺得亚军和季军，莫德里奇领衔的这一代克罗地亚球员已经超越了前辈达沃·苏克和博班们取得的成就。

2022/2023 赛季起，莫德里奇逐步在皇马"退居二线"，年龄的渐长让他难以在 90 分钟内都保持高强度的奔跑，最近两个赛季在安切洛蒂麾下，莫德里奇更多时候是以替补身份登场亮相，他与老搭档克罗斯很少同时出现在首发，重要比赛往往是克罗斯首发出场，莫德里奇在比赛最后二三十分钟将克罗斯换下，帮助皇马守住优势或改变局面，虽然已经年近不惑，但莫德里奇仍能为球队做出不小贡献。2023/2024 赛季皇马客场迎战曼城的大战，替补出场的莫德里奇帮助皇马顶住了曼城一波又一波的攻势。在点球大战第一个出场的莫德里奇虽然遗憾失手，但队友们还是没有辜负老将的付出，皇马最终艰难淘汰曼城杀入半决赛，并最终成就欧冠 15 冠伟业。莫德里奇皇马生涯 6 次捧起欧冠奖杯，就此追平皇马名宿亨托的成就。

上赛季期间，坊间普遍认为莫德里奇将迎来皇马生涯最后一个赛季，但在赛季末选择退出的却是老搭档克罗斯，莫德里奇则与皇马续约一年，作为"典礼中场"中年龄最大的一员，莫德里奇却成了最后离开伯纳乌的那位。白衣生涯十二载，莫德里奇身旁的队友从阿隆索、迪马利亚、BBC 组合到维尼修斯、罗德里戈和姆巴佩的新三叉戟，唯一不变的是老而弥坚的他仍在伯纳乌不断奔跑着。出于那份从小养成的强大意志力和执念，莫德里奇在近 40 岁的年龄仍在为克罗地亚国家队南征北战，而他也始终在伯纳乌为皇马做出贡献，这就是卢卡·莫德里奇，只要他还能继续奔跑和战斗，他就会选择坚持下去。

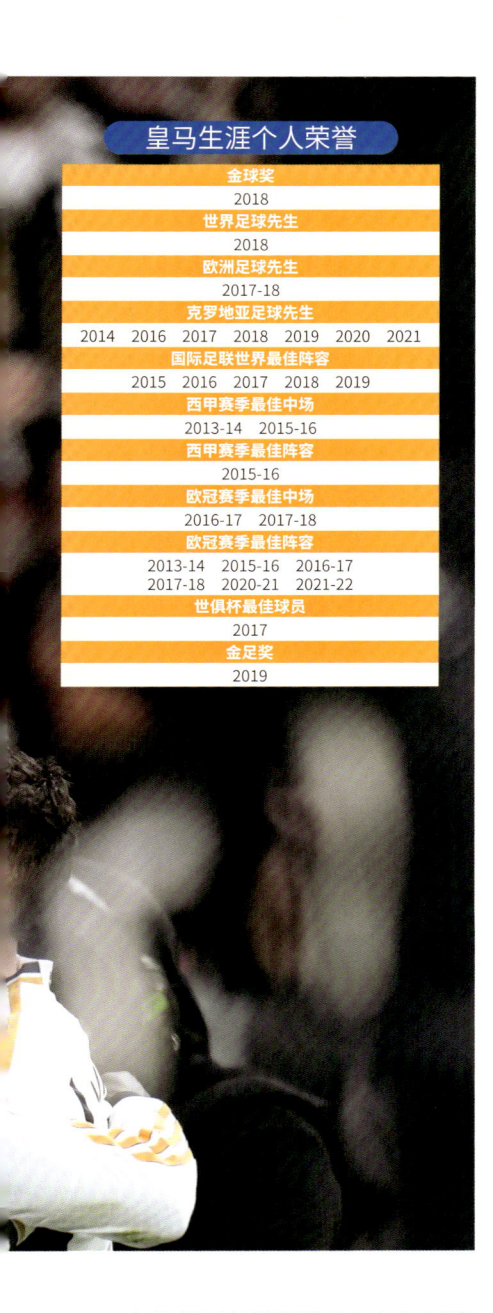

↑ 年龄渐长的莫德里奇已经不是皇马的绝对主力，但每次替补出场，皇马 10 号都能拿出稳定贡献。2024 年 2 月 26 日，莫德里奇替补远射制胜，皇马 1 比 0 战胜塞维利亚。

→ 2024 年 6 月 2 日，皇马夺得队史欧冠第 15 冠，莫德里奇高举奖杯庆祝，这是他个人第 6 个欧冠冠军，追平了皇马传奇球星亨托的纪录。

皇家荣耀 | 皇家马德里传奇功勋志

桑巴武者
卡塞米罗
Casemiro

皇家档案

卡塞米罗
Carlos Henrique Casimiro

生日	1992.2.23
国籍	巴西
身高	1.85米
位置	后腰

法国主裁判蒂尔潘的一声长哨，顷刻点燃了白色方阵的热情——在熬过5分钟的伤停补时后，皇马1比0战胜利物浦，第14次站在欧洲之巅。可拼尽所有力气的卡塞米罗，却来不及汇入欢乐的海洋，他瘫倒在草坪上一动不动，几乎所有的转播镜头都把他忽略。而此情此景，也完美诠释了卡塞米罗在皇马的存在价值：勤勉到毫无保留，也低调得难被察觉。

幼年的卡塞米罗，尝尽了人世间的辛酸苦辣，在他3岁时，薄情寡义的父亲塞尔万多就离家出走，留下母亲玛格达一人照顾他和弟弟妹妹。在很长的一段时间内，卡塞米罗都过着居无定所的日子。因为没钱租房，他只能跟着母亲寄住在亲戚家，隔三岔五就在外婆家和姨妈家搬来搬去。原本就不宽敞的空间内，他们一家四口只能蜗居在一起。

作为家里的长子，卡塞米罗在母亲外出打工时，还要担负起照顾弟弟卢卡斯和妹妹比安卡的责任，为他们热饭，照看他们的起居。可不管母亲兼几份工，

← 2017年6月3日，卡塞米罗在与尤文图斯的欧冠决赛中打入世界波后滑跪庆祝。

俱乐部生涯

2010-2013	圣保罗	111场11球
2013	皇家马德里二队（租借）	15场1球
2013-2022	皇家马德里	336场31球
2014-2015	波尔图（租借）	42场4球
2022-	曼联	87场12球

皇马生涯统计

赛季	联赛 出场	联赛 进球	国内杯赛 出场	国内杯赛 进球	欧战 出场	欧战 进球	其他 出场	其他 进球	总计 出场	总计 进球
2012-13	1	0	0	0	0	0	1	0		
2013-14	12	0	7	0	6	0	-	-	25	0
2015-16	23	1	1	0	11	0	-	-	35	1
2016-17	25	4	5	0	9	2	3	0	42	6
2017-18	30	5	1	0	12	1	5	1	48	7
2018-19	29	3	5	0	6	1	3	0	43	4
2019-20	35	4	1	0	8	1	2	0	46	5
2020-21	34	6	1	0	10	1	1	0	46	7
2021-22	32	1	3	0	11	0	2	0	48	1
2022-23	1	0	0	0	0	0	1	0	2	0
总计	222	24	24	0	73	6	17	1	336	31

皇马生涯集体荣誉

西甲冠军
2016-17　2019-20　2021-22

国王杯冠军
2013-14

西班牙超级杯冠军
2017　2019-20　2021-22

欧冠冠军
2013-14　2015-16　2016-17　2017-18　2021-22

欧洲超级杯冠军
2016　2017　2022

世俱杯冠军
2016　2017　2018

皇马生涯个人荣誉

欧冠赛季最佳阵容
2016-17　2017-18

→ 2022年5月28日，卡塞米罗在欧冠决赛中防守利物浦前锋马内。

他还是无法享受与同龄人一样的生活。每当小贩推着小车经过他家门口，母亲都只能以"天黑"为由，阻止他向诱人的养乐多（儿童饮料）靠近。最馋的时候，他甚至只能拿起别人喝完的养乐多空瓶，闻闻里面的气味。

值得庆幸的是，年幼的卡塞米罗并没有在饥饿和贫穷中沉沦，经过表姐莫妮卡的举荐，他认识了改变他命运的教练——尼尔通·莫雷拉，"刚来的时候，他只能作为替补门将与女孩们一起训练，但没过多久，我就见识了他的天赋，我安排他和男孩们一起踢球。一开始，他踢前锋，在一项赛事中令所有人印象深刻。"莫雷拉说。

很快，卡塞米罗加入了圣保罗俱乐部的青训营，改踢后腰之后，他身上的潜力也得到进一步的开发。18岁时，这位队友口中的"卡尔朗"，得到一队主帅里卡多·戈麦斯的重用，而通过2011年的世青赛，他更是受到欧洲顶级豪门的关注。

可谁也没有想到的是，在恩师内伊·弗兰克出任圣保罗主帅之后，卡塞米罗反而丢失了自我，并在与韦林通和德尼尔森的竞争中败下阵来。就在此时，华裔经纪人李誉鸿为他的职业生涯打开了另一扇门。2012/2013赛季冬窗最后一天，卡塞米罗租借加盟皇家马德里，在时任二队主帅阿尔韦托·托里尔的麾下，他迅速完成瘦身和信心重建。加之波尔图时期的锤炼以及洛佩特吉、贝尼特斯和齐达内的悉心栽培，也让他逐渐完成了潜力新星到一线球星的蜕变。

在很多人看来，卡塞米罗媲美银河战舰一期的马克莱莱，连后者本人都认可这种说法："他经常让我想到自己，卡塞米罗聪明，位置感好，也能进球。"如果以奖杯数作为衡量标准，卡塞米罗甚至还把前辈远远抛在身后……

皇家荣耀 | 皇家马德里传奇功勋志

拼命五郎

Dani Carvajal

皇家档案

达尼·卡瓦哈尔
Daniel Carvajal Ramos

生日	1992.1.11
国籍	西班牙
身高	1.74米
位置	右后卫

2004年5月12日,皇马体育城奠基仪式在巴尔德贝巴斯举行,时年12岁的达尼·卡瓦哈尔作为梯队精英代表,与荣誉主席迪斯蒂法诺一并出席,携手缓缓放下第一块奠基石。18年过去,这位出生于莱加内斯的马德里主义者,已经成为皇马青训的名片,是皇马11年六夺欧冠冠军期间唯一从巴尔德贝巴斯走出的绝对主力。

卡瓦哈尔的足球梦想,最早是在家乡的弗赖莱斯公园萌芽。不同于现在的干练形象,小时候的卡瓦哈尔总是留着一头金色长发,在坚硬的泥沙地上与小伙伴肆意拼抢,也正是从那时起,卡瓦哈尔展现出了极强的好胜心:"作为后卫,我要防守,如果我碰不到球,我就会倒地铲球。我经常摔倒蹭破膝盖,还流过很多血,母亲只能要求我必须穿上护膝。我非常好强,不允许自己失败。"

虽然有人曾告诫卡瓦哈尔的父亲马里亚诺:"你要好好看着这个孩子,他过于好强,就像是一个偏执狂。"但回过头看,这种好强到偏执的性格,最终促使卡瓦哈尔在群星荟萃的西班牙足坛脱颖而出。

卡瓦哈尔

← 2022年5月28日欧冠决赛，卡瓦哈尔在维尼修斯打入制胜球后振臂庆祝。

俱乐部生涯

2010-2012	皇家马德里二队	68场3球
2012-2013	勒沃库森	36场1球
2013-	皇家马德里	416场13球

皇马生涯统计

赛季	联赛出场	联赛进球	国内杯赛出场	国内杯赛进球	欧战出场	欧战进球	其他出场	其他进球	总计出场	总计进球
2013-14	31	2	4	0	10	0	-	-	45	2
2014-15	30	0	3	0	5	0	5	0	43	0
2015-16	22	0	0	0	8	1	-	-	30	1
2016-17	23	0	4	0	11	0	3	1	41	1
2017-18	25	0	4	0	8	0	4	0	41	0
2018-19	24	1	4	0	6	0	3	0	37	1
2019-20	31	1	2	0	7	0	2	0	42	1
2020-21	13	0	0	0	2	0	0	0	15	0
2021-22	24	1	0	0	11	0	1	0	36	1
2022-23	27	0	3	0	11	0	4	0	45	0
2023-24	28	4	1	0	10	1	2	1	41	6
总计	278	9	25	0	89	2	24	2	416	13

皇马生涯集体荣誉

西甲冠军
2016-17　2019-20　2021-22　2023-24

国王杯冠军
2013-14　2022-23

西班牙超级杯冠军
2017　2019-20　2021-22　2023-24

欧冠冠军
2013-14　2015-16　2016-17　2017-18　2021-22
2023-24

欧洲超级杯冠军
2014　2016　2017　2022　2024

世俱杯冠军
2014　2016　2017　2018　2022

皇马生涯个人荣誉

欧冠最佳阵容
2013-14　2016-17　2023-24

→ 2022年5月28日，卡瓦哈尔在欧冠决赛后怀抱奖杯，右手伸出5个手指，代表夺得的5个欧冠冠军。

　　2002年，只有10岁的卡瓦哈尔从莱加内斯来到巴尔德贝巴斯，正式进入皇马的梯队序列。当时，他的偶像米歇尔·萨尔加多也还在皇马效力。"我从小的偶像就是米歇尔，他是最令我兴奋和痴迷的球员。"论技术特点，卡瓦哈尔与萨尔加多的确有很多相似之处：两人都擅长奔跑和拼抢，而且上下往返能力极强；从性格上来看，这对相差17岁的前后辈，也都是好勇争胜的类型。

　　带着鲜明的技术标签和性格特点，卡瓦哈尔通过层层选拔，从皇马U11少年队一路踢到预备队，但相比赫塞、莫拉塔等其他"92一代"成员，卡瓦哈尔进入一队的历程，更加坎坷。

　　鲜为人知的是，在穆里尼奥入主的第一年，卡瓦哈尔与队友阿莱克斯（纳乔亲弟弟）、莫拉塔都被告知将参加一线队的北美季前赛，可就在出发前，他与好友结伴去阿维拉放松游玩，却不慎在阶梯上滑倒拉伤，最终失去了这次在"狂人"面前露脸的机会。

　　错失良机之后，卡瓦哈尔也曾伤感于命运的玩弄："我当时感到非常沮丧，我们13个人一起出行，偏偏只有我受伤了，在他们为我缝针的时候，我流下了眼泪，因为我失去了参加一线队季前赛的宝贵机会。"直到穆里尼奥下课，卡瓦哈尔也没有在皇马一队出场过。

　　2013年夏天，安切洛蒂接掌皇马帅印，从勒沃库森学成归来的卡瓦哈尔，回到皇马的11年间，卡瓦哈尔已累计拿到了26个冠军，如果不是频繁受到伤病侵袭，他或许有机会竞争世界第一右后卫的宝座。而从2021/2022赛季的"大双冠"征程可以看出，一个健康的卡瓦哈尔对皇马是多么重要。尤其是在巴斯克斯半路改行、奥德里奥索拉又难堪大任的情况下，白衣军团还要长期指望这位青训旗帜人物去镇守球队右闸。

皇家荣耀 | 皇家马德里传奇功勋志

2014年5月24日，贝尔在对阵马竞的欧冠决赛加时赛中，头球为皇马攻进反超比分一球。

齐天大圣
Gareth Bale 贝尔

皇家档案

加雷思·贝尔
Gareth Frank Bale

生日	1989.7.16
国籍	威尔士
身高	1.85米
位置	边锋

皇马夺得第14座欧冠冠军奖杯后不久，贝尔在社交媒体发文告别皇马，随后皇马官方也以一封措辞得体的告别信送别贝尔。如何定义贝尔在皇马这9年？俱乐部在信中指出，贝尔在皇马的9年，是俱乐部最辉煌的9年，其间夺得5个欧冠冠军、3个西甲冠军，还有贝尔做出过最突出贡献的一个国王杯冠军。细数这9年，贝尔为白衣军团出场258次，打进106球，并有67次助攻。正如俱乐部的公开信所说，贝尔"已经成为皇马传奇的一部分"。

2013年夏天，贝尔作为英超王牌，以超过1亿欧元身价加盟皇马，打破了由C罗保持的足坛转会费世界纪录。之前的2012/2013赛季，贝尔代表热刺各项赛事出场44次，打进26球，打出职业生涯巅峰数据，横扫英国足坛各项赛季个人大奖。弗洛伦蒂诺以天价转会费挖来贝尔，实际上有着多重目的。

首先是要与巴萨保持实力上的均势，当年夏天巴萨击败皇马签下内马尔，贝尔的签约是对此的最好回应。其次皇马的第一球星C罗，其实是前任主席卡

贝尔

俱乐部生涯

2006-2007	南安普敦	45场5球
2007-2013	托特纳姆热刺	203场55球
2013-2020	皇家马德里	251场105球
2020-2021	托特纳姆热刺（租借）	34场16球
2021-2022	皇家马德里	7场1球
2022-2023	洛杉矶FC	14场3球

皇马生涯统计

赛季	联赛出场	联赛进球	国内杯赛出场	国内杯赛进球	欧战出场	欧战进球	其他出场	其他进球	总计出场	总计进球
2013-14	27	15	5	1	12	6	-	-	44	22
2014-15	31	13	2	0	10	2	5	2	48	17
2015-16	23	19	0	0	8	0	-	-	31	19
2016-17	19	7	0	0	8	2	0	0	27	9
2017-18	26	16	2	1	7	3	4	1	39	21
2018-19	29	8	3	0	7	3	3	3	42	14
2019-20	16	2	1	1	3	0	0	0	20	3
2021-22	5	1	0	0	2	0	0	0	7	1
总计	176	81	13	3	57	16	12	6	258	106

↓ 2014年4月16日西班牙国王杯决赛，贝尔在比赛尾声上演千里走单骑，为皇马打入2比1的制胜进球。

尔德隆谈下的交易，并非出自弗洛伦蒂诺手笔，因此"老佛爷"希望用一个新的标志性引援，来打上自己的烙印。从贝尔加盟的第一个赛季来看，这笔签约无疑取得了非凡的成功。虽然贝尔44场22球的数据显然无法动摇C罗的一哥地位，但BBC组合的威名声震四海，球队夺得国王杯和欧冠两个重要冠军，皇马的品牌价值也得到进一步提升。

贝尔在皇马的最经典时刻，无疑被定格在2014年4月16日的国王杯决赛。迪马利亚为皇马首开纪录，巴尔特拉下半时为巴萨扳平比分，比赛第85分钟，贝尔在后场左路接科恩特朗直传，人球分过，外道超车，用速度碾压巴尔特拉，以一粒载入史册的经典进球夺下自己的皇马首冠。一个多月后的欧冠决赛，拉莫斯在第93分钟绝平马竞，贝尔在加时赛鏖战中头球破门，反超比分，自此皇马在气势上彻底压倒死敌，最终时隔12年赢下队史第10座欧冠冠军奖杯。

那个赛季也是贝尔以及BBC组合在皇马最辉煌的一年，三人合力打进97个进球，占球队总产60.6%。当然，某种程度上贝尔的发挥是受到一定压制的。他在热刺后期已经适应了从左边锋到前场自由人的转变，更多地承担前场核心的角色，这既因为他有超强的体能和身体素质，也因为他全面、上乘的技术能力。而在皇马，贝尔不得不出任他并不太擅长的右边锋，虽然他和C罗、本泽马的位置相当灵活，但毕竟球队的战术是围绕C罗进行，拥有无限开火权的只有C

皇家荣耀 | 皇家马德里传奇功勋志

↑ 贝尔早年效力南安普敦时就是任意球专家，他射出的皮球急劲有力，只可惜在皇马他操刀的机会并不太多。

皇马生涯集体荣誉

西甲冠军
2016-17　2019-20　2021-22

国王杯冠军
2013-14

西班牙超级杯冠军
2017

欧冠冠军
2013-14　2015-16　2016-17　2017-18　2021-22

欧洲超级杯冠军
2014　2016　2017

世俱杯冠军
2014　2017　2018

罗一人。

贝尔能力全面，首先体现在他进攻手段的多样化，长途奔袭是其成名绝技，左脚轰门敲山震虎，头球争顶力拔山兮。他还能打出一脚媲美C罗的落叶球，只不过因为他主罚任意球的机会不多，整个皇马生涯只有4次任意球破门。有关贝尔的特点，从媒体和球迷给他取的绰号也能窥见一二，英国人叫他"泰山"（美国英雄动画电影的主角），西班牙媒体管他叫"加农炮"，中国球迷则贴切地称他为"大圣"。

贝尔在足球场上拥有如此神力，的确是无法预见又难以解释的，就好像他的天赋跟孙悟空一样是从石头缝里钻出来的。贝尔并非出身体育世家，父亲弗兰克在家乡一所学校当看门人，母亲黛比则是一名公司行政。但贝尔却从小就浑身体育细胞，小时候他不仅爱踢足球，曲棍球、橄榄球和很多运动项目都玩得很溜。但他最受人关注的还是非凡的足球天分，16岁那年贝尔就和南安普敦签下合同，正式成为职业足球运动员。那时的他已经是有口皆碑的任意球专家，以及"圣徒最有创造力的球员"，尽管他踢的位置是左后卫。在南安普敦踢了两年英冠后，贝尔被热刺看上，在新环境里，他迎来了职业生涯的飞跃。

2010/2011赛季是贝尔真正平步青云的一个赛季，由于他在进攻中的出色表现，时任主帅老雷德克纳普决定将其放到左边锋的位置，这就像把孙悟空从五指山释放出来一样，贝尔从此一发不可收拾。当赛季欧冠小组赛对阵上届冠军国际米兰，贝尔一战成名天下知，他在梅阿查球场上演帽子戏法，两次左路一条龙破门羞辱了整条国米冠军防线，最终热刺也力压国际米兰以小组头名出

皇马生涯个人荣誉
威尔士足球先生
2013　2014　2015　2016
欧冠赛季最佳阵容
2015-16
世俱杯最佳球员
2018

↓ 2018 年 5 月 26 日欧冠决赛对利物浦，贝尔替补上场 122 秒就打进一粒惊为天人的倒勾进球。

线。此后两年，贝尔在热刺完成了从最佳新秀到最佳球员的蜕变，接下来就是来自皇马的召唤了。

平心而论，贝尔在皇马颇有高开低走的意味，这从他的出场和进球数字就得到了真实的反映。贝尔较大程度上属于那种吃身体饭的球员，大开大合的踢球方式也注定他迟早会经常与伤病为伍。2016/2017 赛季，贝尔由于脚踝和腿筋伤势 连续缺席球队在关键阶段的比赛，欧冠决赛只替补上场踢了十几分钟。而在皇马达成欧冠三连霸的赛季，贝尔的表现虽已逐步恢复稳定，但在欧冠决赛还是没能得到首发位置——他在第 61 分钟替补上阵，仅仅 2 分钟后就倒勾破门，打进欧冠决赛史上最精彩的进球之一，随后又以一记远射迫使对方门将卡里乌斯犯下第 二次严重失误。皇马 3 比 1 夺冠，贝尔毫无争议地当选为决赛最佳球员。

然而，基辅决赛的神奇，以及随后 C 罗和齐达内的双双离开，都未能改变贝尔的命运。伤病一次又一次地消磨着他的锐气，加上等身荣誉，让贝尔失去了重回巅峰的动力。效力皇马的最后两年，贝尔不停地在"皇马养伤——威尔士比赛"的循环中度过。但不管球迷们如何怒其不争，大家无法否认的是，贝尔不但成为皇马传奇时代的一部分，他本身也是一个皇马传奇。

2018年2月14日，欧冠1/8决赛皇马主场对巴黎的比赛，纳瓦斯飞身倒地扑救。

纳瓦斯 Keylor Navas
被低估的三冠门神

谁是皇马队史上最被低估的伟大门将？哥斯达黎加人凯洛尔·纳瓦斯恐怕是一个有力候选人。之所以说他曾被严重低估，是因为这位来自中美洲的球员不止一次地被俱乐部高层当成"备胎"。买德赫亚想用他做"折扣券"，请库尔图瓦之后马上将其边缘化。但这并不能掩盖纳瓦斯的强大。

即便正如某些人所说，这位身高只有1米85的门神确实有些星味不足，可他的实力着实无可挑剔。在皇马，哥斯达黎加人用实打实的能力帮助球队实现了2016年至2018年的欧冠三连霸，同时也拿到了2016/2017赛季的西甲冠军。

关于纳瓦斯曾被当成"折扣券"，是一件充满戏剧性的故事。也许是觉得一年前以1000万欧元买进的哥斯达黎加人不够重磅，更可能是想打造西班牙国门镇守城池的完美形象，总之2015年夏天，卡西利亚斯离队之后，俱乐部主席弗洛伦蒂诺便把心思花在从曼联引进德赫亚上。几经周折，双方俱乐部在8月31日达成一致，年轻的德赫亚回到马德里，红魔则可以得到转会费以及纳瓦斯作为补偿。然而奇妙的是，皇马最终提交给西甲总部的文书却超过了关窗时限。

在那之后，此事传出过不少小道消息，有说曼联不想放人故意使坏的，也有人表示是皇马的传真机不够给力。不过无论真相如何，这笔交易彻底黄了，而纳瓦斯也阴错阳差地留了下来，最终变成了皇马传奇。其实在那场转会闹剧之前，哥斯达黎加人就已经展现过超凡的实力。2014年世界杯，他曾3次拿到单场最佳球员的称号，是这届大赛所有门将中的唯一。也正是在那之后，皇马激活买断条款，

皇家档案

凯洛尔·纳瓦斯
Keylor Antonio Navas Gamboa

生日	1986.12.15
国籍	哥斯达黎加/西班牙
身高	1.85米
位置	门将

俱乐部生涯

2005-2010	萨普里萨体育	82场0球
2010-2012	阿尔巴塞特	36场0球
2011-2012	莱万特（租借）	6场0球
2012-2014	莱万特	70场0球
2014-2019	皇家马德里	162场0球
2019-2023	巴黎圣日耳曼	108场0球
2023	诺丁汉森林（租借）	17场0球
2023-2024	巴黎圣日耳曼	6场0球

皇马生涯统计

赛季	联赛 出场	联赛 进球	国内杯赛 出场	国内杯赛 进球	欧战 出场	欧战 进球	其他 出场	其他 进球	总计 出场	总计 进球
2014-15	6	0	3	0	2	0	0	0	11	0
2015-16	34	0	0	0	11	0	-	-	45	0
2016-17	27	0	0	0	12	0	2	0	41	0
2017-18	27	0	1	0	11	0	5	0	44	0
2018-19	10	0	7	0	3	0	1	0	21	0
总计	104	0	11	0	39	0	8	0	162	0

皇马生涯集体荣誉

西甲冠军
2016-17

西班牙超级杯冠军
2017

欧冠冠军
2015-16　2016-17　2017-18

欧洲超级杯冠军
2014　2016　2017

世俱杯冠军
2014　2016　2017　2018

皇马生涯个人荣誉

欧冠年度最佳阵容
2017-18

欧冠年度最佳门将
2017-18

把他从西甲中游的莱万特买了过来。

卡西尚未挂靴之时，纳瓦斯的出场机会并不太多，而到2018/2019赛季皇马买进库尔图瓦后，这位中美洲门神的出勤率也很快降了下去。如此算来，纳瓦斯在皇马的高光只有短短3个赛季，但这也足够他创造神迹。3座欧冠奖杯当然不能全算在门将身上，神锋C罗、典礼中场，还有其他英雄人物的贡献不能不提——冠军从来都是团队的功劳。但纳瓦斯一直都是队友们身后最可靠的屏障。

前8次代表皇马出战欧冠（有2场在2014/2015赛季），哥斯达黎加人一球未失。2015/2016赛季他在欧冠完成了多达9次零封。而到2017/2018赛季，纳瓦斯又在半决赛对阵拜仁的次回合贡献出单场8次扑救的惊艳演出。另外，他还是扑点球的专家，2014年世界杯代表国家队淘汰希腊时就露过一手，在皇马的扑点成功率更是一度高达50%。

凭借着一身的本领和超凡的表现，纳瓦斯完全有资格在最顶级的俱乐部干得更久。或许有人觉得出生于1986年的他已不再年轻，哥斯达黎加人在2018/2019赛季就基本失去了主力位置，赛季结束后转会巴黎圣日耳曼。不过，纳瓦斯还是留下了一项出场纪录：104次代表皇马在联赛出场的他，是队史首位西甲出场达到三位数的非西班牙门将。

↑ 2016年5月28日，皇马点球大战击败马竞夺得欧冠冠军，纳瓦斯在漫天飘舞的白纸屑下捧起奖杯。

皇家荣耀 | 皇家马德里传奇功勋志

克罗斯
事了拂衣去
深藏功与名

皇家档案

托尼·克罗斯
Toni Kroos

生日	1990.1.4
国籍	德国
身高	1.83米
位置	中场

2024年6月1日，伦敦温布利球场，皇马迎战多特蒙德的欧冠决赛进行到第74分钟，皇马获得左侧角球机会，站在球前的托尼·克罗斯重复了一遍过去十年来在皇马球迷面前无限循环的动作，将角球开到禁区内，人群中一个身影腾空而起，将皮球砸入科贝尔身后的球门。

卡瓦哈尔的进球，帮助皇马打开胜利之门。之前的比赛中皇马一度被多特压制，而又是克罗斯的潇洒一传，为皇马再一次启动欧冠封王的常规流程。

最终皇马击败多特，如愿夺得队史第15座欧冠冠军奖杯，克罗斯在比赛第86分钟被老搭档莫德里奇替换下场，纵贯全场的掌声送给这位完成皇马生涯"最后一舞"的大师，经典的助攻、完美的捧杯，让克罗斯的皇马生涯有了一个极为圆满的结局。事了拂衣去，深藏功与名，克罗斯十年如一日的皇马生涯在至高点画上了句号。

乾坤挪移，成就典礼中场

2014年夏天，头顶世界杯冠军主力中场光环的托尼·克罗斯从拜仁转会皇马，转会费是堪比"白菜价"的2500万欧元，那一年克罗斯刚随德国队在巴西

← 克罗斯虽然性格低调沉稳，但在球场上却是出色的"指挥家"。

载誉归来，四分之一决赛上他的精确助攻帮助胡梅尔斯头槌绝杀法国队，半决赛上克罗斯成为德国队 7 比 1 血洗东道主这场经典战役的总导演，先是助攻穆勒首开纪录，随后在三分钟内连进两球。捧杯后不久，克罗斯亮相伯纳乌球场，并在近万名球迷面前展示了皇马 8 号战袍。

在加盟皇马之前，克罗斯在拜仁一直都是当仁不让的主力，但由于拜仁高层对他续约工作的轻视，克罗斯选择离开南部之星，转投皇马。他的至交好友赖纳茨后来对媒体透露，拜仁不愿为克罗斯提供年薪在 1000 万欧元以上的合约，原因是他们并不认为克罗斯是世界级球员，这是克罗斯转投皇马的主要原因。时任拜仁主帅瓜迪奥拉听说俱乐部董事会没有留下克罗斯时，感到十分无助。虽然和瓜迪奥拉只有一年的共事时间，但克罗斯曾表示自己和瓜帅一直都保持着良好关系。

在拜仁的几年里，克罗斯更多出现在攻击性中场位置上，他时常埋伏在中锋的身后进行穿针引线，不时也能展示直接攻门的能力。而到了皇马的第一年，在主帅安切洛蒂的麾下，克罗斯更接近一名 8 号位。对于昔日将皮尔洛"前腰后置"并收获成功的安帅来说，将克罗斯的位置后撤是一招妙棋。安切洛蒂将克罗斯放在 433 阵型的 8 号位位置上，而克罗斯也证明自己在 10 号位之外，同样能够胜任 8 号核心的位置。克罗斯在新位置上充分发挥出组织能力出色、传球准确的优势，但在一些比赛中也暴露了防守方面的短板，直到后来卡塞米罗明确自身定位，与克罗斯和莫德里奇组成了风格互补的典礼三中场，也就此成就了皇马欧冠"三连冠"的伟业，克罗斯顺势跻身中场大师行列。

克罗斯在皇马十年如一日，几乎每场比赛都能贡献超过 90% 的传球成功率。他与卡塞米罗、莫德里奇组成的三中场分工明确，卡塞米罗负责防守和扫荡，莫德里奇提供向前的输送，克罗斯则承担起了中场组织和球队节拍器的任务。卡塞米罗的表达或许最能概括克罗斯的作用："皇马的比赛总是追随托尼的

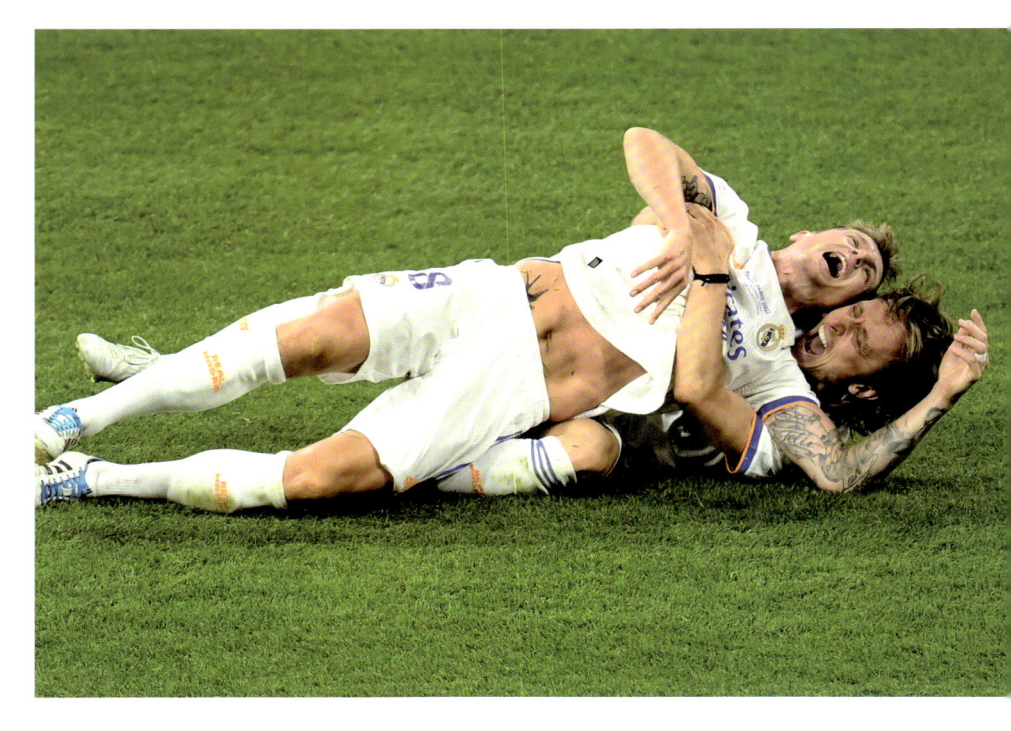

俱乐部生涯

2007-2008	拜仁慕尼黑二队	13场4球
2007-2014	拜仁慕尼黑	205场25球
2009-2010	勒沃库森（租借）	48场10球
2014-2024	皇家马德里	465场28球

皇马生涯统计

赛季	联赛出场	联赛进球	国内杯赛出场	国内杯赛进球	欧战出场	欧战进球	其他出场	其他进球	总计出场	总计进球
2014-15	36	2	2	0	12	0	5	0	55	2
2015-16	32	1	0	0	12	0	-	-	44	1
2016-17	29	3	5	0	12	1	2	0	48	4
2017-18	27	5	0	0	0	4	0	4	43	5
2018-19	28	0	4	0	8	1	3	0	43	1
2019-20	35	4	2	0	6	1	2	1	45	6
2020-21	28	3	1	0	12	0	1	0	42	3
2021-22	28	1	3	0	12	2	2	0	45	3
2022-23	30	2	5	0	12	0	5	0	52	2
2023-24	33	1	1	0	12	0	2	0	48	1
总计	306	22	23	0	110	5	26	1	465	28

皇马生涯集体荣誉

西甲冠军
2016-17　2019-20　2021-22　2023-24

国王杯冠军
2022-23

西班牙超级杯冠军
2017　2019-20　2021-22　2023-24

欧冠冠军
2015-16　2016-17　2017-18　2021-22　2023-24

欧洲超级杯冠军
2014　2017　20216　2022

世俱杯冠军
2014　2016　2017　2018　2022

→ 2022 年 5 月 28 日，欧冠决赛结束后，克罗斯（上）与好搭档莫德里奇激情庆祝球队夺冠。

皇家荣耀 | 皇家马德里传奇功勋志

节奏，如果他想让球队慢下来，我们就慢下来；如果他想我们快起来，我们就快起来。他掌控着一切。"作为球队的中枢大脑，克罗斯身边从不缺乏特点鲜明的队友，而把这些个性不一的天才串联起来，承前启后，形成运转良好的整体，是克罗斯的核心能力。无论在俱乐部还是德国国家队，他都能通过精准的传送，让队友们舒服地踢球。

高峰期的急流勇退

2024年5月21日马德里时间中午时分，原本一切都非常平静，克罗斯突然通过社交媒体宣布自己即将退役的消息，各界顿时一片哗然。虽然克罗斯"早退"的报道在过去一两年里始终都存在，但刚过去的这个赛季，他刚刚贡献了近乎完美的表现，帮助皇马在联赛和欧冠双线一路挺进。皇马队友们在克罗斯宣布退役的消息放出后纷纷在社交媒体上发布了惊讶的表情，不少西班牙媒体人也对于这个决定表示震惊，塞尔电台著名评论员阿尔瓦罗·贝尼托在社交媒体上写道："不，托尼，不要。"据悉，克罗斯在赛季后期才明确做出了退役的决定，而在他正式宣布之前，知晓这一消息的只有作为他的中场最佳拍档和至交好友的莫德里奇。

虽然最终以"双冠"收场，但2023/2024赛季对于皇马而言并不轻松，后

↑ 2024年5月26日，2023/2024赛季西甲第38轮赛后，克罗斯与孩子们走进球场，向球迷挥手致意。此前，克罗斯宣布将在2024年欧洲杯后退役。

→ 2024年6月2日，克罗斯在拿下职业生涯的最后一个欧冠冠军后，兑现了"将在巅峰时退役"的诺言。十年皇马生涯，是克罗斯与皇马的互相成就。

皇马生涯个人荣誉

德国足球先生
2018
国际足联世界最佳阵容
2014　2016　2017
欧足联年度最佳阵容
2014　2016　2017
欧冠赛季最佳阵容
2014-15　2015-16　2016-17　2017-18
西甲最佳阵容
2016-17　2019-20
《GQ》杂志年度德国运动员
2019

防线在赛季初遭遇伤病潮，只能依靠中场的跑动来弥补，而克罗斯所领衔的中场线发挥近乎完美。在刚加盟皇马时，克罗斯的防守还是一块短板，但随着年龄的增长，他的防守预判能力愈发出色，2023/2024赛季欧冠半决赛首回合对阵拜仁一战，克罗斯除了为威尼修斯送出"仙人指路"式精彩助攻之外，防守端的发挥也是无可挑剔，全场贡献了4次成功拦截。虽然皇马主帅安切洛蒂多次劝说克罗斯留下再战至少一年，但克罗斯仍选择了在巅峰处急流勇退，这也符合他在场上一贯的风格，永远能够做出最合理和最符合当下形势的选择。代表皇马捧起队史第15座欧冠冠军奖杯后，克罗斯也正式结束了自己金光灿灿的俱乐部生涯。

出生于东德体育世家，跟随父亲罗兰·克罗斯的脚步成为足球运动员，在拜仁成长并在10号位位置出名，租借勒沃库森期间成长为德甲顶尖中场，回归拜仁占据绝对主力位置，以世界杯冠军成员身份加盟皇马，并在组织型中场位置上成就一代大师伟业，托尼·克罗斯的职业生涯只能用完美来形容。而十载皇马生涯，克罗斯除了一如既往贡献出色的传球成功率，将中场梳理得井井有条，并以皇马球员身份五夺欧冠冠军之外，还贡献出一个个名场面。

在皇马欧冠"三连冠"期间，克罗斯定位球助攻拉莫斯头球破门的场景屡见不鲜，也被皇马拥趸称为"托尼带水"；他独树一帜的"推杆"式远射轻巧又不失精准，比起雷霆万钧的爆射破门多了几分别样美感；而克罗斯在皇马生涯前期多次用精确传球让C罗与贝尔在边路起飞；到了后期，威尼修斯、罗德里戈等人同样能够被克罗斯准确的传球"带飞"。2023/2024赛季皇马对决老东家拜仁一战，克罗斯的传球如同长了眼睛一般，穿过4名防守球员准确找到威尼修斯，后者甚至不用做出任何调整就轻松将球打入。克罗斯与莫德里奇、卡塞米罗组成的典礼三中场成就了皇马欧冠"三连冠"的伟业，当卡塞米罗离开、莫德里奇年龄渐长退居二线后，克罗斯仍然是皇马中场不可或缺的存在。而在他退役后，皇马恐怕也一时难以找到完美替代克罗斯的人选了。

德国足球名宿克洛泽曾形容克罗斯："他的职业生涯成就让人难以置信，最重要的是，尽管取得了成功，他的心态始终非常平和。"在足球世界被镁光灯包围的时代，克罗斯或许是最有凡心的巨星之一，场外的他心直口快，真情率性。在生涯高峰期坦然急流勇退，事了拂衣去，这也非常符合克罗斯的行事风格。一代中场大师潇洒转身离开，留下的是一道伟岸而又难以逾越的背影。

皇家荣耀　皇家马德里传奇功勋志

库尔图瓦
只手擎天

Thibaut Courtois

皇家档案

蒂博·库尔图瓦
Thibaut Nicolas Marc Courtois

生日	1992.5.11
国籍	比利时
身高	2.00米
位置	门将

欧洲冠军联赛历史上，总共有3位在决赛获得当场最佳球员称号的门将。2001年是拜仁门神卡恩，2008年则是曼联的范德萨，至于第3位，自然是皇马的骄傲——2022年帮助球队捧得第14座大耳朵杯的库尔图瓦。相较两位前辈，比利时门将的成就更显难能可贵，毕竟前两次决战比分都是1比1，二老通过点球大战才最终封神，库尔图瓦则在顶住24次轰炸，做出9次扑救之后，直接零封了利物浦，保住了皇马的1比0胜局。从这个层面来说，库尔图瓦对比赛的决定性作用更加令人叹服。

然而曾几何时，库尔图瓦也遭受皇马球迷的抵触。一方面是因为他的"敌对出身"，在从比利时亨克加盟英超切尔西之后，库尔图瓦曾被租借到马竞效力了长达3个赛季。另一方面则是"空降"而来立马被高层指定为主力，导致纳瓦斯被挤到冷板凳，而后者是许多球迷拥戴的欧冠三连霸英雄。

不可否认，库尔图瓦在皇马也的确有过一段挣扎时期。他带着2018年世界杯金手套的头衔投奔皇马，遇上的却是西甲豪门换血的阵痛期。C罗走了，齐

← 2022年5月28日，库尔图瓦凭借极其出色的发挥，当选欧冠决赛最佳球员。

达内也一度离开，新帅洛佩特吉撑不起场子，救火的索拉里也能力有限。在那段时间，比利时门将吃了不少苦头，被对手猛灌多球的次数不少，比如对阵塞维利亚0比3，对阵巴萨1比5，甚至对弱旅埃瓦尔也输过0比3。

这些挫折，对于门将的打击可能是致命的，毕竟信心是门将极为重要的一项指数，失去它，基本功再好也是徒劳。但心理素质恰恰是库尔图瓦的强项，关于这一点，2020年4月有过一个小故事。当时比利时人被媒体要求做一个小问答，根据现役门将的实际情况选出自己心目中各单项素质的最佳人选。结果库尔图瓦在"扑救"一栏填上了奥布拉克，特尔斯特根则被他列在"传球"一栏上，到了"心态"这一项，比利时人答道："我很难知道别的门将是什么想法，因此我选我自己。这也是考虑过去一年半发生在我身上的一切。如果你的精神不够强大，就根本无法生存。"

正是在做出自信回答的同年，库尔图瓦拿到了职业生涯的第二个西甲冠军，并第二次荣获西甲最佳门将称号。第一次是在他茁壮成长的马竞，第二次则是在皇马的逆境中——比利时门将的赛季开局其实不太理想，欧冠小组赛连续失误，导致皇马被比利时球队布鲁日连灌两球。但库尔图瓦很快挺了过来，最终用赛场上的表现说服了所有人。到了2022年，这位身高两米的大个子已然是全世界最顶级攻击手们的噩梦。不仅仅是决赛，皇马的欧冠晋级之路上处处都有库尔图瓦留下的神迹。他扑出过梅西的点球，为此后逆转淘汰巴黎圣日耳曼奠定了信心基础；他也阻挡了曼城众将的狂轰滥炸，没有半决赛次回合第87分钟那次脚尖一挡，整个欧洲足坛恐怕都会进入另一个平行世界。登基之战，库尔图瓦创造的则是前所未有的纪录——9次扑救是欧冠决赛的历史之最，2021/2022赛季总计59次扑救同为欧冠历史上单赛季最多。

俱乐部生涯

2009–2011	亨克	45场0球
2011–2018	切尔西	154场0球
2011–2014	马德里竞技（租借）	154场0球
2018–	皇家马德里	235场0球

皇马生涯统计

赛季	联赛出场	联赛进球	国内杯赛出场	国内杯赛进球	欧战出场	欧战进球	其他出场	其他进球	总计出场	总计进球
2018-19	27	0	1	0	5	0	2	0	35	0
2019-20	34	0	0	0	7	0	2	0	43	0
2020-21	38	0	0	0	12	0	1	0	51	0
2021-22	36	0	0	1	13	0	2	0	52	0
2022-23	31	0	5	0	10	0	2	0	49	0
2023-24	4	0	0	0	1	0	0	0	5	0
总计	170	0	7	0	48	0	10	0	235	0

皇马生涯集体荣誉

西甲冠军
2019-20　2021-22　2023-24

国王杯冠军
2022-23

西班牙超级杯冠军
2019-20　2021-22　2023-24

欧冠冠军
2021-22　2023-24

欧洲超级杯冠军
2024

世俱杯冠军
2018　2022

皇马生涯个人荣誉

萨莫拉奖（《马卡报》评选的西甲最佳门将）
2019-20

欧冠赛季最佳阵容
2021-22　2022-23

→ 2022年5月28日，库尔图瓦在欧冠决赛中近距离用脚封出利物浦前锋萨拉赫的射门。

皇家荣耀 | 皇家马德里传奇功勋志

纳乔 Nacho
最典型的马德里人

皇家档案

纳乔·费尔南德斯
Nacho Fernández

生日	1990.1.18
国籍	西班牙
身高	1.79米
位置	后卫

↑ 2023/2024赛季，纳乔捧起职业生涯第6座大耳朵杯。

纳乔出生在马德里市郊小镇阿尔卡拉，这里距离马德里车程约半小时，是西班牙文学巨匠塞万提斯的故乡，也拥有欧洲历史最悠久的学府阿尔卡拉大学。自出生到现在整整34年，纳乔始终都居住在这座小镇上，他的日常就是往返于皇马训练基地和自己的住所，从孩提时期和弟弟阿莱士·费尔南德斯共同在皇马青训接受训练，到后来进入皇马一线队的日常训练和比赛，纳乔的生活节奏始终都未曾改变。与在皇马立足并始终留守的纳乔不同，司职中场的弟弟阿莱士选择离开马德里，他曾去过西班牙人、埃尔切和雷丁等俱乐部，并最终在加的斯站稳脚跟，也数次和哥哥在西甲赛场交手。

从小到大，纳乔在马德里市郊阿尔卡拉镇的住所始终没有变过，他也始终和父母生活在一起，邻居们都与他甚为熟络。一些熟悉纳乔的朋友曾表示，生活中的纳乔是典型的马德里人，始终将家人放在首位。平日居住在远离市区的小镇子，为了工作驱车往返市区和小镇之间，多年以来基本不会长期离开家乡生活。在以第一队长身份捧起队史第15座欧冠冠军奖杯之后，纳乔效仿2022年捧起第14冠的马塞洛离开了伯纳乌，马塞洛在辗转奥林匹亚科斯之后选择落叶归根，纳乔却是离开了自己从出生以来就一直生活的地方。之前整整34年的人生中，纳乔始终生活在马德里，哪里也没有去过，转会沙特意味着他将第一

俱乐部生涯

2008-2012	皇家马德里二队	111场4球
2010-2024	皇家马德里	364场16球

皇马生涯统计

赛季	联赛 出场	联赛 进球	国内杯赛 出场	国内杯赛 进球	欧战 出场	欧战 进球	其他 出场	其他 进球	总计 出场	总计 进球
2010-11	2	0	0	0	0	0	0	0	2	0
2011-12	0	0	1	0	0	0	0	0	1	0
2012-13	9	0	3	0	1	0	0	0	13	0
2013-14	12	0	4	0	3	0	0	0	19	0
2014-15	14	1	2	0	6	0	0	0	22	1
2015-16	16	0	1	0	5	1	0	0	22	1
2016-17	28	2	5	1	4	0	2	0	39	3
2017-18	27	3	6	0	8	1	1	0	42	4
2018-19	25	0	5	0	5	0	0	0	30	0
2019-20	6	1	3	0	1	0	0	0	10	2
2020-21	24	1	1	0	8	0	0	0	33	1
2021-22	28	3	5	0	9	0	0	0	42	3
2022-23	27	1	7	0	9	0	1	0	44	1
2023-24	29	0	4	0	12	0	0	0	45	0
总计	242	12	47	2	70	2	5	0	364	16

皇马生涯集体荣誉

西甲冠军
2012-13 2017-18 2021-22 2023-24

国王杯冠军
2013-14 2022-23

西班牙超级杯冠军
2012 2017 2019-20 2021-22 2023-24

欧冠冠军
2013-14 2015-16 2016-17 2017-18 2021-22 2023-24

欧洲超级杯冠军
2014 2016 2017 2022

世俱杯冠军
2014 2016 2017 2018 2022

→ 2024年5月13日，纳乔以队长身份将皇马围巾和旗帜挂在丰收女神雕像的脖子上，庆祝皇马获得第36个西甲冠军。

次离开家乡到全新的地方生活，沙特给出的高额工资也让在皇马多年始终领着最低一档薪水的纳乔，得以放开手脚"赚钱淘金"。

对于纳乔而言，在这个夏天离开效力23年之久的皇马加盟沙特，是他第一次离开家乡长期生活工作。昔日接受《世界报》采访时，纳乔表示自己最感谢的就是父母，小时候他们几乎每天都驱车将自己和弟弟送到皇马训练营，而在被诊断出患有疾病时，也是父母鼓励自己继续走足球道路。正因为患有糖尿病，多年以来纳乔都非常注重身体保护和饮食的规律性，在踢球之外，他还拿到了运动科学相关学位，以更好地保护自己的身体。这也是他在漫长职业生涯中很少受伤，并随时随地能够填补队友空缺的重要原因。

无论是旧时代的佩佩、拉莫斯、马塞洛，还是后来的阿拉巴、米利唐等人缺席比赛，纳乔总能完美顶上空缺。多年以来，他从未是皇马真正意义上的主力，却始终兢兢业业。而作为皇马本地青训的标杆，与他同时代的卡瓦哈尔和巴斯克斯等人都经历过外租，唯有纳乔多年以来始终如一。平日居住在家乡阿尔卡拉，驱车前往巴尔德贝巴斯的皇马训练基地训练，在伯纳乌的替补席上随时准备顶替空缺，而在需要他打主力时，纳乔也不会令人失望。

2010/2011赛季为一线队首秀以来，能够出任防线多个位置的纳乔就始终作为替补轮换球员在皇马效力，防线上任何位置出现人员短缺时，纳乔都能立刻补上。2016/2017赛季纳乔在各项赛事中为皇马出战39场比赛，其中33场首发，是他进入皇马一线队以来出战最多的一个赛季。那个赛季皇马主场4比1击败塞维利亚一战，纳乔机警地快发任意球得分为皇马首开记录。接下来一个赛季，纳乔各项赛事出场次数上升到42场，成为皇马欧冠三连冠路上最重要的厚度保障。

2023/2024赛季皇马出现中卫荒时，纳乔继续保持之前多年的表现，在皇马防线缺人的情况下始终在"顶班"，对阵曼城的欧冠四分之一决赛，戴上队长袖标的纳乔全场与哈兰德缠斗，120分钟后仍顶住压力在点球大战中立功，决赛赛场面对多特蒙德高中锋菲尔克鲁格领衔的进攻线，继续首发的纳乔毫不畏惧，最终以第一队长身份举起职业生涯第六座大耳朵杯。2023/2024赛季也是纳乔在职业生涯经历的六场欧冠决赛中第一次首发出战，多年以来的坚持等到了功德圆满的时刻。最典型的马德里人纳乔，也带着无数的荣誉离开了效力多年的皇马。

皇家荣耀　皇家马德里传奇功勋志

维尼修斯
Vinicius
7号熊皇，愈发猖狂

皇家档案

维尼修斯·儒尼奥尔
Vinicius Junior

生日	2000.7.12
国籍	巴西
身高	1.76米
位置	前锋

皇马夺得队史第15个欧冠冠军后，各方都在为维尼修斯夺得2024年金球奖造势，伯纳乌的冠军庆典上响起了"维尼修斯，金球奖"的歌声，皇马系媒体也都在罗列本赛季以来"熊皇"的精彩表演。除了欧冠决赛打入锁定胜局进球之外，维尼修斯在欧冠半决赛首回合独中两元，次回合虽然何塞卢攻入决定性两球，但维尼修斯不断突破基米希把守的这一侧才是皇马逆转的本源，诺伊尔脱手造成何塞卢的补射破门也是来自维尼修斯的外围远射。四分之一决赛维尼修斯直接造就了皇马的两个进球，助皇马越过曼城，复仇成功。

2023/2024赛季是维尼修斯接过皇马7号球衣的第一个赛季，虽然在赛季初期因伤缺席了大部分比赛，但进入2024年后，维尼修斯的出色表现的确配得上成为2024年的金球奖得主。如果说曾经的维尼修斯突破能力出众，但在射门一环上仍存在缺陷，那么现在的他几乎找不到任何短板，从有球到无球，从突破到射门样样精通。C罗离开之后，伯纳乌终于又迎来了一位伟大的7号球员，

← 2023/2024赛季，维尼修斯多次依靠个人突破制造进球，欧冠决赛中，他接到贝林厄姆的传球一锤定音，帮助皇马夺得队史第15冠。

俱乐部生涯

2017-2018	弗拉门戈	69场14球
2018-2019	皇家马德里二队	5场4球
2018-	皇家马德里	265场84球

皇马生涯统计

赛季	联赛		国内杯赛		欧战		其他		总计	
	出场	进球	出场	进球	出场	进球	出场	进球	出场	进球
2018-19	18	2	8	2	4	0	1	0	31	4
2019-20	29	3	4	1	5	1	0	0	38	5
2020-21	35	3	2	0	12	3	0	0	49	6
2021-22	35	17	4	1	13	4	0	0	52	22
2022-23	33	10	7	3	13	7	2	3	55	23
2023-24	26	15	3	3	11	6	0	0	40	24
总计	176	50	28	10	58	21	3	3	265	84

皇马生涯集体荣誉

西甲冠军
2019-20 2022-21 2023-24

国王杯冠军
2022-23

西班牙超级杯冠军
2019-20 2021-22 2023-24

欧冠冠军
2021-22 2023-24

欧洲超级杯冠军
2022 2024

世俱杯冠军
2018 2022

皇马生涯个人荣誉

FIFA年度最佳阵容
2024

桑巴金球奖
2023

西甲最佳阵容
2023-24

欧冠赛季最佳阵容
2022-23 2023-24

西甲最佳球员
2022-23

世俱杯最佳球员
2023

→ 2022年5月29日，2021/2022赛季欧冠决赛，维尼修斯攻入全场唯一进球，帮助皇马力克老对手利物浦，捧起队史第14个欧冠冠军。

他就是维尼修斯·儒尼奥尔。

传承C罗，难承其重

在伯纳乌拥趸沉浸在皇马欧冠三连冠的辉煌时，C罗在2018年夏天的告别堪称"伤筋动骨"，皇马失去了过去9年来的第一巨星，以及全队无可争议的头牌。就在同一个夏天，维尼修斯来到伯纳乌报到，比起C罗告别伯纳乌，这个其貌不扬、一脸青涩的巴西少年的到来，在马德里根本掀不起任何浪花。虽然几年前皇马宣布以高达4500万欧元的价格引进这位巴西新星时，还是多少引发了一些讨论：这孩子究竟是谁，值得作为世界第一俱乐部的皇马掏出这么多钱引入吗？

作为皇马球员的第一期定妆照上，维尼修斯留着不起眼的平头，白净的牙齿上勒着铁丝。正式成为皇马一员后，巴西小将得到了白衣军团的28号战袍。当赛季的首回合马德里德比一战，皇马主场以0比0战平马竞，维尼修斯在下半场替补出场，上演皇马一线队正式比赛首秀，巴西小将在这场比赛上也悄然创造了一项纪录，他成为第一位代表皇马出战的"00后"球员。2018/2019赛季的皇马处在C罗离队后的阵痛期，整个赛季经历了三任主教练，第二任主帅索拉里给了维尼修斯不少表现机会，身披皇马28号的巴西小伙在出场的比赛中展示了自己作为初生牛犊的一面，多次在比赛中勇往直前，靠着速度和盘带技术撕扯对方的防线。但进入对方腹地之后，维尼修斯的进攻却总是以一脚不着边际的射门和略显随意的传球而告终。

那个赛季的国王杯第二回合，皇马主场0比3不敌巴萨宣告出局，全场比赛维尼修斯多次突破巴萨防线，却屡屡错失射门机会，而巴萨阵中的梅西和苏亚雷斯则把握住了为数不多的射门机会，将皇马淘汰出国王杯赛场。这场比赛也成为维尼修斯皇马前期表现的缩影，盘带和速度天赋拉满，但最后一下处理球总是让人失望。

对于年轻的维尼修斯而言，想在刚加盟皇马后就接过C罗的枪，确实是难以承受的重量。2020/2021赛季欧冠小组赛期间，西班牙媒体曾拍到本泽马在球员通道中向队友喊话"不要将球传给他（维尼修斯）"的画面，皇马平台的巨大曝光度和西班牙媒体的无孔不入，始终让维尼修斯承受着难以想象的巨大压力。

迎来蜕变，接班传奇

2019年夏天阿扎尔的到来，让外界普遍认为维尼修斯在皇马的位置将受到影响，另寻出路或许才是巴西小将的正途，但阿扎尔接连不断的伤病，让维尼修斯得以继续拥有皇马主力位置。2020/2021赛季欧冠四分之一决赛，维尼修斯在皇马对阵利物浦的首回合战役中独中两元，打出了加盟皇马以来第一场代表作。

接下来的2021/2022赛季，随着安切洛蒂的到来，皇马的进攻潜能得到了充分激发。本泽马打出加盟皇马以来产量最高的一个赛季，维尼修斯也迎来了蜕变，在本泽马身边活动的"熊皇"成为皇马进攻线上的一柄尖刀。当赛季西甲第二轮，维尼修斯独中两元帮助皇马3比3战平莱万特，随后他迎来了可怕

↑ 2023/2024赛季欧冠半决赛首回合，维尼修斯梅开二度，皇马客场2比2战平拜仁慕尼黑。

↗ 2024年1月15日，维尼修斯上演帽子戏法，帮助皇马4比1大胜巴萨，夺得队史第13个西班牙超级杯冠军。

→ 2024年6月2日，欧冠决赛夺冠后，进球功臣维尼修斯高举奖杯庆祝。

爆发，与本泽马的配合也愈发默契，两人在2021/2022赛季西甲赛场相互送出18次助攻。2021/2022赛季维尼修斯在各项赛事攻入22球，贡献16次助攻，比起之前一个赛季的6球4助攻有了长足进步，曾经那个找不到球门方向的毛头小伙彻底迎来蜕变。当赛季的欧冠半决赛上，维尼修斯用一次贯穿大半场的长途奔袭完成进球，欧冠决赛面对利物浦，维尼修斯攻入全场唯一进球，将自己的名字和迪斯蒂法诺、普斯卡什、劳尔、C罗和本泽马等为皇马在欧冠决赛破门的传奇并肩。

2022/2023赛季起，本泽马状态呈现下滑迹象，维尼修斯逐步扛起皇马锋线大旗，他的位置也从边路向中路移动，除精湛的盘带突破之外，也能承担组织进攻和外围远射等重要工作。当本泽马状态不佳时，维尼修斯的单兵能力成为皇马进攻端的重要武器，2022/2023赛季的欧冠赛场，维尼修斯在皇马迎战利物浦和曼城的比赛中均仰仗个人能力攻入世界波。2023/2024赛季皇马双冠王进程中，维尼修斯多次依靠个人突破制造进球，决赛接到贝林厄姆的传球一锤定音，此时作为皇马新7号的"熊皇"已经彻底迎来质变，伯纳乌南看台也时隔多年再次挥舞起7号旗帜，歌颂自家的新舵手。

出身贫民窟让维尼修斯在遭遇挫折时能够愈挫愈勇，并最终迎来蜕变，也让他在面对来自外界的挑衅话语时容易反应过激，在西甲赛场上维尼修斯屡次被对手的种族主义言论激怒，而皇马始终无条件对"熊皇"报以支持，皇马公关部主席布特拉格诺就曾表示："维尼修斯是西甲赛场的门面，他应当得到整个西班牙赛场的保护。"即使姆巴佩高调加盟，以维尼修斯近年来的出色表现和稳定的进步，皇马对于自己的7号仍将施以无条件支持。陪伴皇马从低潮走到高峰，维尼修斯个人也迎来了质变，假以时日，他必将成为皇马历史上又一名伟大的7号传奇。

皇家荣耀 | 皇家马德里传奇功勋志

巴尔韦德
从"小鸟"到"游隼"

皇家档案

费德里科·巴尔韦德
Federico Valverde

生日	1998.7.22
国籍	乌拉圭/西班牙
身高	1.82米
位置	中场

出道之初的巴尔韦德绰号是"小鸟",这个绰号是他在佩纳罗尔青年队时代的教练加布里埃尔为他取的。如今,在皇马功成名就的巴尔韦德被外界称为"游隼",他因为在场上兼顾攻防两端的出色表现和巨大的覆盖范围而得到这个绰号。加盟皇马以来,巴尔韦德一步一个脚印,从租借在外到进入一队,再到成为皇马中场基石,乌拉圭"游隼"几乎每一年都延续着进步的态势。

巴尔韦德出身于乌拉圭的佩纳罗尔俱乐部,2015/2016赛季他和偶像迭戈·弗兰同在这家俱乐部一线队踢球,当时只有17岁的巴尔韦德已经是佩纳罗尔的主力,也得到了多家欧洲俱乐部的关注,巴萨、曼联和阿森纳都曾有意将他招至麾下,但最终得手的是皇马。巴尔韦德曾有过"儿皇梦",这是他选择皇马的重要原因之一。2016年7月,巴尔韦德度过18岁生日后不久,他实现了儿时的愿望,成为皇家马德里的一员。第一个赛季他在索拉里治下的皇马卡斯蒂亚效力,接下来一个赛季,他被租借到拉科鲁尼亚,虽然没能阻止拉科鲁尼亚的降级,但租借在外的经历让巴尔韦德有了长足进步。

无论是在卡斯蒂亚还是拉科鲁尼亚,巴尔韦德都处在较为靠后的位置,出任防守型中场,甚至一度变身为后卫,到了2018/2019赛季,巴尔韦德被提拔到皇

巴尔韦德

← 2024年6月2日,欧冠决赛,巴尔韦德首发出场,帮助皇马2比0战胜多特蒙德,夺得冠军。

俱乐部生涯

2015-2016	佩纳罗尔	13场0球
2016-2017	皇家马德里二队	36场3球
2017-2018	拉科鲁尼亚(租借)	25场0球
2018-	皇家马德里	259场22球

皇马生涯统计

赛季	联赛出场	联赛进球	国内杯赛出场	国内杯赛进球	欧战出场	欧战进球	其他出场	其他进球	总计出场	总计进球
2018-19	16	0	5	0	4	0	0	0	25	0
2019-20	33	2	5	0	6	0	0	0	44	2
2020-21	24	3	2	0	7	0	0	0	33	3
2021-22	31	0	4	1	11	0	0	0	46	1
2022-23	34	7	8	0	12	2	3	3	56	12
2023-24	37	2	4	0	14	2	0	0	55	4
总计	175	14	28	1	54	4	2	3	259	22

皇马生涯集体荣誉

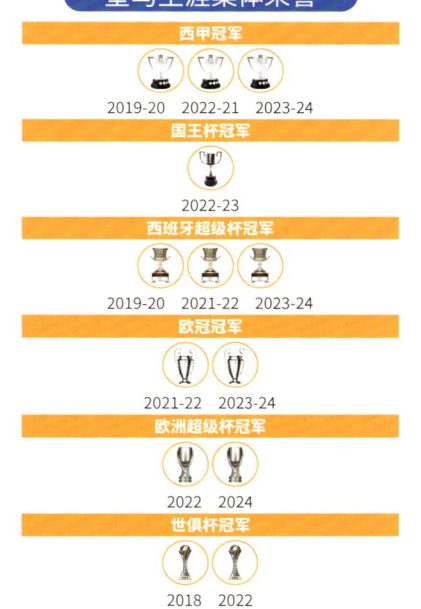

西甲冠军
2019-20　2022-21　2023-24

国王杯冠军
2022-23

西班牙超级杯冠军
2019-20　2021-22　2023-24

欧冠冠军
2021-22　2023-24

欧洲超级杯冠军
2022　2024

世俱杯冠军
2018　2022

皇马生涯个人荣誉

西甲赛季最佳阵容
2022-23 2023-24

乌拉圭最佳运动员奖
2022

→ 2024/2025赛季,克罗斯退役后,巴尔韦德接过了皇马8号球衣,正式成为皇马新一代的中场基石。

马一线队,在昔日卡斯蒂亚时代的恩师索拉里麾下,乌拉圭小将得到了一些出场机会。那个赛季末齐达内接替下课的索拉里,第二次成为皇马主帅,当时皇马已经失去了争夺各项赛事冠军的希望,齐达内也给了巴尔韦德不少表现机会,乌拉圭人被定位为克罗斯、卡塞米罗和莫德里奇中场三人组中任何一人的替补。

2019/2020赛季皇马在齐达内带领下重夺西甲冠军,巴尔韦德也逐步成为球队阵中的重要一员。在典礼中场逐步老去的情况下,巴尔韦德扮演了皇马中场提速器的角色,跑动能力出色的他为全队注入了过去一年多以来攻防两端最缺乏的速度和活力。同时,巴尔韦德也能在不同位置上发光发热,2021年欧冠四分之一决赛第二回合迎战利物浦,出任右后卫的巴尔韦德成功限制住了"红军"的左路进攻,帮助皇马完成零封,杀入四强。

2021年夏天安切洛蒂入主皇马,这也成了巴尔韦德蜕变的开始。在安帅麾下效力的第一个赛季,巴尔韦德的位置被挪动到了右中场,时常需要支撑全队右边路的攻防,当赛季欧冠决赛皇马1比0击败利物浦,维尼修斯的制胜进球正是来自巴尔韦德右路的致命传中。

到了2022年夏天,安切洛蒂在媒体面前放出话来,称如果巴尔韦德新赛季进球数不超过10个,他就撕毁自己的教练证。安帅的这一说法也让外界无比好奇,意大利教头到底在进攻端给巴尔韦德增加了多少戏份。2022/2023赛季开始之后,巴尔韦德果然接连收获精彩进球,当赛季中期的世界杯开战之前,他已经在各项赛事打入8球,基本保住了安帅的教练证。频频插上进攻和雷霆万钧的远射,是巴尔韦德进攻端的致命武器,最终,巴尔韦德当赛季贡献12球7助攻,安帅彻底开发出了前者的进攻能力,"游隼"的绰号也在这个赛季逐步被西班牙媒体喊出,巴尔韦德得知之后也笑称自己很喜欢这个新绰号。

2023/2024赛季随着贝林厄姆的到来并在进攻端表现出色,巴尔韦德的进球数有所减少,但他作为皇马中场提速器的作用仍旧不可忽视,他在防守端的积极跑动也让2022/2023赛季中卫位置上经历了严重伤病潮的皇马成为西甲失球数最少的球队,并再次成就双冠王伟业。安切洛蒂曾不止一次盛赞巴尔韦德的表现,并表示后者在自己的战术体系中不可或缺。最近两个赛季正式比赛总出场数超过100场的巴尔韦德也是不折不扣的"铁人",即使在场上活动范围极大,但他几乎从来都不会受伤。克罗斯宣布退役后,巴尔韦德接过了皇马8号球衣,乌拉圭"游隼"正式成为皇马新一代的中场基石。

皇家荣耀 | 皇家马德里传奇功勋志

贝林厄姆
一飞冲天的英伦巨星

皇家档案

祖德·贝林厄姆
Jude Bellingham

生日	2003.6.29
国籍	英格兰/爱尔兰
身高	1.86米
位置	中场

在姆巴佩高调到来之前，贝林厄姆已经是伯纳乌的新王，每个主场比赛日南看台高唱着的"Hey Jude"，看台上随处可见的5号战袍，因为贝林厄姆的存在，伯纳乌时隔多年再次出现了丰富的英伦元素。

虽然只加盟皇马一个赛季，贝林厄姆在伯纳乌收获的成就已经超越了多名来自英伦三岛的前辈，西甲和欧冠"双冠王"、西甲赛季最佳球员、整个赛季各项赛事23球13助攻的恐怖数据、欧冠决赛为维尼修斯送上致命一传。西甲形象大使、皇马名宿莫伦特斯在2023/2024西甲赛季总结会上谈到贝林厄姆时表示："在一个球风和文化都完全不同的环境之下，贝林厄姆能够适应得如此迅速，是很让人不可思议的事情，他当选西甲最佳球员实至名归。"

被母队退役球衣

2020年7月，只有17岁的贝林厄姆宣布将离开母队伯明翰，转会德甲劲旅多特蒙德，而伯明翰俱乐部宣布将退役贝林厄姆身穿的22号球衣。将一名17岁的年轻球员穿过的号码退役，这件事放到足坛历史上几乎是绝无仅有的，

← 2024年6月3日，皇马举行欧冠夺冠游行庆典，贝林厄姆捧起大耳朵杯。

俱乐部生涯

2019-2020	伯明翰	44场4球
2020-2023	多特蒙德	132场24球
2023-	皇家马德里	43场23球

皇马生涯统计

赛季	联赛 出场	联赛 进球	国内杯赛 出场	国内杯赛 进球	欧战 出场	欧战 进球	其他 出场	其他 进球	总计 出场	总计 进球
2023-24	28	19	3	0	12	4	0	0	43	23
总计	28	19	3	0	12	4	0	0	43	23

皇马生涯集体荣誉

西甲冠军
2023-24

西班牙超级杯冠军
2023-24

欧冠冠军
2023-24

欧洲超级杯冠军
2024

皇马生涯个人荣誉

金童奖
2023

科帕奖
2023

FIFA年度最佳阵容
2024

西甲赛季最佳阵容
2023-24

欧冠赛季最佳阵容
2023-24

西甲最佳球员
2023-24

→ 2024年5月15日，贝林厄姆一射两传，帮助皇马豪取九连胜。进球后的贝林厄姆，再现个人经典的庆祝动作。

伯明翰俱乐部在官方声明中表示："贝林厄姆在很短时间内就成为俱乐部的标志性人物，靠着自己的天赋、努力和奉献精神取得了出色成就，他在场外表现的谦逊和关怀也足以让他成为令人印象深刻的榜样，22号球衣已经成为他的标志，因此俱乐部决定退役这个号码，以致敬这位球员，并激励队中的其他年轻球员。"

虽然贝林厄姆在伯明翰的表现的确出色，但能够得到退役球衣号码的待遇在当时看来还是难以理解的。在贝林厄姆之前，英格兰俱乐部上一次退役球衣号码，还要追溯到西汉姆联的博比·摩尔，作为1966年代表英格兰捧起世界杯冠军的传奇队长，以及西汉姆联俱乐部历史上最伟大的球员，退役博比·摩尔的6号球衣当之无愧，而17岁的贝林厄姆何德何能，足以得到和英格兰足坛传奇一样的待遇？

后来《竞技网》披露，退役贝林厄姆的22号球衣这个决定是时任伯明翰的中国香港董事长任轩冬做出的，这个决定略显仓促，但的确反映出当地人对于贝林厄姆的喜爱，而且贝林厄姆加盟多特蒙德为伯明翰带来了一笔不菲的转会费，这对于当时财政状况不佳的伯明翰是雪中送炭般的存在。后来，随着贝林厄姆名气逐渐上升，伯明翰市政府也将城内正在修建的一座高架桥命名为"贝林厄姆"。而此番贝林厄姆功成名就，并在皇马收获巨大成功，当年每队伯明翰退役其球衣的决定"含金量"仍在上升。多家英国媒体曾表示，如果未来贝林厄姆能够以核心身份打破英格兰代表队在世界大赛的冠军荒，那么伯明翰这次退役球衣的决定，将丝毫不逊于当年西汉姆联退役博比·摩尔球衣。

2019/2020赛季，年轻的贝林厄姆作为伯明翰主力帮助球队在英冠勉强保级成功，赛季最后一轮对阵德比郡的比赛过后，贝林厄姆坐在伯明翰主场圣安德鲁斯球场的草皮之上，久久不愿离开，随后他与队友们、俱乐部员工们一一道别，表示自己离开儿时效力的队伍是一个艰难的决定。而在曼联和多特蒙德两家追逐自己多时的俱乐部之间，贝林厄姆选择了后者，桑乔在多特蒙德收获的成功，以及多特蒙德给足年轻球员表现机会的模式是贝林厄姆最终选择黄黑军团的原因。在多特蒙德，贝林厄姆迅速站稳脚跟，18岁的年纪就代表英格兰成年队出战了欧洲杯，而在求贤若渴的皇马召唤下，贝林厄姆最终选择登陆伯

皇家荣耀 | 皇家马德里传奇功勋志

纳乌，并在第一个赛季就大获成功，彻底征服了挑剔的西班牙媒体和皇马球迷。

攻防俱佳的全能战士

贝林厄姆加盟皇马初期，恰逢皇马锋线上本泽马离开，但并未补充主力级别的中锋。而皇马主帅安切洛蒂在赛季开始前表示："贝林厄姆可以在攻击线上扮演重要角色。"正如意大利主帅所言，在赛季初期维尼修斯有伤在身，罗德里戈找不到状态之时，初来乍到的贝林厄姆扛起了皇马锋线大旗。赛季前4轮西甲联赛，贝林厄姆场场破门，4场攻入5球，其中不乏对塞尔塔和赫塔费的制胜球，接下来的欧冠小组赛首轮，皇马锋线面对柏林联合的铁桶阵一筹莫展之时，又是贝林厄姆挺身而出上演绝杀。接下来贝林厄姆一发不可收拾，对阵那不勒斯上演惊人一条龙，对阵巴萨的国家德比独中两元并攻入绝杀进球，14场攻入13球的超高效率让西班牙媒体连连惊叹，也让伯纳乌球场屡次响起"Hey Jude"的歌颂，贝林厄姆征服伯纳乌仅仅用了不到三分之一个赛季。

虽然赛季后半段产量有所减少，但贝林厄姆也有在次回合国家德比继续补时绝杀，在欧冠决赛面对老东家多特蒙德贡献助攻的名场面，加盟皇马首个赛季打出23球13助攻的产量，差一点拿下西甲金靴，可以说是在皇马接过了本泽马离开后留下的枪。作为中场的贝林厄姆在皇马首个赛季的制造进球总数相比于多特蒙德的最后一个赛季翻了一倍还要多。

实际上，在伯明翰青年队效力时期，贝林厄姆就已经在向着中场"全能战士"的方向发展，他的风格像是英格兰传统"4号"，可以从本方禁区覆盖到对方禁区，贝林厄姆也曾将作为典型英伦全能中场的前利物浦队长杰拉德视为偶像，青年队时代的他可以出任6号、8号和10号等多个位置。曾在青年队指导过贝林厄姆的教练员罗宾逊表示，贝林厄姆甚至还能在边路活动，"他刚升入伯明翰一线队时，在左边锋和右边锋位置上都有出场经历，贝林厄姆具备在任何位置上踢球的能力，他对战术的理解非常清晰。"

即使如此，贝林厄姆在伯明翰生涯期间更多还是出任后腰位置，在伯明翰一线队效力的一个赛季，他平均每90

| 贝林厄姆

↖ 2023年10月29日，皇马客场2比1逆转巴萨，贝林厄姆补时绝杀后与队友庆祝胜利。
↑ 仅仅加盟皇马一个赛季，贝林厄姆就大获成功，彻底征服了挑剔的西班牙媒体和皇马球迷，他成为伯纳乌新宠与皇马的绝对基石。

分钟可以做出4次抢断和拦截，组织进攻方面也是一把好手。"我从来没有见过如此年轻的球员能够有这么强的阅读比赛能力。"罗宾逊说。转会多特蒙德之后，虽然只在伯明翰一线队效力一个赛季，但贝林厄姆的技术和身体给新队友留下了深刻印象，前多特蒙德门将布尔基曾在谈到贝林厄姆时表示："他第一次和我们训练时就展现出强大的实力和精神力，他非常自信，从不惧怕对抗。"

多特蒙德时代的贝林厄姆初期同样是出任后腰位置，但随后几个赛季里，他的位置越来越靠前，出色的技术和身体让贝林厄姆在进攻端也有精彩发挥，多特蒙德生涯最后一个赛季，贝林厄姆在各项赛事中攻入14球，这一数据超过他前两个赛季进球数的总和。而贝林厄姆的进球方式也非常多样，前插抢点和外围远射样样精通，头球原本并非他的强项，但在2024年欧洲杯上，贝林厄姆也在小组赛首战就利用头球破门得分。

虽然进球数逐年提升，但能够在加盟皇马首个赛季就一度强势领跑西甲射手榜，还差点拿下金靴奖，让外界对于贝林厄姆的表现感到有些惊讶。青年队教练罗宾逊表示，贝林厄姆对于胜利和进球的那份渴望，才是他取得今天成就的重要原因，"他始终希望成为世界上最好的球员，这一心态推动着他前行。"姆巴佩的到来以及克罗斯的退役可能会让贝林厄姆位置稍有后撤，也可能影响到他的进球数据，但无论在什么位置上，贝林厄姆对于胜利和成为最好球员的渴求都不会改变，已经成为伯纳乌新宠的他，现在和未来都会是皇马的绝对基石。

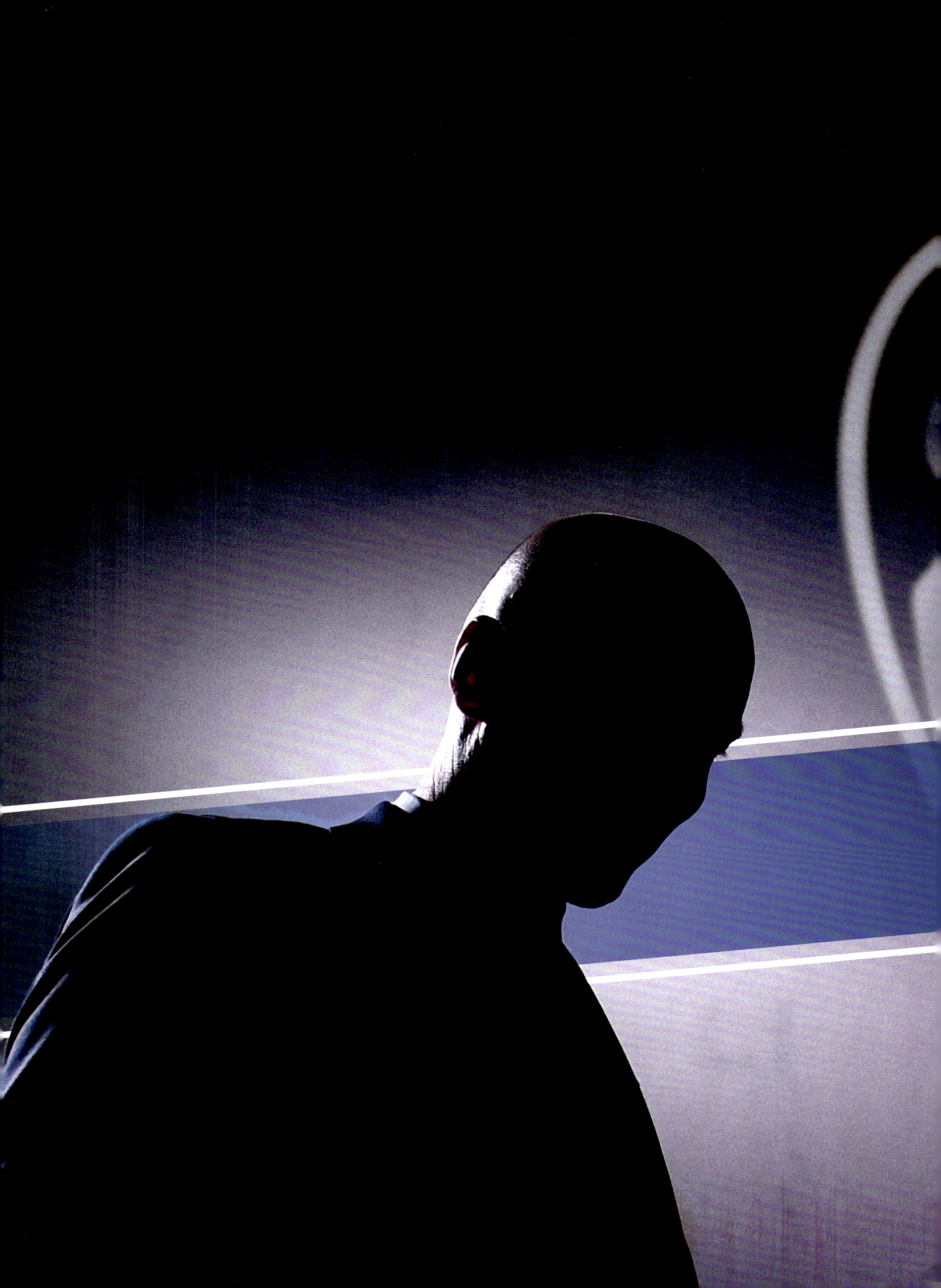

皇家传奇
名帅

皇家荣耀 皇家马德里传奇功勋志

皇家档案

何塞·比利亚隆加
José "Pepe" Villalonga Llorente

生卒	1919.12.12-1973.8.7
国籍	西班牙

➜ 比利亚隆加担任皇马主帅 3 年，率队夺取了创立后的前 2 届欧冠冠军。

比利亚隆加
Jose Villalonga
中校创世纪

皇马为什么被称为 20 世纪最伟大的足球俱乐部？除了在西班牙足坛的统治地位，更重要的是 2000 年之前那 8 座闪耀着荣光的欧冠奖杯。尤其是欧冠创立伊始的五连冠，为皇马树立了霸主权威。在迪斯蒂法诺、米格尔·穆尼奥斯、马基托斯和亨托这一串传奇球星的名字背后，有一位同样极具传奇色彩的教练。何塞·比利亚隆加，一个陆军中校、体育老师、教练员的教练，同时也是第一位站在欧洲足球之巅的西班牙人。

比利亚隆加 1919 年出生于西班牙历史古城科尔多瓦。作为忠实的体育爱好者，他从未以球员身份涉足职业足坛，只在家乡业余球会踢过几年。在那个动荡年代，普通年轻人实现梦想只有两个途径，成为体育明星或者从军。比利亚隆加参军后，并未舍弃运动方面的爱好和天赋，而且军人在西班牙社会中的特殊影响力，为他跻身体育圈提供了方便。

1949 年，30 岁的比利亚隆加获得执教资格。3 年后，他以体能教练身份加盟皇马，辅佐主帅伊皮尼亚。1953 年夏，前巴萨主帅恩里克·费尔南德斯执掌皇马，率队捧得了阔别 21 年的西甲奖杯。1954/1955 赛季西甲第 13 轮后，费尔南德斯下课，比利亚隆加第一次坐上了俱乐部主帅的位置，一段传奇就此开始书写。

1955/1956 赛季，首届欧洲冠军杯，皇马一路淘汰贝尔格莱德游击队、AC 米兰闯入决赛，并在巴黎王子公园球场 4 比 3 击败法甲冠军兰斯，首度加冕欧洲冠军。时年 36 岁的比利亚隆加就此成为首位，至今仍是最年轻的欧冠冠军主帅。1 年后，他再度率队闯入欧冠决赛，2 比 0 击败佛罗伦萨成功卫冕。如果说这场决赛缺乏看点，那么半决赛与曼联的两回合交战则是重头戏。迪斯蒂法诺和亨托们胜过慕尼黑空难前的"巴斯比宝贝"，比利亚隆加的铁拳也赢了马特·巴斯比。

比利亚隆加

执教生涯

年份	球队	胜率
1954-1957	皇家马德里	胜率 65.9%
1959-1962	马德里竞技	胜率 54.5%
1962-1966	西班牙队	胜率 42.1%

皇马执教生涯集体荣誉

西甲冠军
1954-55　1956-57

欧冠冠军
1955-56　1956-57

拉丁杯冠军
1955　1957

在比利亚隆加时期之前，皇马球迷恐怕从未体会过在西班牙、在整个欧洲称霸的感觉。2座联赛冠军、2座欧冠冠军、2座拉丁杯冠军，皇马的名字在短短几年间响彻世界，马德里一时间成了欧洲足球的中心。

圣地亚哥·伯纳乌主席将里亚尔、迪斯蒂法诺、科帕带到马德里，比利亚隆加则将这个巨星爆棚的更衣室打理得井井有条。亨托回忆："比利亚隆加是足球历史上难得一见的铁腕教练。他将军队中果敢顽强的精神和铁一般的纪律带进足球场，让球员明白球场就是战场的道理。"

作为杰出的体育培训者，比利亚隆加还积极从青训系统挖掘人才。他在任近3年，年轻的亨托有了长足进步，马特奥斯和卡斯塔尼奥等小将也崭露头角。他的学生中，米格尔·穆尼奥斯成为一代名帅。

比利亚隆加离开皇马和前任一样突然，他与高层的矛盾在第二个冠军杯到手后公开化。原来这支球队背后不止他一人在运筹帷幄——伯纳乌主席要求领队、曾任主帅的伊皮尼亚参与技术事务，但被比利亚隆加拒绝。后者提出让步条件，希望仍以体能教练身份继续工作，但未获采纳。比利亚隆加就此结束了皇马执教生涯。阿根廷人卡尔尼利亚接管球队，并延续了前任的辉煌。用迪斯蒂法诺的话说："比利亚隆加领军的皇马，前进势头是如此之猛，以至于主帅下课后几年内都无人能挡。"

欧冠首位冠军教练的传奇故事没有就此完结。后来，他带领马竞夺得队史首座洲际冠军——优胜者杯；带领西班牙队在1964年击败强大的苏联夺得国家首座洲际奖杯。仅就欧冠和欧洲杯这双料冠军头衔，直到阿拉贡内斯和博斯克联手开创的黄金时代，比利亚隆加的历史成就才被赶超。而比利亚隆加在国家足球教练培训学校任职期间所著《足球教练员手册》，无疑是后两位宗师级教练的启蒙读物。

1964年欧洲杯决赛前，比利亚隆加在沙地上画出球场，将菠萝当作苏联球员，将石头当成西班牙球员，鼓励大家："石头更硬。"论个性、论成就，比利亚隆加是真正的Special One（特殊的一个）。可惜这位传奇教练在1973年因心脏病英年早逝，终年53岁，太多传奇就此变成了传说。在他带给皇马、带给整个西班牙足球的巨大影响面前，那几座奖杯不过是丰碑上的装饰。

↓ 1954年的一场比赛中，比利亚隆加（左一）与球员们在开赛前拍摄全家福。

皇家荣耀 | 皇家马德里传奇功勋志

皇家档案

路易斯·卡尔尼利亚
Luis Antonio Carniglia

生卒　1917.10.4-2001.6.22
国籍　阿根廷/意大利

➡ 卡尔尼利亚带领皇马球员进行训练。

卡尔尼利亚 Luis Carniglia

摩登跑者

　　齐达内初掌皇马教鞭时，其助手贝托尼没有欧足联职业教练证书，一度引发不小的争议。助教的身份还算好弄，但主教练无证上岗是不是就有点过分了？这事真的发生过，而且还发生在正处巅峰年代的皇家马德里。

　　时间回溯到1957年夏，带领球队夺取欧冠创立后前2座冠军的比利亚隆加，因不满俱乐部安排伊皮尼亚做他的"监军"，愤然离职。伯纳乌主席原本想让中场核心米格尔·穆尼奥斯兼任球员和教练（这在早年职业足坛并不罕见），但后者也不愿受别人制约。于是，阿根廷人路易斯·卡尔尼利亚出现在了查马丁球场。

　　卡尔尼利亚球员时代在博卡青年成名，但职业生涯几次受到严重伤病打击。1950年，他前往法甲尼斯，在这个美丽的海滨城市度过了7年好时光。他先是以球员身份随队拿到法甲冠军，随后脱下球衣换上西服，又拿了一次。相比冠军荣誉，卡尔尼利亚更在意自己在普罗旺斯艾克斯体操学院进修的那段经历，因为他既可以担当球队的技术指导，也能负责球员的体能准备工作。这条件刚好契合皇马的需要：卡尔尼利亚没有西班牙足协颁发的教练证书，但伊皮尼亚有，所以前者挂了"技术和体能顾问"的头衔，后者则成了名义上的领队和教练。皆大欢喜。

　　彼时以埃莱尼奥·埃雷拉为代表的阿根廷足球流派，对欧洲大陆的足球风格有诸多批评。他认为皇马踢的是"矫饰足球"，有太多无用的短传，技术精湛但战术稀松，身体对抗能力不足。而他眼中的"现代足球"，本质上是速度，跑得快、传得快、思考快、突破快，得分更要快。卡尔尼利亚的观点不似这样激进，但认为皇马球员确实需要在运动机能方面有所改善。皇马当时一年要踢70多场比赛，除了正式联赛和洲际杯赛，还有穿插其间数不胜数的商业赛。那是维持俱乐部庞大开销的唯一途径。此外，"金箭头"迪斯蒂法诺已经31岁，而他是皇马进攻速度的保障。此前为他找来的接班人科帕水平很高，但怎样让两人共存又是个问题。

　　卡尔尼利亚将跑步列为重要的训练内容，并依照不同强度设计了4个方案。正如预料的那样，球员们开始抱怨训练太苦，并将老大哥迪斯蒂法诺推到前面替全队发声。卡尔尼利亚并不理会，而是带头跑在最前边，他强调："一些人总想找借口偷懒，将随便散步说成是'技术'。然而足球是一

执教生涯

1955-1957	尼斯	胜率 42.7%
1957-1959	皇家马德里	胜率 68.7%
1959-1960	佛罗伦萨	胜率 62.2%
1961	巴里	胜率 24.0%
1961-1963	罗马	胜率 54.5%
1963-1964	AC米兰	胜率 53.3%
1964-1965	拉科鲁尼亚	胜率 19.0%
1965-1968	博洛尼亚	胜率 54.3%
1969-1970	尤文图斯	胜率 41.7%
1973	圣洛伦索	胜率 46.9%
1978-1979	波尔多	胜率 29.4%

皇马执教生涯集体荣誉

西甲冠军
1957-58

欧冠冠军
1957-58　1958-59

↓ 卡尔尼利亚是皇马历史上首位阿根廷籍主帅，虽然任期不长，但率队 2 次夺取欧冠冠军。

项以跑动为基础的运动，站着是没法踢球的。"

战术方面，他也大胆搞了改革。他说服科帕去打右边锋，利用速度和盘带打开空间。不过，法国人不太高兴，他还是想和迪斯蒂法诺并肩作战。此外，卡尔尼利亚认为米格尔·穆尼奥斯实在太慢了，和科帕不合拍，很快就让更年轻、更有活力的桑蒂斯特万接替前者，并让阿根廷人桑塔马里亚充当中轴。

伯纳乌主席某天请卡尔尼利亚到家里喝咖啡，询问他对皇马这支冠军队的印象。阿根廷人非常直白地答道："个体素质很好，但团队表现不佳，整体缺乏实力。"伯纳乌指着墙上一幅斗牛主题的画作说："公牛就在那里。"谈话结束，卡尔尼利亚认为主席给予他极大信任，让他担负起改造球队的责任，可以行使必要的权力。1957/1958赛季，皇马以压倒性的进攻和稳健的防守冠绝西甲。欧冠决赛，皇马在恶战中3比2击败AC米兰，迪斯蒂法诺和里亚尔两度扳平比分，亨托在加时赛打入制胜球。

不过，卡尔尼利亚并没有想象中那么大的权力。他想要迪斯蒂法诺在哥伦比亚百万富翁的前队友皮波·罗西来打中场，但河床要价很高，没能成行。而且他与技术总监萨米铁尔都对俱乐部引进普斯卡什表示反对。匈牙利人自流亡在外，每天意大利面管饱，又一年多没打职业比赛，身材走形得厉害。伯纳乌做通两方工作，在卡尔尼利亚的监督下，普斯卡什足足减重15千克才获准参加第一场正式比赛。

然而，卡尔尼利亚最终还是因为对匈牙利人存有成见，匆匆终结了自己与皇马的短暂缘分。1959年欧冠决赛上，皇马击败兰斯实现四连冠，但伯纳乌很快毫不留情地解雇了卡尔尼利亚，只因普斯卡什被放在了比赛名单之外。这就是皇马，欧冠冠军教练也不会拥有特权。

皇家荣耀 | 皇家马德里传奇功勋志

> 穆尼奥斯职业生涯共13次夺得西甲冠军，其中作为主帅9次率队联赛称雄。

穆尼奥斯
Miguel Munoz

第一教练

皇家档案

米格尔·穆尼奥斯
Miguel Munoz Mozun

生卒	1922.1.19-1990.7.16
国籍	西班牙
身高	1.65米
位置	后腰

2021/2022赛季，马竞主帅西蒙尼达成带队征战400场西甲的傲人纪录，排在他之前的只有同为马竞名宿的阿拉贡内斯，以及皇马传奇米格尔·穆尼奥斯。不出意外的话，西蒙尼不久后就能先后超越两位前辈，刷新这项纪录。

对穆尼奥斯而言，他当年创下的各种纪录可能早晚会被后来人超越。但把这一项项成就叠加起来，放在同一个人身上，在西班牙足球历史上意味着永恒：分别以球员和教练身份在同一家俱乐部捧得欧冠冠军；在同一家俱乐部连续执教14个赛季，拿到9个联赛冠军，胜率达到59%。这就是皇马历史第一教练：米格尔·穆尼奥斯。

足球历史学者会以迪斯蒂法诺加盟皇马作为一个时代的分割点。"迪斯蒂法诺时代"开启了皇马作为一家欧陆强队驰骋世界赛场的新征途。之所以没有"穆尼奥斯时代"，是因为他无论作为球员还是教练，都代表了伯纳乌主席统御俱乐部的黄金年代。

1952年，皇马的财政状况终于稳定下来，伯纳乌开始在全西班牙范围网罗

穆尼奥斯

球员生涯

1943-1944	洛格罗尼奥	
1944-1946	桑坦德竞技	46场19球
1946-1948	维戈塞尔塔	37场2球
1948-1958	皇家马德里	249场25球

执教生涯

年份	球队	胜率
1959	皇家马德里	胜率55.6%
1959-1960	皇家马德里二队	胜率41.9%
1960-1974	皇家马德里	胜率59.1%
1969	西班牙队	胜率64.3%
1975-1976	格拉纳达	胜率23.7%
1977-1979	拉斯帕尔马斯	胜率37.5%
1979-1982	塞维利亚	胜率39.0%
1982-1988	西班牙队	胜率50.9%

↓ 球员时代，穆尼奥斯（右）作风勇猛，曾在1956至1958年间担任皇马队长。

足球人才。彼时在维戈塞尔塔效力的穆尼奥斯与队友帕伊尼奥一同加盟皇马。穆尼奥斯经历过内战，性格里带有现代球员罕见的自省和牺牲精神。他身材矮壮，技术并不突出，但凭借惊人的身体素质和奉献精神，最终成为队长和中场支柱。

皇马终于开始赢得冠军，并在新生的欧冠舞台异军突起时，穆尼奥斯已步入球员生涯暮年。他曾自嘲："在黑白电视里，我穿着白色短裤的样子又老又肥。我想，别再自欺欺人了。"1957/1958赛季，穆尼奥斯踢完对匈牙利瓦萨斯的欧冠半决赛，就再没出过场。

主帅卡尔尼利亚崇尚速度，于是用更年轻的桑蒂斯特万代替了34岁的老队长。伯纳乌曾考虑直接让穆尼奥斯接手教鞭，但最终选择了卡尔尼利亚。不过他也没等太久。1959年2月，卡尔尼利亚饱受肾绞痛之苦，休息了近2个月时间。穆尼奥斯在这段时间代理教练职务。

穆尼奥斯在新岗位的起步并不顺利，刚开张就输给了马竞，后来对瓦伦西亚和毕尔巴鄂竞技未能取胜，导致联赛冠军最后被巴萨夺走。好在他带队大胜维也纳体育，闯过了欧冠1/4决赛这关。

卡尔尼利亚因不愿使用普斯卡什被解雇，伯纳乌随后请来的巴拉圭教练索利奇同样与更衣室大佬们不和睦，没等赛季结束就卸任走人。穆尼奥斯的行事风格果敢稳健，在管理层和更衣室都深受信任，顺理成章地接过帅印。恐怕没

皇家荣耀　皇家马德里传奇功勋志

↑ 穆尼奥斯指导皇马球员费洛进行训练。

皇马球员生涯统计

赛季	联赛 出场	联赛 进球	国内杯赛 出场	国内杯赛 进球	欧战 出场	欧战 进球	总计 出场	总计 进球
1948-49	22	6	3	0	-	-	25	6
1949-50	24	4	6	0	-	-	30	4
1950-51	28	9	0	0	-	-	28	9
1951-52	30	1	0	0	-	-	30	1
1952-53	24	2	0	0	-	-	24	2
1953-54	27	0	2	0	-	-	29	0
1954-55	30	2	0	0	0	0	30	2
1955-56	22	0	0	0	7	1	29	1
1956-57	12	0	0	0	6	0	18	0
1957-58	4	0	0	0	2	0	6	0
总计	223	24	11	0	15	1	249	25

人想到，那几年换帅像走马灯一样的皇马，迎来了历史上最长的教练时代。

后来人将齐达内与穆尼奥斯做比较，缘于两人执教生涯的高起点。穆尼奥斯上任后即面临大考，欧冠半决赛直面刚刚在联赛捧杯的巴萨。出人意料的是，皇马在主客场都以 3 比 1 击败死敌。普斯卡什两战打进 3 球，证明自己胖有胖的道理。到了决赛，"钢炮"和"金箭头"大发神威。迪斯蒂法诺打进 3 球，普斯卡什独中四元。皇马以一场 7 比 3 的畅快对决击败法兰克福，创下后世再也无法复制的欧冠五连神迹。

攀上巅峰意味着面临下滑，"黄金一代"同样面临着岁月消磨。1960/1961 赛季，皇马在欧冠 1/8 决赛再碰巴萨，遭遇对手完美复仇。此后 4 年，皇马虽然在联赛保持着无可动摇的霸主地位，但两次打进欧冠决赛总是功亏一篑。

终于，皇马在 1964 年欧冠决赛 1 比 3 惨败给国际米兰后，迪斯蒂法诺公开质疑穆尼奥斯的排兵布阵。而穆尼奥斯看到的则是：曾受万人敬仰的"金箭头"已经 37 岁，老了，不适合继续首发了。让立下盖世之功的超级球星离队，是教练必下的决心。迪斯蒂法诺当年夏天满腹怨气转投西班牙人，普斯卡什和桑塔马里亚也在一年后退出主力阵容。皇马换代宣告完成。

这个被称为"耶耶皇马"的时代以阿曼西奥、格罗索、亨托和皮里等人为核心。"耶耶"得名于甲壳虫乐队那首风靡全球的《他爱你》中的歌词。一群受到摇滚精神指引的年轻人再叛逆也不敢违背穆尼奥斯的意志。年轻的后卫德费利佩说："我当年天不怕地不怕，总想跑上去助攻。唐·米格尔（穆尼奥斯）抓住我说：'前场人足够了。你要是不乐意防守，我就换个后卫。'他是最睿智的教练。"

何言睿智？完全告别"迪斯蒂法诺时代"之后一年，1965/1966赛季，皇马又一次挺进欧冠决赛，并依靠阿曼西奥和塞雷纳在下半场5分钟内的2个进球击败贝尔格莱德游击队，队史第6次捧起欧冠奖杯。虽然西甲的外援禁令已实行多年，但之前5次夺冠都有阿根廷、乌拉圭或匈牙利人参与在内。而这一支皇马冠军队全部由西班牙人组成。

而后，皇马又达成了一次西甲三连冠。不过进入20世纪70年代，逐渐开放的社会文化给足球界带来新鲜感，伯纳乌年老力衰，穆尼奥斯也感受到内部外部的压力。在勉强夺得1971/1972赛季联赛冠军后，皇马高层感觉这届教练班子可能落后于时代了。1974年1月，皇马宣布解雇米格尔·穆尼奥斯，一个时代宣告终结。

不过在卸任前，桑蒂利亚纳、加西亚·雷蒙和卡马乔等年轻球员已经成长起来，将在下一个时代大展身手。而穆尼奥斯在20世纪80年代执掌西班牙国家队教鞭，开始书写另一段传奇。

皇马球员生涯集体荣誉

西甲冠军
1953-54　1954-55　1956-57　1957-58

欧冠冠军
1955-56　1956-57　1957-58

拉丁杯冠军
1955　1957

皇马执教生涯集体荣誉

西甲冠军
1960-61　1961-62　1962-63　1963-64　1964-65
1966-67　1967-68　1968-69　1971-72

国王杯冠军
1961-62　1969-70

欧冠冠军
1959-60　1965-66

洲际杯冠军
1955　1957

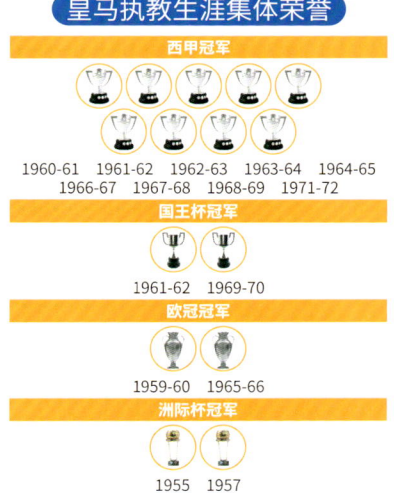

皇马执教生涯个人荣誉

《法国足球》历史50大教练（第14名）
2019

➜ 1973年，穆尼奥斯（右）与77岁高龄的皇马主席伯纳乌在伯纳乌球场共同亮相。

皇家荣耀　皇家马德里传奇功勋志

→ 莫洛尼曾先后4次执掌皇马帅印。

皇家档案

路易斯·莫洛尼
Luis Molowny Arbelo

生卒	1925.5.12-2020.2.12
国籍	西班牙/爱尔兰
身高	1.67米
位置	二前锋

莫洛尼 Luis Molowny
四重救火神话

1974年1月14日星期一，记者们焦急地等在主席办公室外。上个周末联赛，皇马0比2负于卡斯特利翁，直接导致掌舵14年之久的主教练米格尔·穆尼奥斯下课。人们分外紧张地等待新教练人选出炉——是迪斯蒂法诺还是哪个东欧战术大师？伯纳乌主席在解雇穆尼奥斯的文件上签名的同时，心里已经默默圈定一人。

路易斯·莫洛尼1925年出生于特内里费岛，在拉斯帕尔马斯年少成名。1946年，皇马和巴萨同时相中了这位全能中场。原本慢了一步的皇马经理得到伯纳乌的授权，提着现金箱子坐上了当时票价不菲的飞机，比乘船的巴萨经理早一步抵达，抢先与莫洛尼签约。21岁的莫洛尼出道即巅峰，24场比赛打进15球。在那一批球员的不懈努力下，皇马终于打破21年与联赛冠军无缘的魔咒，为日后辉煌年代打下坚实基础。

莫洛尼不能算是皇马历史上最好的球员，但其教练生涯却充满传奇和戏剧色彩。挂靴后，他在拉斯帕尔马斯先后执教6个赛季，还在1969年短暂与米格尔·穆尼奥斯、阿蒂加斯一起组成西班牙国家队"三人教练组"。按照现在的标准，莫洛尼的履历不足以担当皇马主帅的重任。然而伯纳乌后来证明自己是对的。

1974年，莫洛尼出任皇马主帅不到1个月就遭重创，球队0比5惨败给克鲁伊夫领衔的巴萨。最终联赛仅排名第8，无缘欧战。正当愤怒的球迷打算讨个说法时，皇马在国王杯大杀四方，对贝蒂斯和格拉纳达都单场打进7球，并在决赛4比0痛击巴萨，完美复仇。

该不该留下莫洛尼呢？皇马高层有点犹豫。不过莫洛尼没让领导费心，相比一队主帅这个烫屁股的座位，生来低调的他更喜欢青训工作。平静的日子持续了3年。1977/1978赛季，皇马在联赛首轮输给萨拉曼卡，主帅米利亚尼奇立刻向病榻上的伯纳乌主席递交辞呈。他早就不想干了。上赛季皇马仅排名西甲第9，与之前蝉联冠军的雄姿判若两队。尽管健康状况糟糕，伯纳乌依然做了清醒的判断，召回莫洛尼。换帅后的首场比赛，皇马3比0击败了塞维利亚，随后整年顺风顺水，双杀巴萨和马竞，重夺联赛冠军。

莫洛尼

球员生涯

1943-1946	马里诺	
1946-1957	皇家马德里	191场101球
1957-1958	拉斯帕尔马斯	3场1球

执教生涯

年份	球队	胜率
1957-1958	拉斯帕尔马斯	胜率36.8%
1960	拉斯帕尔马斯	胜率20.0%
1967-1970	拉斯帕尔马斯	胜率48.2%
1969	西班牙队	胜率50.0%
1974	皇家马德里	胜率40.0%
1977-1979	皇家马德里	胜率56.8%
1982	皇家马德里	胜率66.7%
1985-1986	皇家马德里	胜率62.5%

皇马球员生涯统计

赛季	联赛出场	联赛进球	国内杯赛出场	国内杯赛进球	欧战出场	欧战进球	总计出场	总计进球
1946-47	15	11	9	4	-	-	24	15
1947-48	19	9	0	0	-	-	19	9
1948-49	5	4	2	0	-	-	7	4
1949-50	21	13	4	3	-	-	25	16
1950-51	21	11	0	0	-	-	21	11
1951-52	29	16	0	0	-	-	29	16
1952-53	21	7	0	0	-	-	21	7
1953-54	23	13	2	2	-	-	25	15
1954-55	12	6	0	0	-	-	12	6
1955-56	6	1	0	0	2	1	8	2
总结	172	91	17	9	2	1	191	101

皇马球员生涯集体荣誉

西甲冠军
1953-54　1954-55　1956-57

国王杯冠军
1947

欧冠冠军
1955-56

拉丁杯冠军
1955　1957

皇马执教生涯集体荣誉

西甲冠军
1977-78　1978-79　1985-86

国王杯冠军
1973-74　1981-82

西班牙联赛杯冠军
1985

联盟杯冠军
1984-85　1985-86

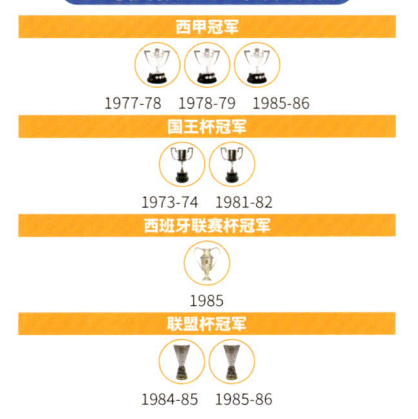

→ 莫洛尼（右）和桑蒂利亚纳拥抱庆祝。

历史上罕见莫洛尼这样"不求上进"的教练。夺冠后，他又觉得自己完成任务，可以退居二线了。然而伟大的伯纳乌于1978年6月离世，皇马顿时陷入群龙无首的局面。新主席路易斯·德卡洛斯说服莫洛尼留下，至少帮助俱乐部熬过这个过渡时期。于是，莫洛尼带着这支拥有桑蒂利亚纳、博斯克、华尼托和施蒂利克的强大球队成功卫冕。美中不足的是，皇马在欧冠被草蜢淘汰，国王杯决赛输给了瓦伦西亚。次年，皇马将帅印交给了博斯科夫，莫洛尼则回到了体育城的老办公室里。

又是将近3年过去，皇马周期性危机到来。球队在赛季尾声负于拉斯帕尔马斯，失去争冠良机。莫洛尼火线接替博斯科夫，上来就在国王杯半决赛与皇家社会来了一场刺激的点球大战，并如愿闯入决赛。10天后，皇马击败希洪夺冠。这还不够，皇马在联赛倒数第2轮击败巴萨，虽然自己与冠军无缘，但成功将死敌也拖下水，将皇家社会送上冠军宝座。此时球迷完全将莫洛尼视作皇马历史上最灵验的神仙，哪怕在最绝望的境地，只要由他经手就能逆转乾坤。然而迪斯蒂法诺来年一上任，这位"神奇先生"立刻回到青训营，并且对外表示不会再当"救火教练"。

然而紧要关头，莫洛尼还是放不下自己的球队。1984/1985赛季，皇马在赛季末段连输5场。联盟杯半决赛0比2输给国际米兰后，高层对主帅阿曼西奥失去耐心，再次请莫洛尼出山。依然是那个"奇迹先生"，依然是一连串奇迹。联盟杯上，皇马先是在半决赛次回合3比0击败国际米兰晋级决赛，又在决赛以总比分3比1赢下匈牙利的维迪奥顿夺冠。与此同时，皇马在西班牙联赛杯点球淘汰巴萨，决赛又以总比分4比3击败马竞夺冠。

新上任的皇马主席拉蒙·门多萨雄心勃勃，但他做的第一件事就是说服莫洛尼至少再带一年。他为老帅带来了乌戈·桑切斯、马塞达和戈迪略等球星。在1985/1986赛季，皇马以极大优势夺得西甲冠军，并在联盟杯决赛击败科隆成功卫冕。然而赛季结束时，莫洛尼告诉门多萨："我60岁了，感觉很累。我想退休了。"等到荷兰人本哈克到来时，皇马球迷依依不舍地送别了这位总能在关键时刻挺身而出、创造奇迹的低调传奇。

本哈克 Leo Beenhakker
五鹰之主

"对西班牙足球而言，本哈克应与克鲁伊夫占有同等重要的地位。"米歇尔·冈萨雷斯多年后发表了惊人言论。其实皇马传奇门将帕科·布约也持相同观点，认为同是荷兰人，本哈克带来的影响被忽略了。这并不仅是名宿们在借故怀念五鹰年代的辉煌，而是发自肺腑的感慨。本哈克来西班牙执教的时间比克鲁伊夫早2年，取得西甲三连冠，可惜他终究错失了夺取欧冠的最佳时机。

本哈克少年清贫，一边当电工一边踢球。命运不公，19岁时他因一场重伤提前终结了球员生涯，就此走上执教之路。1986年，受到拉蒙·门多萨主席邀请时，本哈克已带领阿贾克斯拿过荷甲冠军，并在萨拉戈萨留下足迹。不过此时的荷兰人还算不上名帅，他要执教的皇马则是一座难以逾越的高山。在"奇迹先生"莫洛尼指导下，皇马蝉联联盟杯冠军，还夺得上赛季西甲冠军。请来本哈克，只是因为莫洛尼想退休。彼时球迷的胃口被吊得很高，除了保持西班牙国内领先优势，还要在欧冠上有所突破。

本哈克首先想到的是改革战术理念。15年前米歇尔斯将"全能足球"理念带到巴塞罗那，掀起一股风潮，但并未真正带动变革。眼下的皇马有实力也有朝气，球员身体条件很好，是培育荷兰足球风格的沃土。米歇尔回忆道："那是一场真正的革命，领导者正是本哈克。他是革新者，所有训练课都是通过球来实现。我当时23岁，还未遇到过用球来教习战术的教练。之前的理念是，你比对手强，那就能赢。但如果遇到实力相当的对手，就另当别论了。"

本哈克接管了一支素质出色的队伍。莫洛尼治下，五鹰已经成材，卡马乔和巴尔达诺正值当打，乌戈·桑切斯和戈迪略包打天下。1985/1986赛季，皇马在西甲打进83球，比亚军巴萨足足多出22个。而本哈克不但要将这种一飞冲天的劲头保持下去，还要让这种豪横的打法变成皇马的固有风格。

1986/1987赛季，西甲迎来史上最漫长赛程。联赛规模1年后将从18队扩充至20队，为此，除了34轮常规联赛，还进行了"季后"分组赛。皇马后程发力，30轮后争得领先位置，最终夺冠。乌戈·桑切斯以34球连续第3年捧得

← 本哈克曾带领皇马 3 次夺得西甲冠军。

皇家档案

莱奥·本哈克
Leo Beenhakker

生日	1942.8.2
国籍	荷兰

执教生涯

年份	球队	胜率
1965-1967	埃佩	
1968-1972	芬丹	胜率 32.1%
1972-1975	坎布尔	胜率 31.1%
1975-1976	前进之鹰	胜率 17.6%
1979-1981	阿贾克斯	胜率 62.7%
1981-1984	萨拉戈萨	胜率 41.7%
1984-1985	福伦丹	胜率 28.9%
1985-1986	荷兰队	胜率 66.7%
1986-1989	皇家马德里	胜率 65.3%
1989-1991	阿贾克斯	胜率 61.0%
1990	荷兰队	胜率 16.7%
1992	皇家马德里	胜率 50.0%
1992-1993	草蜢	胜率 53.1%
1993-1994	沙特阿拉伯队	胜率 62.5%
1994-1995	墨西哥美洲	
1995	伊斯坦布尔体育	胜率 12.5%
1996	瓜达拉哈拉	
1996-1997	维特斯	胜率 45.0%
1997-2000	费耶诺德	胜率 56.0%
2003-2004	墨西哥美洲	胜率 45.2%
2005-2006	特立尼达和多巴哥队	胜率 38.1%
2006-2009	波兰队	胜率 45.7%

皇马执教生涯集体荣誉

西甲冠军
1986-87 1987-88 1988-89

国王杯冠军
1988-89

西班牙超级杯冠军
1988 1989

→ 1986 年 10 月 8 日，在伯纳乌进行的西班牙国家德比中，本哈克气定神闲。

金靴，追平了萨拉在 20 世纪 40 年代的纪录。喜悦中也有遗憾，皇马在欧冠半决赛遭拜仁淘汰，联赛 4 次与巴萨交手均未取胜。

本哈克的改革还在继续，皇马进攻线也在不断刷新纪录。1987/1988 赛季，皇马以 11 分优势力压皇家社会取得联赛三连冠，进球数则达到前所未见的 95 个，净胜球多达 69 个。到了他执教皇马的第 3 年，球队总进球数依然保持在 90 以上，乌戈·桑切斯则将个人联赛进球数提高到 38 个，这一纪录 22 年后才被 C 罗打破。而皇马的疯狂进攻延续到了托沙克掌印的第一年，突破百球大关。著名足球撰稿人本戈耶切亚这样描述当时的皇马："本哈克让五鹰、桑切斯和戈迪略像天使一样踢球。"

然而，当皇马的教练似乎有一种"原罪"，拿过欧冠的人尚且没有特权，"该拿"而没拿到的人只能算失败者。皇马在 3 年间均止步欧冠半决赛，尤以 1987/1988 赛季遭埃因霍温淘汰令球迷心痛，被称为"黑暗之夜"。志在必得的皇马在主场遭遇顽强阻击，尤其是荷兰门将范布鲁克伦一次次阻挡了乌戈·桑切斯的冲击。首回合双方 1 比 1 战平。

来到客场，纵使皇马攻势如潮也未能一击致命。比赛最后时刻，布特拉格诺的头球和乌戈·桑切斯的倒勾都与进球失之毫厘。荷兰人最终依靠滴水不漏的防守闯入决赛。西班牙媒体开始怀疑本哈克主张的"全攻打法"是不是假的荷兰风格。转眼又是一年，皇马在圣西罗遭 AC 米兰 5 比 0 横扫出局。无须媒体再讥讽本哈克"庸碌之人只会沾皇马的光"，荷兰人自己已下定决心离开。

再见面已是 2 年多后。本哈克接替安蒂奇再度坐上伯纳乌的教练席。他的拥趸热切期待球队能重铸辉煌，可惜运气仍不在皇马这边。他们止步于联盟杯和国王杯半决赛，联赛以 1 分之差屈居亚军。米歇尔感叹道："本哈克要赋予皇马新的足球理念，登上新的舞台，而且还要保留他的风骨。克鲁伊夫有一座欧冠奖杯作为底牌，而我们始终未能实现这个目标。"

卡佩罗两个皇马任期都只是带队1年，但都拿到了西甲冠军。

卡佩罗 Fabio Capello
意式金牌

"我来这里是为了将皇马打造成西班牙、全欧洲乃至全世界最好的球队。我的目的就是赢球，而不是搞花样。"这个戴宽边眼镜的意大利中年人手握着4届意甲冠军、1次欧冠冠军。从他严肃到无趣的面部表情就该知道，他对自己说的话负责。可惜主席洛伦索·桑斯只听到了前半段。没办法，他当选后头个赛季，球队成绩一塌糊涂，连欧战席位都搞丢了。俱乐部急需一位名师来压住阵脚，指导方略。

桑斯为卡佩罗带来了达沃·苏克、米亚托维奇、西多夫、伊尔格纳和罗伯托·卡洛斯，加上过去多年的青训人才积淀，皇马足以组成一套令人羡慕的豪华班底。而意大利人的成绩也令人信服：皇马创造了前23轮联赛不败的纪录，抢得55分，比巴萨多8分。但与此同时，俱乐部内部不和谐的声音却越来越大。球队在国王杯被巴萨淘汰——当年没有欧战可打，凭现有阵容去争取双冠王似乎合情合理。

然而卡佩罗还在不停提出更多要求，冬窗引进帕努奇和泽·罗伯托后，他还要一个全能中场。他并不"善待"这些俱乐部花大价钱签下的球星，队员们必须忍受教练刻薄的言辞。卡佩罗甚至打电话威胁米亚托维奇和苏克说："如果你们继续不给劳尔传球，就别想再上场。"

效果很好，但这不是皇马的风格。桑斯开始代表球迷和会员抱怨比赛场面太难看："连皇马球迷这么包容的群体都感觉厌烦了。"卡佩罗则回应："凭这些球员只能踢到这个水准。"

不和睦的氛围影响到球队发挥。第37轮，巴萨在诺坎普球场凭借罗纳尔多的进球击败皇马，双方分差缩小到5分。到了第39轮（当赛季西甲22队，共42轮），巴萨击败强大的拉科鲁尼亚，而皇马负于毕尔巴鄂竞技，原本看起来已是板上钉钉的冠军争夺居然在赛季尾声重现悬念。不过巴萨而后意外负于大力神，皇马以前所未见的92分捧得奖杯，卡佩罗则依照早先透露给媒体的意向决然离开，重返AC米兰。

意大利人不明白皇马为何执着于以比赛内容取悦观众，难道赢球和赢冠军不是最重要的吗？至少在某个时间点上，卡佩罗是对的。10 年后,"银河战舰"以肉眼可见的速度沉沦,新任主席拉蒙·卡尔德隆急需止住 3 年无冠的颓势,同时遏制巴萨"梦二"。他想到了卡佩罗。"电话门"搞乱了意甲,尤文图斯将帅各奔前程,卡佩罗第 2 次驾临伯纳乌。还是那个熟悉的配方:要赢球,别提场面。但这套以华丽进攻为主旨打造的阵容,卡佩罗该如何调配?

很简单,前场人太多,拿掉几个就好了。皇马夏天引进了卡纳瓦罗、埃莫森、马马杜·迪亚拉和范尼,开始巩固中场防守,打堡垒式进攻。于是,罗纳尔多因为"超重"被彻底弃用,在冬窗离队,"中看不中用"的贝克汉姆被排除在主力阵容外,连卡佩罗的老相识卡萨诺也因不服从管束遭到冷遇。

球队成绩并没有像卡佩罗第一次入主时那样稳定。皇马在欧冠遭拜仁淘汰,国王杯则没能迈过皇家贝蒂斯这关。联赛第 20、第 21 轮接连输给比利亚雷亚尔和莱万特后,皇马已掉到积分榜第 4,与榜首巴萨有 5 分差距。

谁也没想到,关键时刻是谁挽救了球队和卡佩罗。从第 22 轮开始,迪亚拉受斋月和伤病影响长期缺阵,贝克汉姆重归首发阵容,并在后腰位置发挥了决定性作用。他的抢断和长传调度是卡佩罗最需要的。第 26 轮,皇马几乎在客场赢下国家德比,但一个横空出世的年轻人梅西在最后时刻完成帽子戏法,扳平比分。第 37 轮,由于巴萨被同城死敌西班牙人绝平阻击,皇马得以追平积分,并凭借胜负关系领先一头,最终逆转夺冠!

之前俱乐部多次辟谣说卡佩罗不会中途下课,但联赛结束后,部分球迷诚恳挽留这位硬派教练时,意大利人却像 10 年前一样义无反顾地告别了这座城市。卡佩罗不是皇马历史上最受欢迎的教练,但他两次执教都终结了之前的混乱局面,带给球队严肃的纪律和务实的作风,为继任者打下坚实基础。

皇家档案

法比奥·卡佩罗
Fabio Capello

生日	1946.6.18
国籍	意大利

执教生涯

1987	AC 米兰(临时)	胜率 42.9%
1991-1996	AC 米兰	胜率 57.0%
1996-1997	皇家马德里	胜率 64.6%
1997-1998	AC 米兰	胜率 36.7%
1999-2004	罗马	胜率 49.0%
2004-2006	尤文图斯	胜率 64.8%
2006-2007	皇家马德里	胜率 56.0%
2007-2012	英格兰队	胜率 66.7%
2012-2015	俄罗斯队	胜率 51.5%
2017-2018	江苏苏宁	胜率 33.3%

皇马执教生涯集体荣誉

西甲冠军

1996-97　2006-07

➔ 2007 年 6 月 17 日,西甲末轮皇马击败马洛卡,捧得第 30 座联赛冠军奖杯,赛后球员们将卡佩罗抛向空中。

海因克斯
Jupp Heynckes
失控的奇迹

1997/1998赛季欧冠决赛之前某天，皇马主席洛伦索·桑斯打电话给主教练海因克斯，关心一下他的生活和工作。但听到对方过于直白的陈述，桑斯的眉头一下子皱起来。电话那头传来德国人执拗又失望的声音："主席，我不行了。我没法和这些人共事。"海因克斯说的"这些人"不是某几个人或小团体，而是几乎全体皇马球员。但就是在这样不可调和的矛盾中，皇马拿下了阔别32年的欧洲冠军杯。

就在1997年夏天，皇马人知道卡佩罗不会继续带队，满心期待一个更符合俱乐部气质的人来执掌教鞭。经纪人恩里克·雷耶斯将正在特内里费执教的海因克斯推荐给桑斯，后者非常干脆地与53岁的德国人签约了。海因克斯此前在毕尔巴鄂竞技和特内里费分别执教2年，都将球队带进了联盟杯。不过西班牙媒体对这位德国冠军级教头的感情有些复杂。大家喜欢他严谨的工作态度，但不喜欢他过分冷淡的性格，对他多变的战术体系和追求开放激烈场面的风格也评价不一。

海因克斯初至皇马的体验还不错。联赛前的西班牙超级杯，皇马先在诺坎普1比2告负，随后回到伯纳乌4比1大胜巴萨夺冠。直到圣诞假期之前，虽不能说是一帆风顺，至少球队在双线都保持着很强的竞争力。整个赛季前半程，皇马只输了2场比赛，联赛2比3巴萨，欧冠0比2罗森博格。在伯纳乌输掉国家德比让球迷很不爽，但两队积分始终咬得很紧，皇马甚至抓住巴萨在11月的一波连败争到领头羊位置，欧冠也以小组头名出线。然而转过年来，不安的气氛逐渐在皇马教练和领队办公室蔓延开来。海因克斯开始抱怨球员不守纪律，而且对他的训诫置若罔闻。

双方的矛盾焦点出现在马德里新开的时尚酒吧"巴农"里。在灯红酒绿的夜店中，20岁的劳尔遇到了未来的妻子玛门，苏克与年长自己12岁的女星奥布雷贡眉来眼去，耶罗和帕努奇也开始放飞自我。更糟糕的是，俱乐部显然不站在教练这边。海因克斯来告状，主席团成员就随便安慰

海因克斯

← 1998年5月20日，皇马在欧冠决赛1比0击败尤文图斯，场边的海因克斯（中）跃起庆祝。

皇家档案

尤普·海因克斯
Josef "Jupp" Heynckes

生日	1945.5.9
国籍	德国

执教生涯

年份	球队	胜率
1979-1987	门兴格拉德巴赫	胜率49.3%
1987-1991	拜仁慕尼黑	胜率57.1%
1992-1994	毕尔巴鄂竞技	胜率41.5%
1994-1995	法兰克福	胜率35.3%
1995-1997	特内里费	胜率42.3%
1997-1998	皇家马德里	胜率49.1%
1999-2000	本菲卡	胜率56.3%
2001-2003	毕尔巴鄂竞技	胜率41.9%
2003-2004	沙尔克04	胜率49.1%
2006-2007	门兴格拉德巴赫	胜率23.8%
2009	拜仁慕尼黑（临时）	胜率80.0%
2009-2011	勒沃库森	胜率52.4%
2011-2013	拜仁慕尼黑	胜率76.2%
2017-2018	拜仁慕尼黑	胜率78.1%

皇马执教生涯集体荣誉

西班牙超级杯冠军
1997-98

欧冠冠军
1997

→ 1998年3月4日，欧冠1/4决赛首回合做客勒沃库森，卡伦布将比分扳为1比1后，海因克斯与之狂喜庆祝。

两句糊弄过去，如果双方都来讲理，高层情愿站在球员这边。球员了解这个立场后，更加不把德国人放在眼里。时任助教托尼·格兰德是少数几个真正理解海因克斯的人。他叹息道：“尤普是典型的德国人，内向，对他人缺乏信任，不亲近任何人，遇到问题就把自己孤立起来。这种性格对改善更衣室关系没任何帮助。”

新年首战，皇马就负于贝蒂斯，紧接着在国王杯被阿拉维斯淘汰出局。到第28轮造访诺坎普时，皇马与巴萨的积分差距已有5分。即便如此，如果能赢下国家德比，联赛冠军仍有悬念。然而那场对攻大战中，皇马错失了太多机会，在比赛后段崩溃了。菲戈世界波破门后霸气十足的怒吼成了经典画面，反衬出海因克斯格外苍白、消瘦的脸。到了联赛后3轮，皇马接连负于萨拉戈萨和西班牙人，最终连亚军也没保住，落到第4名。

然而皇马还有一场欧冠决赛要打。海因克斯找到桑斯，希望在最关键的时刻自己能得到最起码的尊重和支持。桑斯只好召集队内最重要的七八名球员，实话实说：“教练说管不了你们这群混蛋。”次日，他又把球员叫来和海因克斯见面。促成谈话氛围后，桑斯就离开了。几天后在阿姆斯特丹，皇马1比0击败尤文图斯。罗伯托·卡洛斯大力射门被阻挡，米亚托维奇轻巧地将球挑过佩鲁齐，把阔别32年的大耳朵杯重新揽入怀中。

皇马人尖叫着，欢笑着，咆哮着，哭泣着，但场内有一个属于白色阵营的人沉默不语。海因克斯心里很清楚，这是他执教生涯的巅峰，但丝毫没有庆祝的心情。所有人都无视了他。皇马重归欧洲之巅几天后，海因克斯与皇马解约。2014年，又是欧冠，海因克斯带领拜仁慕尼黑回到伯纳乌。他始终没说过皇马的坏话——他在这里取得了巨大成功，改写了俱乐部历史，也赢得了球迷的心。

皇家荣耀　皇家马德里传奇功勋志

2000年5月24日，皇马击败瓦伦西亚夺得欧冠冠军后，博斯克向看台挥手致意。

博斯克
Vicente del Bosque

最成功的好人

皇家档案

比森特·德尔博斯克
Vicente del Bosque Gonzalez

生日	1950.12.23
国籍	西班牙
身高	1.84米
位置	后腰

足球历史上恐怕没有比博斯克更成功而且如此低调的教练了：在俱乐部拿过欧冠冠军，在国家队拿过世界杯和欧洲杯双料冠军。然而这样一位功勋卓著的名帅却很少被奉为"大师"或"传奇"，可能他那标志性的小胡子与商业世界的审美格格不入（退休后他甚至剃掉胡子拍广告），更重要的原因是这个外粗内秀的老汉压根就没把"传奇教练"当作毕生目标。比起管理一个满是巨星的更衣室，他更喜欢和青训营的孩子们在一起。

博斯克青年队时期出任前锋，不久后因其卓越的赛场洞察力和组织能力被皇马相中。他在皇马效力了11个赛季，出场超过300次，取得过5次西甲冠军和4次国王杯冠军，还代表西班牙国家队参加了1980年欧洲杯。从任何角度评说，博斯克都称得上一线球星、皇马名宿。以这样的身份在一家伟大俱乐部挂靴，并留在球队从事青训工作，对博斯克来说都算得理想归宿。

然而，历史的重担很快落到他肩上。1993/1994赛季，主帅贝尼托·弗洛罗在比赛间歇的更衣室中大发脾气，被媒体曝光，很快下课。博斯克以代理教

博斯克

球员生涯

1968-1984	皇家马德里	294场19球
1970-1971	卡斯特利翁(租借)	13场4球
1971-1972	科尔多瓦(租借)	19场1球
1972-1973	卡斯特利翁(租借)	30场5球

执教生涯

年份	球队	胜率
1987-1990	皇家马德里二队	胜率36.8%
1994	皇家马德里(临时)	胜率38.5%
1996	皇家马德里(临时)	胜率100%
1999-2003	皇家马德里	胜率55.7%
2004-2005	贝西克塔斯	胜率44.0%
2008-2016	西班牙队	胜率76.3%

皇马球员生涯统计

赛季	联赛出场	联赛进球	国内杯赛出场	国内杯赛进球	欧战出场	欧战进球	总计出场	总计进球
1973-74	16	0	1	0	1	0	18	0
1974-75	25	2	1	0	4	0	30	2
1975-76	30	2	0	0	8	0	38	2
1976-77	25	1	0	0	3	1	28	2
1977-78	18	3	0	0	-	-	18	3
1978-79	30	2	1	0	4	1	35	3
1979-80	32	0	1	1	8	1	41	2
1980-81	29	2	0	0	5	0	34	2
1981-82	23	2	5	0	6	0	34	2
1982-83	6	0	4	1	3	0	13	1
1983-84	5	0	0	0	0	0	5	0
总计	239	14	13	2	42	3	294	19

皇马球员生涯集体荣誉

西甲冠军: 1974-75 1975-76 1977-78 1978-79 1979-80

国王杯冠军: 1973-74 1974-75 1979-80 1981-82

皇马执教生涯集体荣誉

西甲冠军: 2000-01 2002-03

西班牙超级杯冠军: 2001

欧冠冠军: 1999-2000 2001-02

欧洲超级杯冠军: 2002

洲际杯冠军: 2002

→ 1980/1981赛季欧冠半决赛次回合，博斯克在皇马做客国际米兰的比赛中持球观察场上局势。

练身份带队打完了余下的11场联赛和1场优胜者杯，起初几场连胜制造了些许惊喜，但后8场比赛输掉5场。皇马最终只排名第4名，博斯克以及格成绩完成工作，回到基地。

直到千禧年之前，博斯克始终在皇马青训营里辛勤耕耘着，选拔了一大批后来成大事的青年人才。到了1999/2000赛季中段，"救火"任务又来了。托沙克尖酸的话语让更衣室关系极度紧张，主席桑斯只得在2年内第2次中途换帅。至于为何押宝在博斯克身上，桑斯的回答感性多过理性："我们要找回皇马的印记。"

从卡佩罗到海因克斯，再到希丁克、托沙克，皇马在4年内经历了4位不同文化背景和足球理念的教练，结果都是不欢而散。博斯克的工作并不好做。他当时已年近五十，顶级联赛执教经验却仅限于几年前代管的那几场比赛。而且就媒体看来，博斯克是个好人，但战术方面并不高明，甚至有点死板。

第一次面临三线作战的博斯克显得有些慌乱。赛季中段长达2个月的时间里，皇马只赢了3场球。联赛已是无能为力，但皇马跌跌撞撞地在国王杯和欧冠都打进了半决赛。队长耶罗在最紧要的时刻受伤缺阵2个月，"不擅长"战术改造的博斯克硬着头皮大搞创新，让埃尔格拉出任自由人，麦克马纳曼与雷东多搭档中场，劳尔成了阿内尔卡和莫伦特斯身后的"影子"。

皇家荣耀 皇家马德里传奇功勋志

　　凭借这套532阵形,皇马一路击败曼联和拜仁,与瓦伦西亚会师决赛,并以3比0完胜对手拿下历史第8座欧冠冠军奖杯。可能那场跨世纪的西甲内战并没留下太多回忆,但球迷们都记住了雷东多对阵曼联时那次魔幻的脚跟穿裆过人。那是他的人生高潮,也是博斯克的传奇起点。

　　然而冠军庆典结束几周后便发生了难以置信的变局。弗洛伦蒂诺·佩雷斯凭借一连串令人瞠目的操作推翻了桑斯的王朝,成为皇马新主席。弗洛伦蒂诺不光带来了菲戈,还有一套深度改革计划。他列举了桑斯时代各种弊政带来的债务和冗员,不过第一年显然仍需缓进。博斯克很受欢迎,虽然并不符合弗洛伦蒂诺的审美,但依然得到信任。

　　赛季开局并不理想,皇马新主席和新球星亮相即遭败局,不敌加拉塔萨雷。而后,球队又在洲际杯负于博卡青年,国王杯首轮出局。不过皇马在联赛一线渐入佳境,从第10轮到第21轮间只平了1场,其余比赛全部拿下,而后连续战平强敌拉科鲁尼亚和巴萨,基本奠定了夺冠基础。遗憾的是,皇马在欧冠半决赛再度遭遇拜仁,被对手双杀完美复仇。尽管皇马球迷极力庆祝来之不易的西甲冠军(过去10年只拿过2次),但欧冠失利无疑影响了弗洛伦蒂诺对博斯克的评价。

　　转年,齐达内也以创纪录的转会身价来到伯纳乌,弗洛伦蒂诺的"银河战舰"计划初见雏形。皇马主席还提出著名的"齐达内+帕文"理论,希望博斯克发挥多年来青训工作的经验成果。不过当赛季真正打上比赛的皇马新人也只有帕文,他在这支满是成名球星的队伍中显得太过青涩。皇马在联赛对阵弱旅输了太多不该输的比赛,尽管在冬天一通穷追猛赶,但到了最后几轮对阵强敌时已无后劲,末轮负于拉科鲁尼亚,以联赛第3名的成绩收官。不过10

↑ 2022年5月26日，在"比森特·德尔博斯克足球学院"的活动中，博斯克发表讲话。

↖ 2000年5月24日，皇马击败瓦伦西亚夺得欧冠冠军后，球员们将博斯克抛向空中。

皇马执教生涯个人荣誉

欧足联俱乐部年度最佳教练
2002
国际足联年度世界最佳教练
2012
《法国足球》历史50大教练（第33名）
2019

天后，弗洛伦蒂诺最盼望的荣誉还是到手了。齐达内一记石破天惊的凌空抽射，给皇马带来了第9座欧冠冠军奖杯。皇马这一路走来，几次关键绝杀淘汰了拜仁和巴萨，显示了极强的韧劲。

然而一年后，博斯克与皇马的缘分戛然而止。他率队再次取得联赛冠军，并称雄欧洲超级杯和洲际杯，但欧冠半决赛输给了尤文图斯。弗洛伦蒂诺要找一个"符合豪门气质的教练"来统率这支拥有罗纳尔多的球队，招来球迷们的诸多批评。事实证明，无论继任者奎罗斯还是后边的一大串名字，都没能将已经完工的"银河战舰"带到博斯克时代的高度。而博斯克几年后在西班牙队缔造了新的辉煌。

球员时代的博斯克受恩师莫洛尼影响很深。"神奇先生"告诉博斯克："要想赚钱，就要当好教练。"不过博斯克自认没有当教练必需的虚荣心，他更在乎肩上的责任。第一次被任命为一队主帅后，博斯克就公开表示："我深知干这一行是多么吃力不讨好。就算给我一张空白支票，我也不干。"他一直强调自己最幸福的时光是在皇马青训营。就是这样一个不愿在一线带队的教练，取得了足球世界最伟大的成就。

穆里尼奥 Jose Mourinho
特殊的三年

若泽·穆里尼奥在皇马总共执教3个赛季，捧得联赛、国王杯和西班牙超级杯冠军奖杯各一个，与瓜迪奥拉交手11次，戳伤比拉诺瓦眼睛1次，问了无数次"为什么"。论执教时间、奖杯数量和至高成就，葡萄牙人都不能在皇马历史中位居前列，甚至可以说在这家特别讲求荣誉和气质的俱乐部制造了一段"违和"的回忆。但没人会忘记穆里尼奥和他的各种名场面，而且会永远怀念他。

驾临伯纳乌之前，穆里尼奥已经引发争议。保守派的皇马会员不喜欢他，就像他们一开始不喜欢弗洛伦蒂诺那样。实际上，老成稳重的佩莱格里尼已在此前一个赛季拿出不错的成绩单：历史第一高胜率，联赛进球破百，可惜没有冠军，欧冠依然止步16强。没有冠军，欧冠战绩平庸，这是皇马球迷不能忍受的。促使弗洛伦蒂诺下定决心的最重要原因是：必须找一位名气和实力都相当的教练，来与瓜迪奥拉打对台。

开赛1个月，媒体开始抱怨皇马进球太少。穆里尼奥回击："之前错失的机会很快就会化作进球砸在倒霉的对手头上。"有多快？话音刚落，皇马在接下来3场联赛打进16球！直到11月中旬，穆里尼奥的球队创造了19场不败的傲人纪录，但就是一场失利，让之前积累的士气瞬间垮掉一半。穆里尼奥第一次率领皇马造访诺坎普，瓜迪奥拉送了他一个5比0，算是给几个月前的欧冠半决赛复仇。皮克高高举起的一个巴掌，极大刺激着皇马的自尊。

复仇的机会很快就来了。从2011年4月16日到5月3日，短短两周内，皇马要在三线赛事4次对垒巴萨。史上从未见过如此密集的西班牙国家德比轮番战。皇马先在联赛主场1比1战平巴萨，4天后便在国王杯决赛依靠C罗加时赛的绝杀取胜夺冠。

然而一周后在欧冠半决赛上，皇马却在伯纳乌遭遇完败。佩佩第61分钟被罚下，不久后梅西连进2球制胜。这便有了那个"为什么"的名场面。穆里尼奥历数执法欧冠的裁判，强调巴萨受到欧足联关照。他为此付出禁赛5场并罚款5万欧元的代价。这种氛围下，皇马在次回合1比1战平巴萨出局。穆里尼奥执教皇马的首赛季以一座国王杯奖杯收场，但他出位的言行一如既往惹来非议，也在皇马

← 穆里尼奥目光如炬，"特殊的一个"以自己独特的执教方式在皇马留下了特殊的三年。

皇家档案

若泽·穆里尼奥
Jose Mario dos Santos Mourinho Felix

生日	1963.1.26
国籍	葡萄牙

执教生涯

年份	球队	胜率
2000	本菲卡	胜率54.6%
2001-2002	莱里亚	胜率52.2%
2002-2004	波尔图	胜率71.7%
2004-2007	切尔西	胜率67.0%
2008-2010	国际米兰	胜率62.0%
2010-2013	皇家马德里	胜率71.9%
2013-2015	切尔西	胜率58.8%
2016-2018	曼联	胜率58.3%
2019-2021	托特纳姆热刺	胜率51.2%
2021-2024	罗马	胜率49.2%
2024-	费内巴切	-

皇马执教生涯集体荣誉

西甲冠军
2011-12

国王杯冠军
2010-11

西班牙超级杯冠军
2012

皇马执教生涯个人荣誉

《马卡报》西班牙年度最佳教练
2010-11　2011-12

《法国足球》历史50大教练（第13名）
2019

→ 2011年4月16日，皇马主场与巴塞罗那的比赛前，穆里尼奥（右）与瓜迪奥拉握手致意。"瓜穆相看"是当年西甲的一大看点。

球迷中圈到不少粉丝。

作为四番战的延续，当年8月的西班牙超级杯又是国家德比。双方在伯纳乌打平，在诺坎普激战到最后一刻。本泽马一度让皇马看到加时赛的希望，但梅西在第88分钟杀死了比赛。临近终场时刻，球员间发生冲突，穆里尼奥半开玩笑地跑到巴萨助教比拉诺瓦身后，用手戳了对方的眼睛。他为此又吃了西班牙足协的停赛罚单。

穆里尼奥命里注定要和瓜迪奥拉死缠到底。国王杯1/4决赛，皇马又被巴萨淘汰。不过皇马在其他两线势头很猛，到赛季半程结束，联赛领先巴萨5分，欧冠小组赛全胜出线。时间又来到4月，欧冠半决赛和国家德比赶在一起。皇马在前一片战场点球遭拜仁淘汰，留下巨大遗憾，但联赛终于在诺坎普击败巴萨。这是穆里尼奥首次带领皇马打败瓜迪奥拉，并一举奠定了西甲冠军归属。到38轮结束，皇马以惊人的100分创造历史纪录，还打进112球。西班牙人总嘲笑穆里尼奥不过是老罗布森的小翻译，但他又一次用冠军而不仅是尖锐的言辞，来证明自己确有惊世才华。至此，他已将葡、英、意、西4国联赛的冠军收入囊中。

然而2年2冠是满足不了皇马会员的，而且他们已开始厌烦穆里尼奥张扬的风格。皇马因为他正受到全世界的非议。更重要的是，瓜迪奥拉选择离开巴萨，让穆里尼奥失去了竞争标的。2012/2013赛季，穆里尼奥继续创造傲人的个人纪录，仅用133场比赛便达成100胜，仅用87场联赛便打进250球，都是西班牙历史最快。然而最终，皇马依然没有迈过欧冠半决赛那道坎，这次是克洛普的多特蒙德将他挡在决赛之外。

穆里尼奥专横又多疑的风格终于将更衣室引爆，卡西利亚斯失去主力地位，佩佩也成了背叛者。穆里尼奥知道自己在这里的日子快到头了。他又一次扮演新闻发布会的主角，历数皇马过去那些年失败的教练，而他，连续3年将球队带到欧冠半决赛，打破"十六郎魔咒"，已是巨大成功——你们居然不感恩，反而成天追着骂？

狂人离开了。他与瓜迪奥拉携手创造出百分争冠、国家德比车轮战的神奇年代终究无法复制。而穆里尼奥创造出最好的C罗和拉莫斯，也让后来的安切洛蒂和齐达内最终成就更大的辉煌。

皇家荣耀　皇家马德里传奇功勋志

安切洛蒂
Carlo Ancelotti

大赢家的大智慧

皇家档案

卡洛·安切洛蒂
Carlo Ancelotti

| 生日 | 1959.6.10 |
| 国籍 | 意大利 |

2013年夏，弗洛伦蒂诺亲自带安切洛蒂参观皇马荣誉室，指着中央区域玻璃柜内璀璨夺目的9座欧冠冠军奖杯，自豪地介绍着："多美呀，太美了……"皇马主席转过头，看着新上任的教练说："但是还差一座，还差一座就是个完美的数字了。"

安切洛蒂明白带领这样一支球队要承担的压力，也知道这里是实现梦想最佳的路径。历史证明，这是一段互相成就的天作之合，而且还大有未来可书。皇马开启了新的欧洲霸主时代，安切洛蒂则成为足球历史上独一无二的成功教练。

安切洛蒂是皇马历史上少数两次执教球队并且都取得巨大成功的外籍教练。巧合的是，他的前辈卡佩罗时隔10年两次执教皇马都捧得联赛冠军，但也都因为场面不够漂亮以及与球迷产生矛盾，去也匆匆。弗洛伦蒂诺请来安切洛蒂，主要目的之一就是在球场内外改善皇马的形象。

穆里尼奥的成绩还算过得去，但抵消不了他制造的负面效应。弗洛伦蒂诺认为历史上最贵的球队必须掌握比赛主动，打出更多精彩的比赛。安切洛蒂同

执教生涯

年份	球队	胜率
1995-1996	雷吉亚纳	胜率37.8%
1996-1998	帕尔马	胜率48.3%
1999-2001	尤文图斯	胜率55.3%
2001-2009	AC米兰	胜率56.7%
2009-2011	切尔西	胜率61.5%
2011-2013	巴黎圣日耳曼	胜率63.6%
2013-2015	皇家马德里	胜率74.8%
2016-2017	拜仁慕尼黑	胜率70.0%
2018-2019	那不勒斯	胜率52.1%
2019-2021	埃弗顿	胜率46.3%
2021-	皇家马德里	胜率69.6%

← 2024年6月2日，2023/2024赛季欧冠决赛皇马对阵多特蒙德，安切洛蒂在场边指挥比赛。

↓ 2015年1月13日，安切洛蒂与刚刚捧得金球奖的C罗（右二）、荣膺普斯卡什奖的哈梅斯·罗德里格斯（右）以及入选国际足联年度最佳阵容的克罗斯（左二）和拉莫斯（左）合影。

意。不过他的设计是一套稳扎稳打的442阵形，需要技术型中场，而弗洛伦蒂诺却塞给他另一个边锋贝尔。这点从一开始就讲得很清楚：主席决定转会运作，安切洛蒂负责因材施教。

2013/2014赛季，皇马的开局不算很好，到第10轮已经输掉两场比赛，对手刚好是巴萨和马竞，而且与榜首巴萨之间拉开6分差距。但随后的几个月间，皇马一败难求，对阵塞维利亚、加拉塔萨雷甚至大比分击溃对手。而且球队在两线杯赛顺风顺水，欧冠1/8决赛横扫沙尔克04，国王杯半决赛双杀马竞闯进决赛。

但紧接着，全年最大的挫折来了。皇马在联赛第29轮3比4负于巴萨。拉莫斯在第64分钟送了点球还被罚下。梅西在第84分钟再度点球破门，上演帽子戏法逆转战局。受这场失利影响，皇马在3天后客访皮斯胡安球场，又1比2输给塞维利亚。皇马之前积累的积分优势和士气顿时化为乌有，弗洛伦蒂诺对安切洛蒂的信心严重动摇。不仅仅是输掉国家德比，联赛失势，还有教练多次违背自己的意见，比如不肯牺牲本泽马，强调只有他在场上，C罗和贝尔的进攻体系才能正常运转。

皇马主席后来承认，安切洛蒂打造了皇马历史上最团结的集体。气氛最紧张的时刻，C罗曾找到弗洛伦蒂诺表态："我愿意为安切洛蒂冲锋陷阵。"在五大联赛摸爬滚打近20年的安切洛蒂当然也能看出高层的疑虑，反复保证："主

皇家荣耀 | 皇家马德里传奇功勋志

席，我们一定能赢下有分量的荣誉。"他能依赖的是这群球员，而且给予他们无限的信任。

与穆里尼奥不同，安切洛蒂不会进行热情的赛前动员。他认为那样只会造成心理压力，而球员本身的求胜欲望就能激发足够的动力。个体本能的释放让球队在关键时刻迸发出了惊人的力量。皇马在欧冠连克多特蒙德和拜仁闯入决赛，并在国王杯决赛依靠贝尔的绝杀球击败巴萨夺冠。

在欧冠决赛，皇马遇到当赛季最难缠的对手和最艰难的局面。西蒙尼的马竞已获得联赛冠军，但球队严重透支，主力射手迭戈·科斯塔首发不到10分钟便被换下，然而戈丁的进球让马竞看到死守到底的希望。就在全世界球迷都以为胜负已分、马竞将创造历史时，拉莫斯在补时阶段头球扳平比分，击碎了对手的梦想和继续战斗的勇气。贝尔、马塞洛和C罗在加时赛连进三球，将阔别十二载的大耳朵杯带到了丰收女神喷泉，带回了伯纳乌的荣誉大厅。

这次夺冠为皇马打开了新时代的大门，却没能帮助安切洛蒂获得更大的建队权限。"佛爷"的老毛病又犯了。他无视教练建议，没有签下比达尔，反而卖掉哈维·阿隆索和迪马利亚，引进了克罗斯和哈梅斯·罗德里格斯。安切洛蒂认为皇马的中场太脆弱了，经不起硬仗考验。果不其然，在接下来的赛季，皇马遇到风格强硬的对手就会吃亏。尽管赛季中段曾创造22连胜的惊人战绩，但紧接着在国内双线遭马竞双杀，极大打击了球队的信心。最终皇马在正面对决中负于巴萨，联赛争冠遭逆转，欧冠也没能闯过尤文图斯这关。虽然两手空空，但皇马在西甲打入118球，被本队球迷论坛选为比赛风格"最华丽"的一年。

谁也没想到，安切洛蒂与皇马的重逢来得如此偶然。2021年，齐达内"二进宫"以堪称惨淡的结局收尾。之前是他间接接手安切洛蒂的工作，这次是安

↑ 安切洛蒂与弟子们一同庆祝皇马队史第15个欧冠冠军。

→ 2021/2022赛季西甲夺冠后，安切洛蒂叼着雪茄与球员们合影。安帅事后解释说："我并不抽雪茄，那只是与我的朋友们一起拍照。对，球员们是我的朋友。"

皇马执教生涯集体荣誉

西甲冠军
2021-22　2023-24

国王杯冠军
2013-14　2023-24

西班牙超级杯冠军
2021-22　2023-24

欧冠冠军
2013-14　2021-22　2023-24

欧洲超级杯冠军
2014　2022　2024

世俱杯冠军
2014　2022

切洛蒂接过齐达内的教鞭。比上次进驻伯纳乌的情形还要复杂：加班加点的伯纳乌改造工程；相比当年豪华至极的阵容，眼下的皇马不再有那么多当打巨星，贝尔、阿扎尔等顶薪球员受伤病影响难堪大用。

但皇马的目标并未因为种种不利因素而降低，依然是全线冠军。经历了上次合作，安切洛蒂摸清了"佛爷"的秉性。他并非独自来接受挑战，而是整合了包括体能师平图斯和门将教练略皮斯等人在内的成熟团队，一同来创造奇迹。

历史证明，安切洛蒂当初不肯牺牲本泽马的决定终于换得福报，老当益壮的法国射手在C罗离队后独自扛起锋线大旗。2021/2022赛季，皇马走过了欧冠历史上最为不可思议的一条夺冠之路，全能中锋本泽马的光芒前所未有地闪耀。而2023/2024赛季，皇马的场上主角们则是2000年的维尼修斯、2001年的罗德里戈、2002年的卡马温加和2003年的贝林厄姆。

赢得教练生涯的第五个欧冠冠军之后，安切洛蒂让一切看起来轻而易举，并掩藏了过程中的各种困难。人们很容易感叹皇马和安切洛蒂的好运，却同样容易忘记这支球队在去年夏天折了库尔图瓦和米利唐，又在年底遭遇阿拉巴的重伤，在本泽马离队后也只引进了"小人物"何塞卢。如果教练席上坐着的不是安切洛蒂，纳乔和吕迪格能否在对阵曼城的次回合顶住巨大压力？何塞卢替补登场后梅开二度绝杀拜仁的剧本，又有谁可以料到？

决赛场上，身高1.73米的卡瓦哈尔在角球进攻中甩头破门，让多特蒙德拥趸心碎，也让中立球迷感慨足球运动的偶然性和皇马获胜的必然性。实际上，本赛季联赛对阵塞维利亚的比赛中，他也打进过一粒几乎一模一样的进球，即使当时克罗斯开出的是右侧边线附近的定位球，而不是左侧的角球。

65岁的安切洛蒂凭此成为足球历史上第一位五夺欧冠冠军的教练，也成为第一位在欧洲五大联赛都夺得过联赛冠军的教练。他已将场面上的被动和赛点上的主动掌握在手中，可以说达到了足球教练界的另一个层次。因此当他叼着雪茄与球员们合影，在庆祝典礼上大展歌喉时，球迷应当认识到：这不仅是个能在霸道总裁和刁蛮员工之间做通工作的好人，还是个能在混乱环境中抓住要害的精明人，更是个在"赌桌"上总能押对筹码的天生赢家。

皇家荣耀 | 皇家马德里传奇功勋志

齐达内
Zinedine Zidane
巨人史诗

2018年5月26日欧冠决赛，皇马在基辅击败利物浦，齐达内捧杯做出"3"的手势。一名主教练连续3年率队欧冠加冕，是足坛空前壮举。

皇家档案

齐内丁·齐达内
Zinedine Yazid Zidane

生日	1972.6.23
国籍	法国/阿尔及利亚
身高	1.85米
位置	进攻型中场

球员生涯

1989-1992	戛纳	71场6球
1992-1996	波尔多	179场39球
1996-2001	尤文图斯	214场31球
2001-2006	皇家马德里	230场49球

执教生涯

2014-2016	皇家马德里二队	胜率45.6%
2016-2018	皇家马德里	胜率70.5%
2019-2021	皇家马德里	胜率60.5%

皇马球员生涯统计

赛季	联赛出场	联赛进球	国内杯赛出场	国内杯赛进球	欧战出场	欧战进球	其他出场	其他进球	总计出场	总计进球
2001-02	31	7	9	2	9	3	2	0	51	12
2002-03	33	9	1	0	14	3	2	0	50	12
2003-04	33	6	7	1	10	3	2	0	52	10
2004-05	29	6	1	0	10	0	-	-	40	6
2005-06	29	9	5	0	4	0	-	-	38	9
总计	155	37	23	3	47	9	6	0	230	49

皇马球员生涯集体荣誉

西甲冠军
2002-03

西班牙超级杯冠军
2001　2003

欧冠冠军
2001-02

欧洲超级杯冠军
2002

洲际杯冠军
2002

➜ 2003年12月6日，齐达内在西班牙国家德比中对抗普约尔（右）和科库（左）。

齐达内

有谁能同时受到潮水般的批评和赞美，又有谁能同时成为英雄和叛徒？齐内丁·齐达内的名字注定将永载足球史册，为皇马人所铭记。不仅因为他曾是世界第一身价球员、打进欧冠决赛最精彩的进球之一，或是穿上西服的他成为第一位"欧冠三连霸"教练。正如弗洛伦蒂诺主席所说：齐达内改变了皇马的历史。然而真正让这个人成为传奇的，是永远不会被财富和名望磨灭的微末出身和清醒的自我认知。

一纸之约

20世纪60年代，齐达内的父母为躲避战乱移民到法国，在马赛最为贫穷混乱的街区讨生活。第三子齐内丁出生时，尽管全家生活依然贫寒，但状况已趋向稳定，甚至可以供孩子们参加羽毛球、柔道和足球等课余活动。父亲严格的教育影响着齐达内的一生，让他面对波澜壮阔的世界时刻保持着谦卑和冷静的态度，也让他对自己柏柏尔人的出身异常敏感。在戛纳踏入职业足坛之初，教练就发现齐达内易怒，引导他将情绪释放在比赛中。这位良师益友成就了足球史上最顶尖的中场球员，也见证了齐达内几次著名的失控行为，并最终以那撼动世界的一顶为其球员生涯画上句号。

加盟尤文图斯，齐达内迎来了人生第一个巅峰。里皮治下的欧冠冠军之师中，有着皮耶罗、德尚等巨星，但每个人都为这位新队友展现出的超强能力所折服。到2001年前，齐达内已经捧得1个金球奖，2次获选世界足球先生，带领法国队连夺世界杯和欧洲杯冠军。

这样的超级巨星自然是各路豪门紧盯的对象。2000年，在摩纳哥蒙特卡洛的欧足联晚宴上，新当选的皇马主席弗洛伦蒂诺递给齐达内一张餐巾纸，上面用法语写着"你愿意来皇马踢球吗"。齐达内回复了一个词：愿意。和梅西签

195

皇家荣耀 皇家马德里传奇功勋志

→ 2002年5月15日欧冠决赛，齐达内攻入经典的"天外飞仙"进球。

皇马球员生涯个人荣誉

世界足球先生	2003
欧足联俱乐部足球先生	2002
《法国足球》法国足球先生	2002
西甲最佳外籍球员	2001-02
国际足联世界最佳阵容	2002
欧足联年度最佳阵容	2002　2003
国际足联百大球星	2004
欧足联50年最佳球员	2004

约巴萨一样，这是一张改变足球历史的餐巾纸。不过当时皇马已经在菲戈身上投入巨资，尤文方面又不肯轻易放人，因此这笔交易酝酿了一整年才付诸实施。

最亮的星

2001年7月，一切水到渠成。尤文图斯获得了创纪录的1.15亿比塞塔（折合7750万欧元）转会费，皇马获得了统治级球星，齐达内则获得了称雄欧冠的绝佳平台。29岁的法国人拥有足球界一切荣誉，只差欧冠冠军奖杯。这无疑是皇马历史上最重要的签约之一，哪怕是在一年一巨星的银河战舰时代，齐达内带来的改变也超过其他人。显然，弗洛伦蒂诺的称霸计划中就差这个人。

那个赛季的欧冠半决赛上，皇马以总比分3比1淘汰巴萨。首回合在诺坎普球场，巴萨攻势如潮。直到第55分钟，皇马发动反击，齐达内领球直插禁区，果断挑射过顶，门将博纳诺碰到球但没能阻止其落入门内。皇马随后掌握主动，并依靠麦克马纳曼在最后时刻的进球击垮对方心理防线。

后来的故事便是永远的传奇。欧冠决赛第45分钟，罗伯托·卡洛斯高速前插，将球高高挑起，齐达内紧盯足球摆好姿势，左脚凌空抽射，一记"天外飞仙"直钻球门死角。这种横扫千军的气势和必进的决心，成为齐达内真正巅峰的标志，也为皇马带来了第9座欧冠冠军奖杯。

几个月后，"外星人"罗纳尔多加盟，皇马成为华丽进攻的代名词。齐达内得以自由游走于组织和进攻线间，尽情挥洒自己的魔力。那一赛季他在联赛和欧冠总共打进12球，贡献19次助攻，取得个人生涯首座西甲冠军奖杯，但在欧冠半决赛遭到老东家尤文图斯的阻击。随着银河战舰日益光彩夺目，皇马的焦点也从足球和团队转移到商业和球星个体上。经历了之后几年竞技领域的挫折，以及国家队方面的困扰，齐达内萌生退意，并在2003年夏天造访中国昆明时就宣布自己在2005年合同完成后挂靴。后来，皇马又与齐达内续约到了2007年，而告别终究还是提前了1年。

当年的国家德比，齐达内抢点首开纪录的同时，鼻子狠狠撞在门柱上，差点昏过去。一个已经拥有一切的球员还愿意在谢幕前奉献一切，皇马球迷感觉自己是最幸福的人。2005/2006赛季第37轮对阵比利亚雷亚尔的主场比赛，齐达内面对全场高举赞美和送别标语的球迷流下感动的泪水。作为回报，他在后2轮比赛都贡献进球。即便他认为自己的身体已难负重荷，但最后一年依然打进9球，贡献11次助攻。如果他愿意，可以踢到40岁。但齐达内是足球界最懂"功成身退"含义的人。

最佳教练

世界杯决赛上那记惊天头槌过后，齐达内有4年时间消失在球迷视野，再出现在伯纳乌，他已经被弗洛伦蒂诺任命为一线队的体育总监，协调穆里尼奥和经理层的关系。

这不是个轻松的工作，特别是对沉默寡言的齐达内而言。很快，他便找到适合自己的位置，成为一名青训教练。齐达内在皇马踢球的前两年，博斯克给他树立了标杆，让他知道该如何带着平常心面对最高的赞誉和最糟的诋毁。

紧接着，俱乐部安排他给安切洛蒂当助手。能在大师手下实习，这是多少学徒教练求之不得的梦想，齐达内却不是个老实本分的学徒。人们很快发现他的表达欲很强，那幅齐达内站在场边怒吼、安切洛蒂斜眼看向他的照片，预示着皇马将为这次英明的岗位安排收获巨大的回报。天知道皇马欧冠第10冠的征途中，齐达内扮演了怎样的角色。

命运给他安排了最恰当的出场时机，不早也不晚。齐达内在皇马二队主帅位置上坐了一年半，未能完成带队冲上西乙的目标。即便这样，当贝尼特斯失去对更衣室的控制时，弗洛伦蒂诺毅然将没有半点顶级联赛独立执教经验的齐达内推上一队教练席。

一些媒体人嘲笑弗洛伦蒂诺想要"皇马的瓜迪奥拉"想疯了。当时鲜有人预想到，齐达内的确不是瓜迪奥拉，但他会创造更惊人的奇迹。他上任后的前3个主场，都能5球以上血洗对手。随后在诺坎普，皇马2比1击败巴萨，联赛争冠重现曙光。虽然最终球队仍以1分之差屈居亚军，但媒体对齐达内这次"翻盘未遂"大加赞赏，毕竟他接手球队前，皇马才在西班牙国家德比中主场0比4告负。

更大的惊喜在欧冠。皇马在1/4决赛凭借C罗的帽子戏法惊险逆转沃尔夫斯堡，又在半决赛借对手乌龙大礼艰难淘汰曼城。比几番恶战更抢戏的是齐达内的裤子。他还想在场边做出当年抽射绝杀的动作，身上的西服显然承受不住这样的爆发力，裤子应声撕破两次，一度露出底裤。

皇马执教生涯集体荣誉

西甲冠军
2016-17 2019-20

西班牙超级杯冠军
2017 2019-20

欧冠冠军
2015-16 2016-17 2017-18

欧洲超级杯冠军
2016 2017

世俱杯冠军
2016 2017

皇马执教生涯个人荣誉

国际足联年度最佳教练
2017

《法国足球》法国年度最佳教练
2016 2017

《法国足球》历史50大教练（第22名）
2019

《队报》最佳俱乐部教练
2020

➜ 2014年5月24日，在皇马与马竞的欧冠决赛中，作为安切洛蒂（右）助手的齐达内，留下场边激情指挥的经典瞬间。

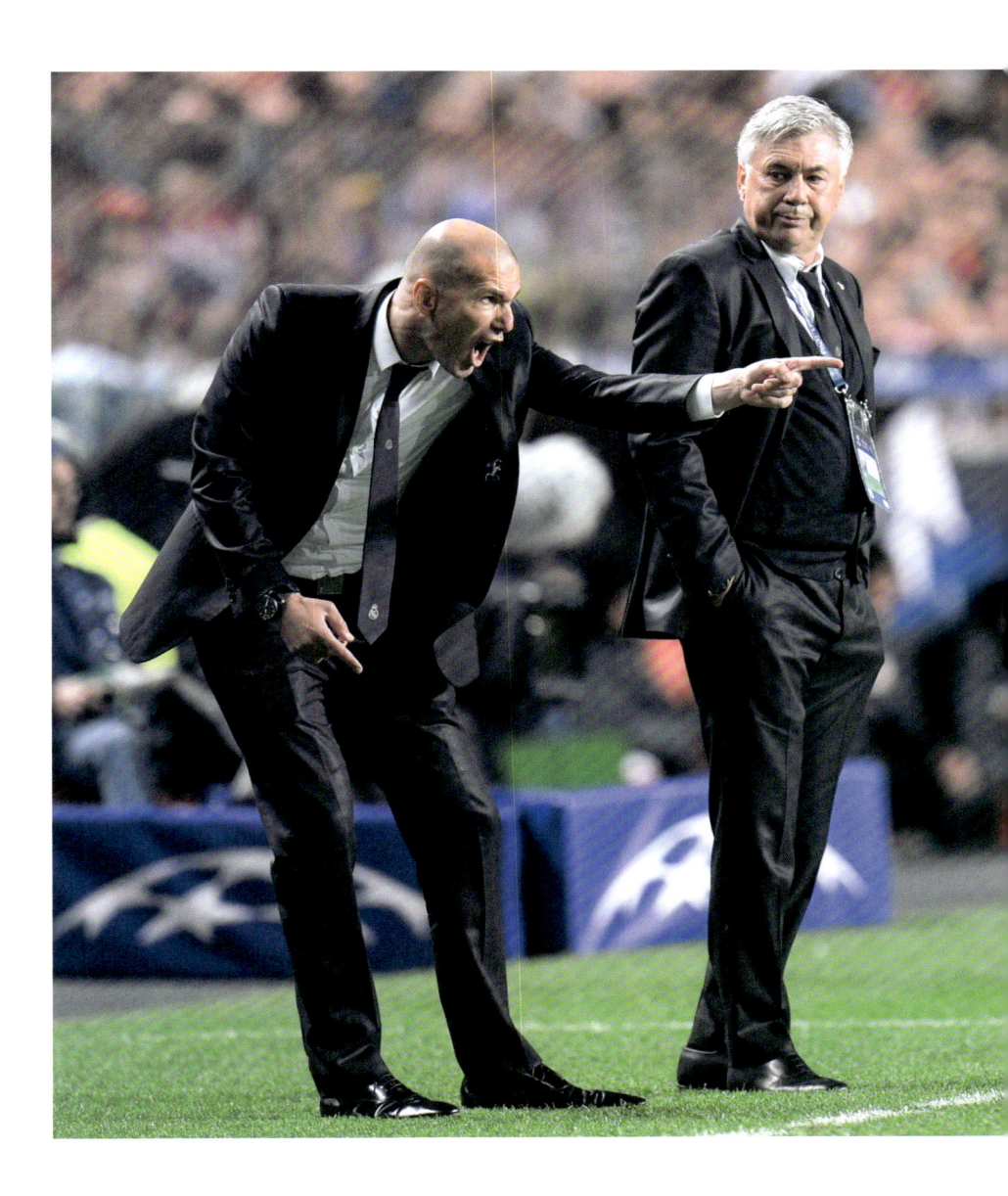

> 带着球员时代的功底，齐达内经常在训练中身体力行。图为他与卡塞米罗、青年球员特赫罗、贝尔（左起）以及C罗一起进行抢圈训练。

齐达内"献祭"了自己的形象，换来了正式执教半年后的第一座冠军奖杯——皇马的第11座欧冠冠军奖杯！马竞这次坚持到了点球大战，但还是敌不过皇马的实力和运气。即便如此，依然有人不愿将功劳记在齐达内身上。他运气太好了，接手一支群星荟萃且调教得当的球队，而且关键时刻总有人救驾。

其实时至今日，依然有人怀疑齐达内的执教水平，认为是皇马这家超级俱乐部成就了他。对这件事，恐怕只有换帅如换鞋的弗洛伦蒂诺有发言权。他几乎之后每年都会公开宣称"齐达内是世界上最好的教练"。这样的头衔将引发无休止的争论，能让所有人闭嘴的只有无法超越和复制的成就。

2016/2017赛季，皇马以3分优势力压巴萨夺得联赛冠军，并在欧冠半决赛再度击败马竞。欧冠决赛面对自己的宿命之队尤文图斯，齐达内率领小伙子们发动了一边倒的攻势，90分钟内4比1取胜。仅凭这个赛季的成就，齐达内就该被永载史册，因为皇马上一次捧得"双冠王"还是1958年，半个多世纪以来一直在联赛和欧冠中二选一。

深沉的爱

不容置疑的事实是，安切洛蒂和齐达内联手缔造了足球史上最恐怖的进球机器。C罗几乎每个赛季都能打进至少40球。更重要的是，每当弗洛伦蒂诺向技术层施压，要求给予

2017年5月21日，西甲末轮赛后，球员们托举起齐达内，庆祝联赛夺冠。

贝尔更多关照，齐达内都会站出来维护C罗的核心地位。他知道该如何统御这群球星。2017/2018赛季，尽管在联赛仅取得第3名，但皇马继续在欧冠不断制造奇迹。在惊险淘汰尤文图斯和拜仁后，皇马跌跌撞撞闯入决赛，对上攻击力超强的利物浦。在这场充满争议和激烈冲撞的对决中，贝尔发挥了关键作用。皇马以3比1胜出并书写了欧冠三连冠的史诗。

为这部史诗画上句号的仍是齐达内。已经站在世界之巅的他宣布引退。素来一切尽在掌握的弗洛伦蒂诺一时间感到无所适从，之前从未有人拒绝过他。而齐达内不仅引来弗洛伦蒂诺的挽留，还让后者大半年后再次恳求他复出救火。如果不是齐达内对这家球会怀着深沉的爱，深感责任重大，皇马恐将陷入银河战舰时代的乱局。

齐达内回归后试图让球队重回正轨，但失去C罗的后遗症显而易见。皇马在2019/2020赛季以较大优势取得联赛冠军，但欧冠赛场上很难再进一步。齐达内执教皇马的最后一季，"世界最佳"的光环不再闪亮。无休止的伤病、青黄不接的阵容和媒体不断的诘难，让他感觉心烦意乱。当他再次与弗洛伦蒂诺握手道别时，皇马球迷明白，这个一生都在努力掌控命运的男人，其实一直在为自己所爱的人和球队做出牺牲。齐达内的冷静和热情，对年轻球员的循循善诱，给自己的导师，同样也是继任者的安切洛蒂做了完美铺垫。第14座欧冠冠军奖杯上，同样映衬出齐祖的影子。

皇家传奇
主席

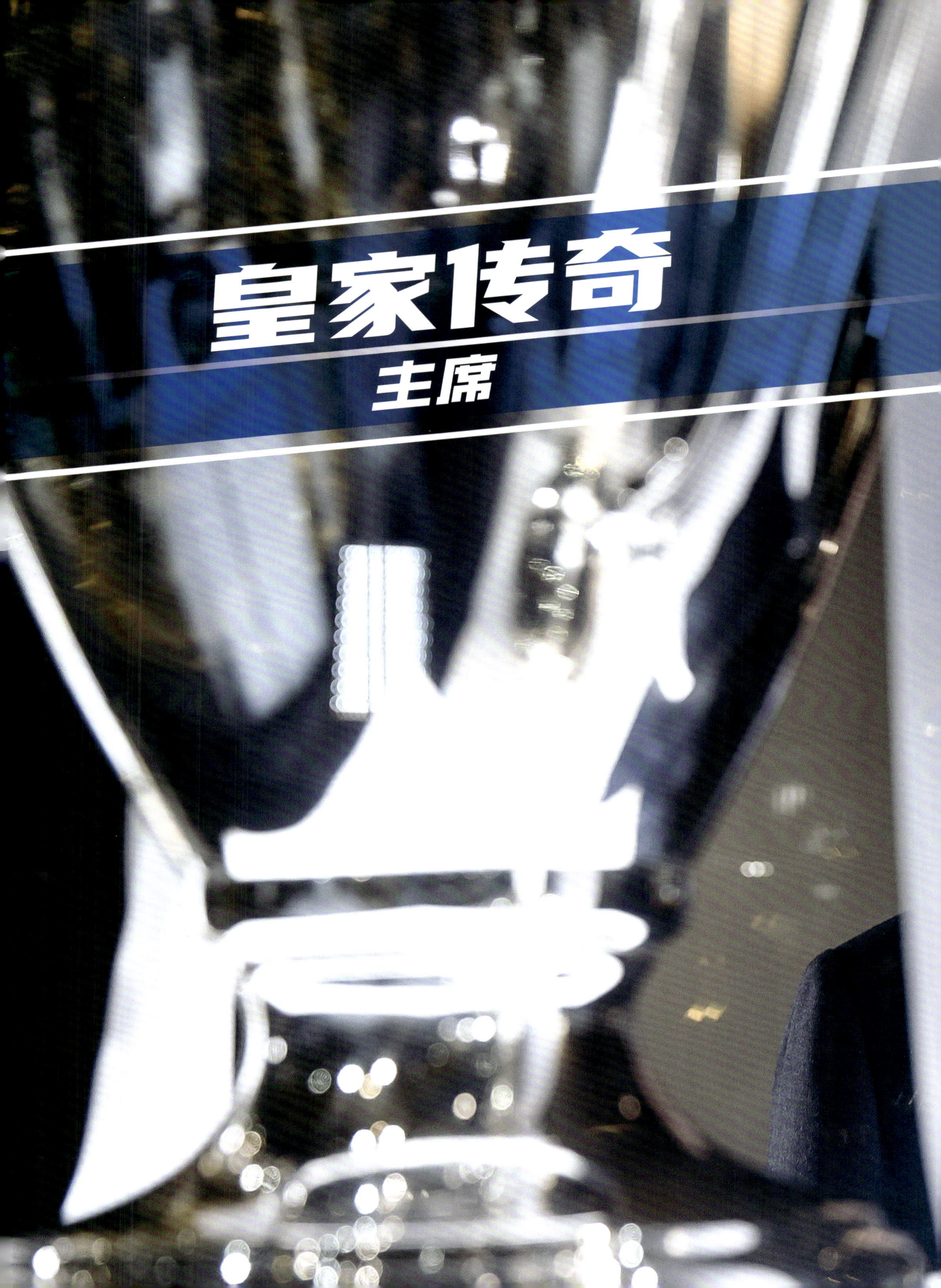

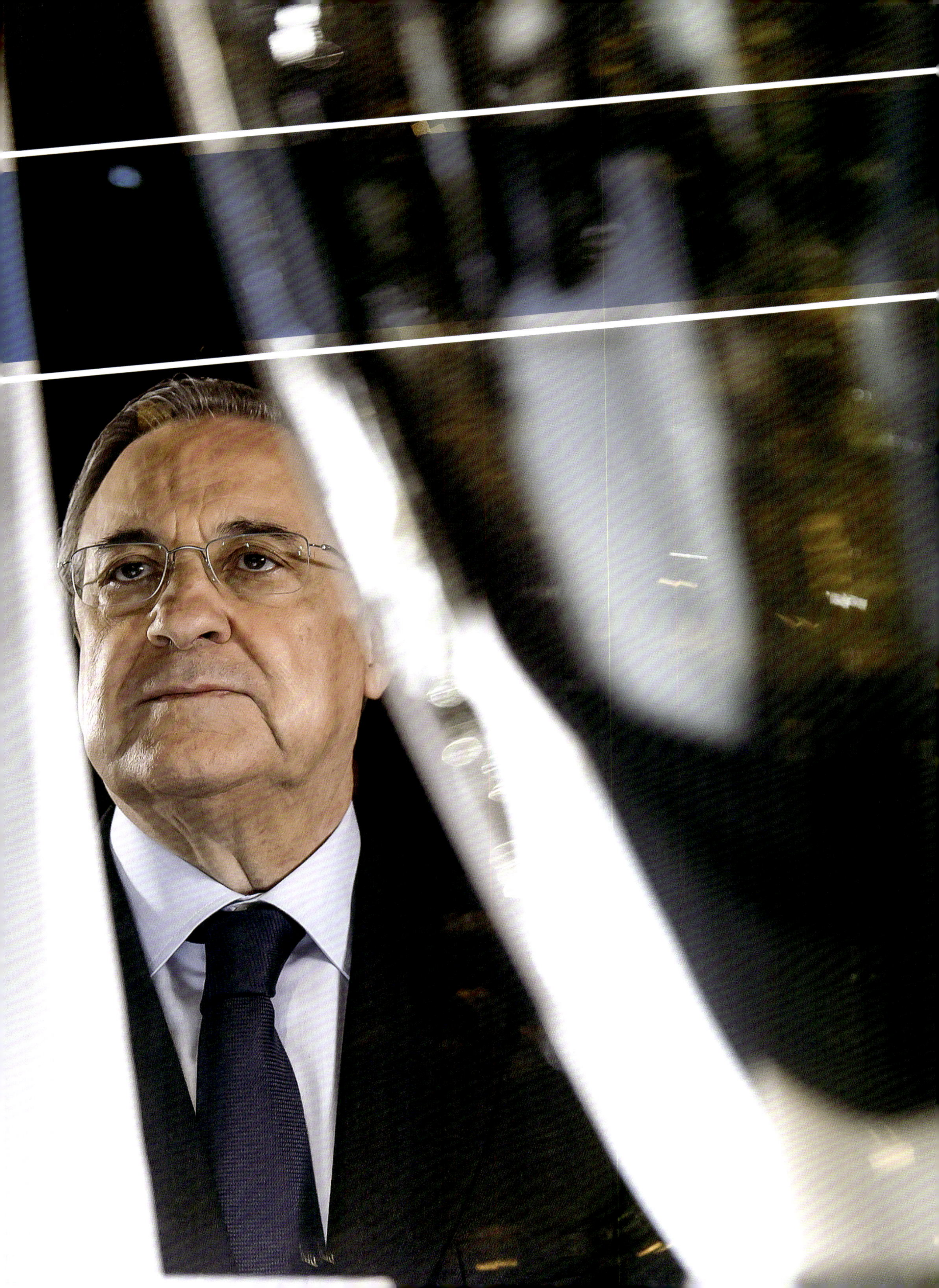

皇家荣耀 | 皇家马德里传奇功勋志

↑ 胡安·帕德罗斯（左）和卡洛斯·帕德罗斯（右）这对出生在巴塞罗那的兄弟，创立了皇马俱乐部。

帕德罗斯兄弟
Juan Padros & Carlos Padros

原点的伟大交汇

★ 皇家档案 ★

胡安·帕德罗斯	卡洛斯·帕德罗斯
Juan Padros Rubio	*Carlos Padros Rubio*
生卒　　1869.12.1-1932.5.11	生卒　　1870.11.9-1950.12.30
出生地　　西班牙巴塞罗那	出生地　　西班牙巴塞罗那
主席任期　　1902-1904	主席任期　　1904-1908

而今，皇马和巴萨这两家超级球会的对立关系，已被视作卡斯蒂利亚和加泰罗尼亚地区对抗的缩影和代表。然而现代足球在伊比利亚半岛毕竟只是一项仅有百余年历史的体育运动。加泰罗尼亚民族主义的觉醒，西班牙中央和地方的对峙，甚至沿海和内陆地区人们的分歧，都远远早于这两枚俱乐部盾徽诞生的日子。历史前进的车轮不受个人或某个群体的控制，但历史由人们书写。当皇马和巴萨驾着名为时间的马车，载着各自的信条，将一座又一座奖杯纳入荣誉室时，身后的车辙却留下了交错的轨迹。

西班牙中央地区的居民和加泰罗尼亚人对彼此怀有成见。随便翻翻笑话集，就能找到一大堆关于加泰人如何吝啬、首都居民如何虚荣的讽刺段子。在这样的文化背景下，让一个皇马死忠承认"我们的俱乐部创始者是加泰罗尼亚人"，难度可想而知。但无论俱乐部官方如何淡化这段历史，有心人如何旁证皇马创建者另有其人，都无法抹杀帕德罗斯兄弟对这家伟大俱乐部、对西班牙足球启蒙乃至对世界足球发展做出的贡献。

胡安·帕德罗斯1869年12月1日生于巴塞罗那。一年后，他的弟弟卡洛斯诞生。帕德罗斯一家都是纯正的加泰罗尼亚人，祖辈都定居在如今的巴塞罗那省，父母姓氏Padros（帕德罗斯）和Rubio（鲁比奥）都带有明显的加泰语特征。1886年，他们举家移居到马德里，在阿尔卡拉大道和塞达塞罗街的转角处开了一家名为奇思妙想（AL Capricho）的裁缝店，刚好在马德里市中心太阳门广场和丰收女神喷泉之间。

帕德罗斯一家不负加泰罗尼亚人擅长经营的名声。短短几年间，这间裁缝店成为西班牙高级时装的潮流先驱，广告登上各大报章，上流社会家庭都来此为家中的女士和孩子选购羊绒和棉织品。到了1907年，奇思妙想店已扩展成为一家拥有200多名员工的纺织和制衣大企业。殷实的家境让胡安、卡洛斯和他们的姐妹马蒂尔德都得到接受良好教育、接触上流人群的机会。马蒂尔德成为西班牙首位获得人文哲学博士学位的女性，嫁给了著名画家弗朗西斯科·桑查，胡安获得过马德里工业品展览的金奖。家族产业的兴旺发达给帕德罗斯兄弟日后在商界和政界的发展铺平道路，也为两人一项特别的业余爱好提供了充足的资源。

卡洛斯·帕德罗斯因幼时重病，终生跛脚。但身体不健全并不妨碍他对体育运动投入热情。除了狩猎和飞碟射击，卡洛斯对足球这项新兴的团体运动特别痴迷。他在当时一本名为《伟大生活》的杂志中发表文章，宣传发展体育的重要意义。他写道："在马路上乱跑、捉弄别人，如今马德里的青少年没有理想、身体孱弱又不知廉耻。应该将体育纳入我们的教育体系中，让年轻人在运动中建立人生梦想，锻炼强健的体魄，告别空虚的生活。幸运的是，马德里的体育爱好者们创建了不少足球社团。虽然缺少政府支持，社团依旧获得长足发展，吸引了大批同好者加盟和关注。在被怠惰和消瘦荒废青春、扼杀生命之前，我们应当赶快行动起来。"

↑ 1900至1902年，在"马德里足球俱乐部"正式注册成立前，胡利安·帕拉西奥斯担任俱乐部主席。皇马官方的记载中，他是俱乐部历史上的首任主席。

帕德罗斯并没有空喊口号。1900年，兄弟俩和好友胡利安·帕拉西奥斯成立了一家名为足球新社（New Sociedad Football）的足球社团。这家俱乐部原名为天空足球（Football Sky），实际始创于1897年，但3年来的管理和社团活动非常松散，以至于成员纷纷离开，自行组建新的球会。帕拉西奥斯在帕德罗斯兄弟的帮助下成为新俱乐部主席。但到了1902年，俱乐部正式完成注册成立，并更名为马德里足球俱乐部（Madrid Football Club）时，胡安·帕德罗斯成为俱乐部首任主席。这也引发了关于帕拉西奥斯和帕德罗斯究竟谁才是皇马俱乐部创始人的争议。

马德里足球俱乐部成立当年赶上一件大事：阿方索十三世的成年礼。他在1886年成为名义上的西班牙国王，实际过去十几年间始终由母亲马里亚·克里斯蒂娜摄政。1902年，年满16岁的阿方索十三世正式加冕登基成为一国之主。卡洛斯·帕德罗斯以此为契机，以"加冕杯"为名号组织了一次全国性的足球大赛。马德里市长阿吉莱拉提供了一座银杯作为优胜锦标，农业部和西班牙赛

皇家荣耀 | 皇家马德里传奇功勋志

马协会则将卡斯特亚纳的赛马场借给帕德罗斯当作比赛场地。

这届赛事被认为是西班牙国家杯赛，也就是如今国王杯的起源。除了两家首都球会——马德里足球俱乐部和新足球俱乐部（New Football Club），来自毕尔巴鄂的比斯开竞技（Vizcaya Athletic）和毕尔巴鄂足球俱乐部（Bilbao Football Club）也组建了一支"比斯开联队"。巴塞罗那有5家俱乐部受到邀请，但最终只有巴塞罗那和西班牙人两家参赛。日后的国家德比对手在1902年5月13日举行的半决赛上完成了历史上第一次正式会面。巴塞罗那3比1取胜挺进决赛，但最终1比2不敌比斯开。虽然西班牙足协并不承认这届冠军头衔的合法性，但奖杯如今仍陈列在毕尔巴鄂竞技俱乐部的荣誉室中，被俱乐部视作历史上第一座国家冠军奖杯。

这次杯赛极大鼓舞了卡洛斯·帕德罗斯的热情。在成功创办了"中部地区杯"之后，他有了更大胆的想法。1903年，阿方索十三世向他赠予一座奖杯，授权其以"国王的名义"举办全国性的足球赛事，也就是今天的"国王杯"。不久后，卡洛斯辞去马德里足协的职务，接替兄长胡安成为马德里俱乐部主席。恰逢欧洲各国足球人士协商成立国际足联，帕德罗斯委派安德烈·埃斯皮尔作为西班牙的代表出席会议。不过西班牙虽然名为国际足联创始国之一，但因当时并没有真正意义上的国家足球协会（西班牙足协1909年创建，1913年正式成立），因此并没有被接纳为成员国。

帕德罗斯兄弟

席兑现承诺。

让人心冷落的不仅是人情世故，还有时代变革和战争。离开足球界的卡洛斯·帕德罗斯在马德里、哈恩等地的棉田和工厂悉心管理家族产业，并利用自己多年来苦心经营马塔罗（加泰罗尼亚市镇）的成绩积极参政，为维护国王权力的自由党效力。然而这一政治立场让他在西班牙内战期间吃尽苦头。他被当局逮捕，并在丽池公园的围墙受到处决威胁。在波兰大使馆的协助下，卡洛斯流亡法国马赛，直到1939年才回到马德里。彼时，帕德罗斯家族在马德里的产业已是一片废墟。他变卖了郊外的几处田产才得以维持生计。

身为皇马俱乐部、西班牙国家杯赛、西班牙足协、国际足联的创始人之一，卡洛斯·帕德罗斯于1950年12月30日去世。他的孙女后来回忆道："没有任何一名皇马俱乐部的人来参加葬礼。"当天，皇马刚好做客巴塞罗那，就在帕德罗斯兄弟的出生地萨里亚，7比1战胜了西班牙人。然而，没人记得，或像时任主席伯纳乌那样根本不想承认，这家伟大俱乐部的创建者是一对加泰罗尼亚兄弟。

2004年2月，皇马主席弗洛伦蒂诺来到马塔罗的皇马球迷会，举办了一场帕德罗斯纪念会。700多名加泰罗尼亚的皇马球迷参加了这次活动。一位球迷代表对弗洛伦蒂诺说："我们亏欠帕德罗斯太多。假以时日，应该让所有皇马人都记得俱乐部创始人是一名加泰罗尼亚人，并以此为豪。"

马德里足球俱乐部在1905年到1908年之间连续夺得4届全国锦标，因此获准将奖杯永久保留下来。俱乐部决定将这座意义非凡的奖杯交给帕德罗斯个人收藏。然而随着俱乐部迅速发展壮大，本地意识也逐渐占据主导地位。1932年，当已经"戴上皇冠"（1920年阿方索十三世授予马德里足球俱乐部"皇家"称号）的皇马首次夺得西甲联赛冠军时，时任主席路易斯·乌塞拉向帕德罗斯"借走"了那座国王钦赐的银杯，答应给他一座一模一样的复制品。但直到1950年卡洛斯·帕德罗斯去世，皇马都没能向老主

1. 皇马建队之初的更衣室，以今天的眼光来看倍显简陋。

2. 1902/1903赛季的皇马球员合影。这是俱乐部成立后的首个赛季，俱乐部与本地球队打了一些友谊赛，还参加了首届国王杯。

3. 1904/1905赛季的皇马球员合影。那一年，皇马夺得国王杯，获得队史首座重要奖杯。

4. 1902年5月13日，皇马和巴塞罗那完成了历史上的首场交锋。

5. 弗洛伦蒂诺展示皇马创始人之一卡洛斯·帕德罗斯的肖像。

伯纳乌
Santiago Bernabeu
他定义了皇马

| 伯纳乌

皇家档案

圣地亚哥·伯纳乌
Santiago Bernabeu de Yeste

生卒	1895.6.8-1978.6.2
出生地	西班牙阿尔瓦塞特
主席任期	1943.9.11-1978.6.2

← 伯纳乌担任皇马主席 35 年，将俱乐部建设为欧洲超级豪门。1955 年，皇马的主场改为以伯纳乌的名字命名。

→ 伯纳乌主席深受皇马球迷爱戴。

↑ 20 世纪初，球员时代的伯纳乌曾长时间效力皇马。按俱乐部官方记载，司职前锋的他为皇马参加过 79 场正式比赛，攻入 68 球。他还曾于 1926 年至 1927 年间短暂担任皇马主帅。

　　来自全世界的球迷涌进皇马主场，观赏博物馆里光辉璀璨的 15 座欧冠奖杯，听广播员高喊"欢迎来到圣地亚哥·伯纳乌球场"。这个名字意味着赛场上的奇迹，也代表一家足球俱乐部所能企及的最高历史高度，但归根结底，这是对一个人的表彰——一个在乱世屹立不倒、野心勃勃、工于算计、心怀大志，却只热衷于足球的人。在他治下，皇马从一个濒临破产的地区俱乐部成为载誉全球的豪门，与欧洲冠军杯这项伟大的赛事互相成就，几近荒弃的查马丁老球场被改建成一座真正的足球殿堂。这就是皇马霸业的开创者伯纳乌主席。

法学功底毕生受益

　　圣地亚哥·伯纳乌出生在阿尔瓦塞特的一个多子女家庭。他的父亲是名成功律师，为众多贵族管理财产。殷实的家庭背景，让伯纳乌和他的兄弟得以进入马德里的贵族学校阿方索十二世皇家学院读书。在这个保守学校，他第一次接触到新兴运动足球，一下子就被迷住了。从此他将课余精力全部投入高墙边的泥地上，连此前热衷的音乐都扔在一旁。他的志愿是学医，但最终遵从父命学了法律。虽然他毕生都没从事法律工作，但对法条的敏感和对纠纷的准确判

皇家荣耀 | 皇家马德里传奇功勋志

> 伯纳乌担任皇马主席35年，领导球队获得16次西甲冠军、6次欧冠冠军。

读让他毕生受益。

圣地亚哥的哥哥安东尼奥是马德里俱乐部的创始会员，因此兄弟几人都在这里接受训练和比赛。伯纳乌原本是守门员，但哥哥马塞洛说服教练让他改踢前锋，说他有进球天赋。1914年，19岁的伯纳乌在一队正式亮相。在之后的13年间，他成为这家俱乐部第一代真正意义上的球星。伯纳乌在79场正式比赛中打进68球，帮助球队拿到9个中部地区冠军和1次国王杯冠军。

有趣的是，伯纳乌并不是"一生一队"球员。1920年，和俱乐部领导发生争执后，他在一气之下跑到好朋友胡利安·鲁埃特那边，要求加盟马德里竞技。不过西班牙足协阻止了这次任性的叛逃。当伯纳乌垂头丧气地返回原球队时，惊喜地发现俱乐部已被阿方索十三世国王册封"皇家"头衔，成了"皇家马德里"。

1927年，伯纳乌正式挂靴，却不愿意拿着法律文凭谋个差事，而是继续在俱乐部工作。他当过领队和教练，并在1929年成为董事会秘书。这一年，西甲联赛成立，球员转会变得司空见惯。伯纳乌开始积极参与一些重要引援操作，包括从西班牙人挖来当时的第一门将萨莫拉，以及从巴萨签下球星萨米铁尔。当时巴萨面临周转困难，刚好被敏锐的伯纳乌抓住破绽。1935年，拉斐尔·桑切斯·格拉当选皇马主席，投了反对票的伯纳乌在俱乐部的前途黯淡，但突然爆发的内战让所有足球活动都停了下来。战争期间，最初不想选边站队的伯纳乌在法国使馆躲了两年，最终基

1965年，伯纳乌与皇马队长亨托（左）笑逐颜开。

于其保皇党的信仰加入国民军，成了胜利一方。

伯纳乌兴建伯纳乌

内战结束，伯纳乌并没有趁势到政界发展，而是回到皇马。与西班牙这个国家一样，皇马几乎从一家兴旺发展的球会变成废墟：主力球员逃散流亡，查马丁球场被改成果园和监狱。直到1939年，皇马才将球场收回，修缮到能勉强使用的程度。

转眼来到1943年，西班牙足坛发生了一件改变历史的大事。皇马在国王杯半决赛次回合11比1痛击巴萨，制造了西班牙国家德比历史上最悬殊的比分。那是两家俱乐部从竞争走向对立乃至仇恨的开端。因一场足球赛引发恶劣的群体事件甚至地区冲突，这令意在维稳的当局非常不满。巴萨主席皮涅伊罗和皇马主席佩拉尔瓦先后辞职。伯纳乌就这样顶着极大的压力接管俱乐部。他上任后的第一件事就是与巴萨修复关系，为下一步的发展计划营造外部环境。

当时第二次世界大战趋于白热化，整个欧洲都处在崩溃边缘，即便置身事外的西班牙也处于极度困顿的境地。然而伯纳乌想的不是得过且过，而是更长远的规划。他要扩建球场，将更多球迷吸引到当时还处于城市边缘的查马丁，以此增加门票收入。另外，他需要整顿董事会，不能再让旧官僚和贵族充当俱乐部的门面，而是将更多真正热爱体育且懂得经营的专业人士招进领导班子。

1944年6月，皇马出资购买了球场周边的土地来做扩

↑ 1962年5月21日，伯纳乌（右）与尤文图斯高管一起，出席德尔索尔从皇马转会尤文的签约仪式。

军。应当说，皇马的篮球先于足球振兴并称霸。

眼光·手腕·决断

作为昔日的高水平球员，伯纳乌非常重视球星的影响力。1946年，他偶然在报纸上读到巴萨即将签约加纳利新星莫洛尼，立刻派人去银行提现，再搭飞机去抢人。待到巴萨代表乘船抵达时，莫洛尼已被皇马带走。不过伯纳乌最重要的一笔签约，也是皇马历史的转折点，是争取到迪斯蒂法诺。这桩转会牵涉3个国家的4家俱乐部，历时一年半才知花落谁家。尽管最早向迪斯蒂法诺伸出橄榄枝的是皇马，但最先得到他的却是巴萨。虽然存在复杂的合同和法律纠纷，但最终发挥关键作用的是皇马一方的诚意和大把现金，让巴萨不得不收下支票选择妥协。

迪斯蒂法诺最终在1953年正式代表皇马出场，并在那个赛季打进27球，帮助皇马捧得阔别21年的联赛冠军奖杯。球星效应立竿见影，伯纳乌一发不可收拾，接下来便是米格尔·穆尼奥斯、里亚尔、亨托。待到科帕、普斯卡什和桑塔马里亚加盟，皇马已经彻底蜕变为欧洲第一档的超级球队。

真正将皇马推上巅峰的是欧洲冠军杯。和赢得五连冠同等重要的是，皇马作为这项划时代赛事的创始球会之一，将永远被铭记。其实欧洲冠军杯的发起者法国《队报》一开始找到巴萨作为西班牙的代表，但被董事会秘书婉言谢绝。于是作为信使的加泰罗尼亚记者帕尔多拨通了皇马副主席萨波尔塔的电话，得到了热烈的回应。第2天，他见到了伯纳乌。第3天，皇马高层就飞往巴黎，落实了创立欧洲冠军杯的基本框架。

建准备。两年后翻新工程正式开始。施工期间，皇马暂时安身于马竞的大都会球场。这也不算新鲜事，马竞的老球场在内战期间被毁，也曾短暂借用皇马球场。1947年12月14日，"新查马丁"球场落成。7万名观众涌进这座当时西班牙最大的球场，观看了皇马对葡萄牙贝伦人的揭幕战。1955年，皇马董事会一致同意以主席圣地亚哥·伯纳乌的名字命名主场。伯纳乌本人原本推辞，但最终还是接受了这份他应得的荣誉。1963年，皇马体育城在市郊落成，俱乐部终于有了全套专业化的训练设施。

然而新球场并没有给球队的竞技水准带来明显提高。当时西甲联赛的冠军有力争夺者是巴萨、马竞、瓦伦西亚和毕尔巴鄂竞技，皇马偶尔能打进前3名，但距离夺冠总有不小差距。伯纳乌意识到，俱乐部尚需更多专业人才来改善运营水准。1952年，他遇到了西班牙篮协的雷蒙多·萨波尔塔。后者出身于土耳其一个犹太家庭，二战期间为逃避迫害辗转来到马德里。年轻的萨波尔塔一边在银行工作，一边组建篮协，推广这项新兴运动。伯纳乌一眼相中了这个精力旺盛而又见多识广的年轻人，请他帮忙筹建皇马篮球队，并很快提拔他当了自己的副手。于是在之后20年间，皇马几乎垄断了国内篮球联赛和杯赛的一切冠军头衔，还拿了6次欧洲冠

↑ 1963年，伯纳乌夫妇在家中留影。

当时的皇马虽然底蕴稍差，但作为近两个赛季西甲冠军，绝对有资格代表西班牙参赛，而且这一参加，就连拿5座冠军奖杯。巴萨错失良机，只能转道参加"城市间博览会杯"。两项赛事的竞技水平在当时看不相上下，但欧冠日后的发展势头不可阻挡。伯纳乌凭借犀利的眼光和决断力，让皇马在短短几年内连上数个台阶，成为欧陆第一批家喻户晓的足球豪门。

伯纳乌在皇马只手遮天且杀伐果断的风格深刻影响着他的继任者们。捧得前两座欧冠奖杯的教练比利亚隆加因不服从俱乐部安排给他的"技术指导"职务而辞职，继续带队夺冠的卡尔尼利亚因不喜欢普斯卡什被炒鱿鱼。真正让伯纳乌感到完全满意的是米格尔·穆尼奥斯。他执教14个赛季，拿到9个联赛冠军，并在1966年捧得队史第6座欧冠奖杯。即便如此，1974年，病榻上的伯纳乌还是亲手解雇了这个自己从小看到老的功勋教练。在生命的最后几个月，他获得了西班牙足协和国王的表彰。他的死讯震动世界足坛。时任欧足联主席弗兰基表示："伯纳乌在足球领域取得的成就无人能及。"超过10万人为他送葬。之后40年间，追加授予他的荣誉不计其数，但真正让伯纳乌这个名字永远被人铭记的，还是当年他亲手奠基的这座伟大球场。

→ 2018年6月2日，在伯纳乌的家乡阿尔曼萨，举行了伯纳乌去世40周年纪念活动，众多皇马名宿出席。现场展览了与伯纳乌主席相关的大量珍贵资料和物品。

皇家荣耀 | 皇家马德里传奇功勋志

1985年5月出任主席后,门多萨旋即领导皇马自1985/1986赛季起连续5年夺取西甲冠军。

拉蒙·门多萨
Ramon Mendoza
大亨不装腔

1993年圣诞节前,皇马在西班牙超级杯与巴萨对决,首回合3比1取胜的情况下,又在诺坎普球场1比1取得平局,捧得冠军。一小群皇马球迷等在巴塞罗那机场,拦下准备登机的主席拉蒙·门多萨,蹦跳着喊嘲笑巴萨的口号:"谁不跳谁是波兰人(皇马对巴萨的蔑称)。"门多萨毫不犹豫地加入欢庆队伍附和起来。

"门多萨跟着跳"成了次日各大媒体的头条。加泰罗尼亚人抗议皇马主席的挑衅行为。门多萨只是微笑回应道:"赢球本身就是最好的挑衅。"对于早年间士绅们表面上的客套,这位律师和投机商出身的弄潮儿不屑一顾,也让他成为那个时代特立独行的代表人物。

门多萨的母亲产后几天便过世,父亲成了他唯一的依靠。适逢内战,因病未收到部队征召的老门多萨专注于儿子的教育,希望他在激烈的社会冲突中保持清醒的头脑,因此门多萨一生都恪守中立,在各个阵营间游走牟利。他学过法律、从过军、干过导游,还在银行工作过。

无论在法国还是西班牙,也无论从事什么行当,门多萨都在寻觅商机。他干过最出格的买卖,是往苏联倒腾柑橘、大米和葡萄酒等对方稀缺的物资。在法西斯头子佛朗哥的眼皮底下和斯大林做买卖,无异于在生死之间走钢丝,但这条危险的商路硬是让门多萨闯了出来。1969年,后来的西班牙首相阿道夫·苏亚雷斯带他率经贸团抵达莫斯科,在红场跳起弗拉门戈。门多萨自此成了社会名流。

门多萨对赛马很有研究,还一度撰写相关专栏糊口,但始终对足球念念不忘。他少时曾是马竞球迷,但就因为一次近距离观战,被踢飞的角球意外砸中面门摔坏眼镜,从此对这家球会心生恶意,转投皇马。他在伯纳乌主席面前侃侃而谈,发表诸如"俱乐部需要建立企业概念"之类的高见。伯纳乌非常赏识门多萨,直接将他"塞进"董事会。然而好景不长,门多萨被媒体描绘成"克格勃的人",声名扫地,被迫离开皇马。直到西班牙民主化,他才回到足球圈内,积极参与主席竞选,并最终在他58岁的1985年如愿以偿。

会员们对门多萨期望很高,因为伯纳乌去世后,皇马陷入了竞技和财务双重危机,需要一位能者来改变现状。当时皇马刚好迎来一波青训人才井喷,也就是为人称道的五鹰。但仅靠他们还不够,门多萨将目光锁定在邻居的球场里。

在马竞效力4年的墨西哥射手乌戈·桑切斯刚刚迎来大爆发,荣膺西甲金靴。马竞当时财政吃紧,急需将其出

皇家档案

拉蒙·门多萨
Ramon Mendoza Fontela

生卒　　1927.4.18-2001.4.4
出生地　西班牙马德里
主席任期　1985.5.24-1995.11.26

➔ 1995年2月皇马大选，门多萨以微弱优势战胜首次参选的弗洛伦蒂诺（右），第3次获得连任。同年11月，内忧外患之下，门多萨被迫辞职，桑斯接任。

售变现。相比死敌皇马，他们当然更愿意与巴萨进行交易。但刚刚上任的门多萨拿出当年倒卖海产和水果的手段，邀请桑切斯来家里做客，并在饭桌上说服对方转投皇马。马竞和巴萨大吃一惊但又无可奈何。为了避免双方极端球迷发生冲突，桑切斯在夏天象征性地加盟一家墨西哥俱乐部，再二次转会到皇马。

除了乌戈·桑切斯，门多萨还从皇家贝蒂斯和希洪分别挖来了成名已久的悍将戈迪略和马塞达。他对自己组建的球队非常自豪，将这3名球员，加上体能师费尔南多·马塔和他自己，并称为"皇马五雄"，与五鹰相呼应。

门多萨认为皇马的信条应是：勇气、头脑和心脏。乌戈·桑切斯刚好接班上一代主力射手桑蒂利亚纳，而且做得更好。接下来几个赛季里，墨西哥人几乎每个赛季都能打进三四十球以上，在5个赛季里4次捧得西甲金靴，这是自普斯卡什之后皇马球迷闻所未闻的惊人壮举。超强进攻线加上本哈克的战术革新，让皇马进入一个场场靠进球碾压对手的奔放年代，在1986年至1990年间一口气完成西甲五连冠。

虽然在门多萨元年，皇马获得联盟杯冠军，又连年稳获西甲冠军，但始终迈不过欧冠这道坎。贝卢斯科尼的AC米兰打破了门多萨的欧冠梦，而皇马还面临着意甲的全面挑战。阿涅利扬言要签下皇马"一老一少两个桑切斯"（指的是乌戈·桑切斯和后卫小桑奇斯），国际米兰则甘愿为西班牙最好的中场米歇尔开出10亿比塞塔的天价转会费，以及20倍于皇马的薪资待遇。然而，门多萨用空白支票说服了桑切斯，并对米歇尔动之以情，称他为自己"第7个儿子"。米歇尔同意留队后一度大呼上当，但架不住门多萨的情感攻势："我是骗了你，但我又是那么爱你！"

除了一些老派皇马会员，球员、球迷和媒体都爱死了这个行事风格乖张怪诞的主席。门多萨是著名的花花公子，除了与原配索拉诺女士生了6个孩子，后半生还与很多女人结缘。《阿斯报》至今保留着他只穿着泳裤的封面照片。他大力扶持皇马激进球迷团体，为他们提供财力支持和庇护。他还从不吝惜刻薄的言语对竞争对手进行人身攻击。

但相比同样以流氓大亨形象纵横政商体育界的马竞主席希尔，门多萨始终保持政治中立，而且在必要场合以老派绅士的装扮和谈吐示人。他上任几个月后，皇马在联盟杯对阵门兴格拉德巴赫。他招待对方主席夫人吸烟，但对方傲慢地表示，只在本队进球时才吸。当场比赛门兴5比1击败皇马，太太整场吞云吐雾。次回合来到伯纳乌，皇马以4比0大逆转晋级。每进一球，门多萨就殷勤地递上一根"温斯顿"烟……

正像伯纳乌格外欣赏门多萨，门多萨也将年轻却野心极大的挑战者弗洛伦蒂诺·佩雷斯视作自己的接班人。两人在1995年的主席大选上激烈辩论。休息时，门多萨走过来向竞争对手要雪茄抽，开起玩笑。弗洛伦蒂诺对门多萨非常钦佩，即便受到言语羞辱也绝不还嘴。历史证明，门多萨虽然在迈入足球商业时代的关键时期错估了电视转播权益等新概念，给皇马造成经济损失，但他也给继任者深化改革铺平了道路。更重要的是，皇马在他手中摆脱了刻板的政治化印象，走上了更亲近球迷和更开放的道路。

皇家荣耀 | 皇家马德里传奇功勋志

皇家档案

洛伦索·桑斯
Lorenzo Sanz Mancebo

生卒	1943.8.9-2020.3.21
出生地	西班牙马德里
主席任期	1995.11.26-2000.7.16

➔ 2000年5月24日,皇马夺取欧冠冠军,桑斯将奖杯举过头顶。

桑斯 *Lorenzo Sanz*

梦的重塑者

2020年3月,疫情在整个欧洲大爆发,每天都有数以百计的老人躺在嘈杂拥挤且慌乱的重症监护病房里无声祈祷。在马德里医院一角,76岁的洛伦索·桑斯静静地去世了,身边并没有自己最爱的儿女们。对于这个身材臃肿、长期有慢性病史、治疗期间出现肾衰症状的老人而言,病毒是致命的,比输掉西班牙国家德比、输掉联赛冠军、输掉主席大选更让他难以承受。与伯纳乌和弗洛伦蒂诺相比,桑斯或许不是皇马历史上成就最高、荣誉最多的领导者,但他完成了一件至今看来仍堪称伟大的目标:让人们重新相信梦想的力量。

洛伦索·桑斯是个典型的"国家主义爱国者"。他出身在一个拥有10名兄弟姐妹的贫寒家庭,在业余球会守过门,在印刷厂当过工人。佛朗哥的独裁时代宣告结束时,身强力壮、头脑聪明且野心勃勃的桑斯与其他立场激进的政治投机者一起投身社会体制改革的浪潮中。他加入了极右翼党派"新力量",塞维利亚前主席德尔尼多以及如今西班牙职业足球联盟主席特瓦斯也曾是这个组织的活跃分子。

西班牙民主化改革极大削弱了右翼派别。不过短短几年的政治活动让桑斯积累了信心和力量,进而转战另一块非政治又与政治密切相关的阵地:足球。他成了5个孩子的父亲。3个儿子中,小洛伦索成为职业篮球运动员和经理,帕科和费尔南多成为职业足球运动员和俱乐部主席,女儿玛卢拉则嫁给了西班牙国脚萨尔加多。他不但成为一个体育明星家庭的大家长,还将家族与一个殿堂级的名字绑定在了一起:皇马。他的儿子和女婿在皇马踢球、任职,他也在足球界一代豪强拉蒙·门多萨的扶持下,一路从董事、副主席来到俱乐部二把手的位置。

桑斯担任皇马副主席期间,经历了球队统治西班牙联赛的五鹰辉煌时代,也两次在现场亲历了最后一轮被巴萨反超失冠的灾难性场面。1992年和1993年,皇马都是在西甲末轮做客特内里费岛,输掉比赛并输掉冠军的。桑斯在现场目睹头号对手萨莫拉诺因场面不利与对方发生冲突并吃到红牌,气到几乎忘了与主队主席握手告别。沮丧之余,桑斯也意识到,仅靠皇马的荣誉感和本土青年才俊的垄断,不但会让球队失去霸主地位,更会失去未来的竞争力。活生生的例子摆在眼前,靠克鲁伊夫和一批风格迥异的世界级球星打造出的巴萨"梦之队",在世界范围内的号召力已经超过皇马。

体制内的竞争也在加剧。门多萨再次在大选中获胜,却被人指出存在作弊行为。桑斯虽然是老主席"钦点"的接班人，也感觉靠吃老本是没有前途的。俱乐部必须做出改变，首先是人员构成。伯纳乌时代由退役名宿或本地士绅组成董事会的模式被彻底摒弃，取而代之的是一群浸淫商圈多年的专业人士：奥涅瓦主管经济，塞恩主管审计，乌西亚主管联络。其次就是球队目标的重新定位，不能再以西甲和国王杯为目标，而是要放眼整个世界，追逐皇马遗忘已久的欧冠梦想。

1996年夏天，随着米亚托维奇、达沃·苏克、西多夫、罗伯托·卡洛斯、帕努奇和伊尔格纳等国际球星先后亮相伯纳乌球场，皇马宣告五鹰已成回忆，一支崭新的国际化球队成为皇马球迷以及国际比赛直播的新宠儿。趁着国家联赛全面职业化、洲际大赛全面商业化、电视转播和广告收入所占比重越来越高的发展势头，桑斯当年在政界没能兑现的梦想全部在皇马身上成功了。

1998年5月20日在阿姆斯特丹，海因克斯率领的皇马1比0击败尤文图斯，将俱乐部历史上的第7座欧冠奖杯揽入怀中。此时距离遥远的第6冠已过32年，带队捧得那座奖杯的老帅米格尔·穆尼奥斯已经离世8年。米亚托维奇打进制胜球，整整两代人的努力在此时开花结果。

2年后，皇马又在不被看好的情况下，一路跌跌撞撞，连克上赛季冠军曼联和强大的拜仁，最终在决赛3比0大胜瓦伦西亚，第8次欧冠夺魁。即便几年间不断传出更衣室失控导致教练下课的负面消息，但丰收女神广场连年的盛大庆祝是真实的。皇马仿佛刻意在国内赛场示弱，却又在欧冠表现得如此勇猛。除了足球方面的巨大成就，桑斯的大儿子在担任皇马篮球队经理的短暂一年，也完成了一场梦幻般的总决赛，击败强大无比的巴萨获得冠军。

然而正如桑斯在改革风潮中选择了风格激进但立场保守的那一方，他对足球发展的形势也做出了误判。2000年皇马夺得俱乐部历史上第8座欧冠奖杯后，他认定自己将成就一番不亚于伯纳乌的伟大成就，继而宣布提前召集大选，欲借欧冠冠军之力完成连任。他已经感受到来自一位名叫弗洛伦蒂诺的成功企业家在背后制造的压力。但万万没想到，后者居然以菲戈为筹码，最大程度利用媒体宣传，征服了胃口越来越高的俱乐部会员。事实证明，弗洛伦蒂诺是一个比桑斯更大胆、更懂商业运作的领导者。必须承认，第8座欧冠奖杯虽然是桑斯平生最得意的成就、他竞选的最大筹码，但也是弗洛伦蒂诺"银河战舰"计划的基础。

桑斯并没有就此退出人们的视界。小儿子费尔南多·桑斯在马拉加结束职业球员生涯后，转身坐上主席台，在父亲的支持下，成为这座大城市小球会的主人，随后亲手完成了西甲历史上第一宗"石油黑金"入资交易。老桑斯一生通吃黑白两道，利用政策和法律空子赚了不少钱，也为此受到了法律制裁。但他留给西班牙足球界和皇马的那段历史回忆，是极具时代感、惊人且饱含滋味的。

↑ 桑斯共有3个儿子，其中小洛伦索（左）当过职业篮球运动员和经理。

皇家荣耀 | 皇家马德里传奇功勋志

弗洛伦蒂诺
Florentino Perez
王道野心家

皇家档案

弗洛伦蒂诺·佩雷斯
Florentino Perez Rodriguez

生日	1947.3.8
出生地	西班牙马德里
主席任期	2000.7.16-2006.2.27
	2009.6.1-

← 2012年9月30日,皇马会员大会上,弗洛伦蒂诺举起"同意"字样的卡片。

如果说当今西班牙有两个"国王",一个是波旁家的费利佩六世,另一个既不是政府首脑,不是前福布斯首富阿曼西奥·奥特加,也不是网球传奇纳达尔,而应是皇马主席弗洛伦蒂诺·佩雷斯。借用加泰罗尼亚媒体的评价:这是个令人嫉妒的男人。他不但是福布斯榜上有名的富人、成功的政客和企业家,还是不断刷新球迷世界观的改革者,或者从另一个角度看,是个破坏旧秩序的"大魔王"。

商人基因,政客背景

弗洛伦蒂诺·佩雷斯出生于商人家庭,父亲是名成功的香水商,拥有一家名为 Shangai("上海"的误译)的化妆品店。老佩雷斯满世界跑业务,顺便追随皇马看了很多国际比赛,还从德国搬回一台电视,也将比赛直播搬回了自家客厅。

年轻的弗洛伦蒂诺看似沉稳,实则争强好胜,满是大胆出位的点子。从马德里理工大学的道路、桥梁和港口专业毕业后,弗洛伦蒂诺并没有急着投身建筑行业,而是以新锐知识分子身份参加了"中间民主联盟"。彼时西班牙正是佛朗哥去世,还政于内阁的动荡时期。阿道弗·苏亚雷斯领导"中间民主联盟"在选举中获胜,成为现代西班牙第一任首相。22岁的弗洛伦蒂诺

弗洛伦蒂诺任内,皇马已7次夺取欧冠冠军。他成为领导皇马欧冠加冕次数最多的主席。

皇家荣耀 皇家马德里传奇功勋志

弗洛伦蒂诺首次担任皇马主席期间，力推"银河战舰"战略，先后签入菲戈、齐达内、罗纳尔多、贝克汉姆、欧文等巨星。

便成为马德里市议员，随后在工业、交通和农业等部门都担任要职。

但随着自己的党派逐渐分裂、弱化直至解散，弗洛伦蒂诺的政治生涯难以为继。1983年，他投身商界，很快成为加泰罗尼亚一家建筑公司的高管和主要股东。10年间，弗洛伦蒂诺经过几次并购，已经将当初濒临破产的公司整合成规模庞大的集团企业。这让他有信心和实力去实现另一个人生梦想：足球。

银河升级品牌

1995年，不到50岁的弗洛伦蒂诺参加皇马主席竞选，挑战拉蒙·门多萨。尽管他最终没能撼动"老国王"的权威，但在正式投票前拉到了最多的支持签名，而且在辩论中有关俱乐部经济和未来发展的看法令人信服。几个月后，门多萨辞职后将"王位"传给副主席洛伦索·桑斯，让弗洛伦蒂诺感到不忿。但他知道自己早晚会坐到伯纳乌的主席办公室里。

转眼5年过去，皇马在桑斯领导下取得梦寐以求的2座欧冠冠军奖杯。依照历史经验，没有人能撼动他的地位，一个持续10年以上的王朝即将启航。然而弗洛伦蒂诺强势归来，并想了一个惊天计划，可以利用媒介的造势帮自己赢得主席选举。他要让巴萨队长兼头号球星路易斯·菲戈转会皇马。

弗洛伦蒂诺敏锐察觉到菲戈的弱点。他先是找来了葡萄牙名宿保罗·富特雷，许以极高佣金来做说客。得到与菲戈见面的机会后，他又承诺5倍于巴萨的薪水，前提是他当选皇马主席。菲戈和他的经纪人被弗洛伦蒂诺的气魄所折服，同时对他在大选中胜出的可能性表示怀疑。博斯克刚刚带队取得了桑斯任期内的第2个欧冠冠军，无论谁是挑战者都很难撼动这个优势。

2016年8月25日，弗洛伦蒂诺与C罗（左）、贝尔（右）出席欧足联颁奖典礼。

然而一切都在弗洛伦蒂诺的计划中。自信满满的桑斯借欧冠之势提前召集主席选举，但媒体的目光完全被"菲戈可能加盟皇马"的消息给带走了。更讽刺的是，这个消息放出的时间和地点刚好是桑斯的女儿玛卢拉与球员萨尔加多的婚礼上。球迷们一开始也认为弗洛伦蒂诺是在虚张声势，但当后者做出一系列保证，放出诸如"我当选但菲戈没来，会员免费进伯纳乌观赛一年"之类的豪言，有人开始动摇了。媒体反复放出菲戈去留的消息，吊足了球迷的胃口。

终于，大选结果揭晓，弗洛伦蒂诺以16469票对桑斯的13302票胜出，成为皇马新主席。紧接着，正在庆祝大选获胜的巴萨主席加斯帕特接到了菲戈的最后通牒："准备50亿比塞塔保证金，否则我就要去皇马了。"巴萨自然无力挽留，弗洛伦蒂诺目标达成。

弗洛伦蒂诺凭这一桩交易毁掉了皇马和巴萨两大俱乐部主席的人生巅峰，还将巴萨拖入了3年无冠的黑暗时代。最重要的是，菲戈不只是他登上王位的跳板，还是一个伟大计划的开端。博斯克带队取得了阔别4年的联赛冠军，但在欧冠半决赛遭拜仁双杀。在过往，竞技成绩的影响是决定性的，但弗洛伦蒂诺为皇马找到了新的定位：世界上商业价值最高、最有影响力的俱乐部。

皇马成功将人们的目光从赛场吸引到转会市场，菲戈之后是齐达内，紧接着就是罗纳尔多和贝克汉姆。弗洛伦蒂诺以一年一巨星的策略建造着举世瞩目的"银河战舰"。这期间，凭借齐达内气势凌人的一脚抽射，球队举起了第9座欧冠冠军奖杯。更重要的是，将一群竞技水准和商业价值都顶尖的球员聚集在一起，皇马花费了2亿欧元，获得的回报却是每年4亿欧元的收入。除了钱，更大的名声也是弗洛伦蒂诺所追求的。2003年夏天，皇马造访中国，形成了巨大的舆论效应，也开启了俱乐部全

2009年重新担任皇马主席后，弗洛伦蒂诺先后请来多位足坛名角担任主帅，包括穆里尼奥、安切洛蒂、贝尼特斯、齐达内等。

球化运作的新局面。

回归升级银河

然而太过顺风顺水很快让弗洛伦蒂诺失去冷静。他没有给"缺乏星味"的马克莱莱续约，并在2003年解除博斯克的主帅职务，因为"他的打法过时了"，转而请来了极其欠缺俱乐部执教经验的葡萄牙人奎罗斯。几经波折，"银河战舰"如同从巅峰的断崖坠落，当季仅取得联赛第4。2004/2005赛季球队换了3次主帅，但依然被崛起的"梦二"巴萨打败，一无所获。弗洛伦蒂诺引以为傲的巨星政策显然违背了足球规律，而他提出的"齐达内+帕文"理念后来也被证实只是转移球迷视线的话术，皇马青训人才不断流失。铺天盖地的批评下，弗洛伦蒂诺并没有硬刚，而是承认失误，选择交权隐退。"银河战舰"时代宣告结束。

拉蒙·卡尔德隆在皇马掌舵的3年时间，球队夺得2次联赛冠军，但球迷始终对这位口无遮拦的主席缺乏好感。这期间，弗洛伦蒂诺自然没有远离足球圈。相反，借西班牙基建和房产经济猛增的势头，他领导的ACS集团已成为全欧最大的建筑承包商，他本人也跻身福布斯榜单内。个人财富越来越多，弗洛伦蒂诺开始酝酿更宏伟的足球计划。

2009年，皇马主席竞选的候选人只有一个名字。强势回归的不光是弗洛伦蒂诺一个人，还有花出去的2.58亿欧元以及先后穿上白色球衣的C罗、卡卡、本泽马和哈维·阿隆索等人。新"银河战舰"仅用1个夏天，而不是4年时间就构建完成。不过这一次他们面对的挑战也非同一般，瓜迪奥拉此前带领"梦三"巴萨完成了"六冠王"伟业。皇马需要同样有个性的冠军教练来抗衡，而这个人显然不是为人忠厚的佩莱格里尼。

穆里尼奥来到伯纳乌，带来了突破，也带来了麻烦。皇马突破了 6 个赛季止步于欧冠 16 强的魔咒，并在 2011/2012 赛季以创纪录的 100 分和 121 个进球捧得西甲冠军，C 罗以 46 球再度刷新个人单季联赛进球纪录。然而穆里尼奥我行我素的言行风格令老派皇马球迷愈发反感，因为他不仅攻击对手巴萨，还遍地结仇素来与皇马交好的友军。终于在无冠的第 3 年，随着更衣室矛盾的爆发，弗洛伦蒂诺痛下决心送走了穆里尼奥。不过葡萄牙人已将球队打造成战斗力极强的一流球队。待到好脾气的安切洛蒂到来时，球员如释重负，可以顺势更上一个台阶。

野心无止境

皇马在 2013/2014 赛季全面开花。安切洛蒂带队在欧冠决赛击败同城对手马竞，取得历史性的第 10 次欧冠冠军。同时，巴勃罗·拉索率领的皇马男篮也在国王杯和欧洲联赛夺魁。历史证明，皇马时隔 12 年重夺欧冠冠军并非偶然。因为随后接手球队的少帅齐达内重复了 20 世纪 50 年代欧冠诞生时的壮举，在 2016 年到 2018 年间连夺 3 座欧冠奖杯。在转会市场过亿的年均投入有了丰厚的回报，贝尔、莫德里奇、克罗斯和纳瓦斯发挥出决定性作用。

球队创造奇迹的同时，弗洛伦蒂诺在俱乐部建制和发展上也没停下脚步。他在 2012 年修改了选举章程，为之后几次轻松连任扫清障碍。2014 年皇马夺得第 10 座欧冠奖杯前夕，他公布了伯纳乌球场的翻新计划，要让皇马成为这座城市永恒的文化地标。连年递增的收入、稳定的竞技成绩以及目光长远的规划，让皇马在逆境中屹立不倒，直到 2024 年以一连串足以载入史册的惊人逆转第 15 次捧得欧冠奖杯。"欧洲之王"的美誉再次在球迷间传颂。

作为"欧洲之王"的"国王"，弗洛伦蒂诺在媒体上的形象并不是完全正面的。2021 年曝出一系列他在私下贬损皇马名宿的言论，让人了解到"佛爷"不为人知的另一面。而且，他主导的"欧洲超级联赛"计划几乎引发欧洲足球版图分裂。野心也好，霸权也好，从过往种种成功和失败的经验可知，弗洛伦蒂诺想要做成的事，绝对不会轻易放弃。他的荣誉已媲美传奇的伯纳乌主席，但他的目标不是在皇马历史上名列第一，而是让皇马在未来继续当世界足坛的第一俱乐部。

弗洛伦蒂诺因欧超问题一度与欧足联剑拔弩张，但 2022 年 5 月 28 日欧冠决赛前，他与欧足联主席切费林（右）见面并愉快合影，还向后者赠送了礼物。

皇家馆藏

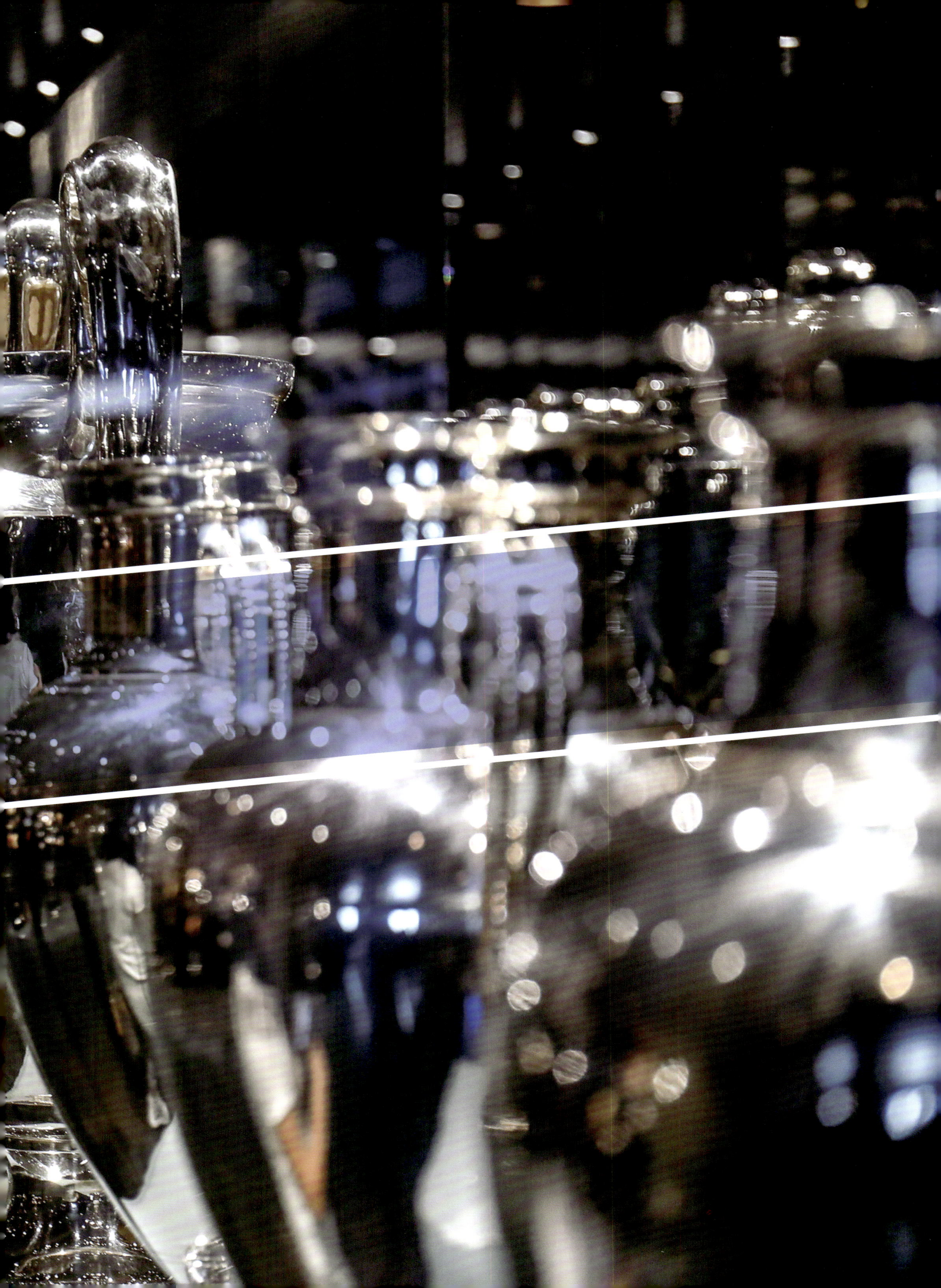

伯纳乌，造梦屋

2019年，圣地亚哥·伯纳乌球场开启了规模宏大的翻新工程，最初预期于2022年完工，这也是皇马庆祝俱乐部成立120周年的一项重要举措。这120年，皇马在一座座球场中书写了自己的传奇，而承载了一代代足球人梦想的球场，也见证了这家伟大俱乐部经历的起起伏伏。

初创时期

和很多俱乐部一样，皇马在刚刚成立时，并没有自己的球场。创立之初的马德里足球俱乐部为参加比赛，曾在不同的场地之间辗转。最早出现于记载的皇马主场名叫蒙克洛亚球场，不过这块球场其实就是俱乐部创始人之一胡利安·帕拉西奥斯家附近的一块空地。随后球队搬到埃斯特拉达球场踢了几场比赛，但这块场地其实也只是同名石材厂旁边的一块空地——石材厂的老板埃斯特拉达，就是帕拉西奥斯的岳父。

不难看出，俱乐部创立的前10年时间里，马德里足球俱乐部曾以多块不同的场地为家，大部分都是临时性场地，还经常要靠初创者们通过"化缘"争取来暂时的使用权。在无主的空地、斗牛场的外场，甚至垃圾场度过了一段艰难时光后，1903年，球员们终于在城市东侧边缘的阿尔卡拉大街安顿下来，阿尔卡拉大街10号成为俱乐部最早的办公室和更衣室。而这幢小楼旁边的酒吧也成了球员们日常聚集的地点，酒吧的老板娘还主动帮助大家清洗球衣。

奥唐奈球场

随着城市的扩张，阿尔卡拉大街边的空地渐渐被占据。1912年，之前的场地已经被挤压到了南侧的奥唐奈大街，在此基础上，奥唐奈球场应运而生。当时这块场地是由一位名叫卡米松的老先生所有，为获得场地的使用权，球员们每个月要向卡米松支付1000比塞塔作为租金。不过正是在这块球场，俱乐部正式告别了居无定所的生活。

和之前的场地相比，奥唐奈球场的状况同样不如人意，场地的地面坚硬，石头也多。每场比赛结束后，球员们都需要把球门拆开并折叠，存放

↑ 建队初期，马德里足球俱乐部曾将斗牛场的外场作为主场。

在场内一个事先挖好的洞里，等到下场比赛开始前再装好。和以前将球门扛来背去相比，这么做显然方便了很多，不过球门也不是免费的，每场比赛要交 35 比塞塔的租金，除非是参加政府主办的比赛。

1912 年，在时任主席帕拉赫斯的倡议之下，俱乐部开始在球场周围建造栅栏。整个过程斥资 6000 比塞塔。等到栅栏建好，球场的安全有了保证，俱乐部还能向球迷售票，从而开辟新的盈利模式，这在西班牙还是首创。在修建栅栏时，俱乐部的年轻球员也都被动员起来，其中一个名叫圣地亚哥·伯纳乌的 17 岁小将格外卖力。

10 月 1 日，马德里足球俱乐部与来访的伊伦体育（今皇家联合）进行了一场友谊赛。而这场比赛，也是新建的奥唐奈球场首次投入使用。据统计，当天共售出 174 张价值 40 分的特等票和 486 张价值 20 分的普通票。

奥唐奈球场有两个售票处。一个位于侧面的纳尔瓦埃斯大街，主要销售特等票，另一个则在奥唐奈大街上，负责销售普通票。球场两个入口都在纳尔瓦埃斯大街上，供持两种球票的球迷入场。而在奥唐奈大街一侧，还开设了一个专门的通道，供俱乐部人员进出，直接通往看台的最佳位置。

不久后，俱乐部又在球场边建起一座木制小楼作为更衣室，让更衣室直接通往球场，球员们再也不用拎着衣服走进球场了。小楼里同时设有一个裁判更衣室，另一侧则是门卫的卧室。门卫叫赫苏斯，胖胖的，很可爱。楼中，还有两间展览室和一间浴室，但浴室里只有两个淋浴喷头。

1923 年，马德里市政府准备在奥唐奈大街附近兴建居民区，没有土地所有权的皇马，不得不搬离了这座球场。4 月 19 日，皇马在郊外的"线性之都区"迎来乔迁首秀，这是一块改造过的自行车比赛场地，场地所有者阿图罗·索里亚和俱乐部相熟，皇马甚至可以对球场随时进行修整。

皇马在自行车场的首场比赛中，5052 名球迷购票观赛，国王阿方索十三世也亲临现场。这片场地条件很好，有宽敞的更衣室、多喷头的淋浴间。致命的缺点是离市中心太远了。因此只过了一年，皇马就被迫另外寻找新的栖身之地。

查马丁球场

帕拉赫斯不喜欢自行车场的地理位置，于是决定在市中心选址新建球场，以吸引更多的球迷来到现场看球。但新球场的资金来源是个大问题，帕拉赫斯只好向银行筹措资金才解决。在马德里市中心再往北的查马丁地区，皇马购置了一块未曾开发的空地。这块空地的地理位置不错，从市中心搭电车可以直达。

在前皇马球员、时任俱乐部官员卡洛斯·洛佩斯·克萨达的倡议和设计下，新球场的建设方案进入人们视野。1924 年，新球场交付使用，皇马和球场签下 6 年半的租赁合同，并在这期间通过分期付款的方式，最终全部买下这座球场。

当时的查马丁球场，位于皇马现主场圣地亚哥·伯纳乌球场东侧看台背后。在球场刚刚兴建时，附近还有很多富余的土地，俱乐部便决定兴建其他体育设施，甚至为此筹集了将近 5 万比塞塔的庞大资金。最终，球场拥有了可容纳 15000 人的看台（包含 4000 个座席），旁边还有 8 个网球场，以及体操馆和游泳池。

但在新球场的命名问题上，俱乐部内却出现了不小分歧。有些人干脆想称其为"皇马球场"，而球迷却更喜欢直接按照地名，将其称呼为查马丁球场。尽管在俱乐部历史上，这个名字从未被官方承认过。

1924 年 5 月 17 日，查马丁球场迎来了它的第一场比赛，对手是英格

↑ 奥唐奈球场，让俱乐部告别了"居无定所"的生活。

↑ 查马丁球场位于如今的伯纳乌球场东侧看台背后。

兰足总杯冠军纽卡斯尔联。当时的知名皇马球迷、西班牙王子冈萨洛为比赛开球。在那场比赛中，皇马在开场不久就被纽卡斯尔联破门，考虑到在那个年代，英国足球的水准远胜于西班牙，球迷们也都为皇马捏了一把汗。不过下半场风云突变，气势如虹的皇马连续破门，最终3比2取胜。

皇马搬迁至查马丁球场的决定，在事后被证明是绝对正确的。1922/1923赛季，也就是告别奥唐奈球场前的最后一个赛季，球队场均观众仅有2186人，而在1925/1926赛季，高达9209人的上座数已经是奥唐奈时代的4倍！在1925年2月8日，皇马与体操队的比赛中，查马丁球场第一次迎来超过1万名观众，到场球迷人数达到了10426人。

1927年6月30日，大获成功的皇马决定买下查马丁球场，买断价格是创纪录的64.2万比塞塔。但实际上，皇马只支付了26.2万比塞塔，另有35万比塞塔作为抵押，还有3万比塞塔干脆是建筑方送给皇马的礼物。

伯纳乌球场

到了20世纪40年代，查马丁球场已经容不下日益壮大的球迷队伍。1944年6月22日，刚当选主席不久的伯纳乌，购买了新建球场的土地。该项目在10月27日破土动工，然而原定在1947年夏天完工的新球场却没能按时交付，等到1947/1948赛季开始时，日渐增多的皇马球迷们已经坐不住了。

由于皇马在20世纪40年代的成功，1947/1948赛季，皇马的会员人数达到了历史性的41848人，这其中包括了10532名套票持有者。如此一来，只能容纳15000人的查马丁球场显得过于狭小。赛季的前4场联赛中，很多会员都没有自己的座位。这种情况直到12月14日，新的"皇马球场"落成才宣告结束。这座新球场总共能容纳75145人，其中有27645个座席和47500个站席。

按原定计划，12月14日，皇马本应该迎战毕尔巴鄂竞技，但比赛因为新球场的落成庆典而延期。为了庆祝新球场正式投入使用，皇马邀请了1946年的葡萄牙冠军贝伦人助兴。彼时已经入冬的马德里非常冷，却也挡不住数万球迷高涨的热情。贝伦人阵中有很多国际级球星，但多达7万名皇马球迷到场，还是让球员们信心倍增，以3比1的比分拿下新球场开门红。

球场刚落成的几年，也曾经历过命名争议。官方曾将其定名为"皇马球场"，按照地理位置它又被称为"卡斯特利亚纳球场"，念旧的球迷则更习惯叫它"新查马丁球场"。1955年1月2日，圣地亚哥·伯纳乌球场终于正式揭牌。也是在这几年，球场的容量一度扩充至12.5万人，跃居世界第二。

为了迎接1982年世界杯，伯纳乌球场在1980年迎来了一次大规模的改建。工程于8月4日开工，历时一年半才竣工。整个工程耗费7042亿比塞塔，其中5300亿都是由皇马支付。经过这次改建工程，球场容纳的人数减少到90800人，但座席增加了一半，

↑ 伯纳乌出席新查马丁球场奠基仪式。

1. 1947年，新查马丁球场落成。
2. 为迎接1982年世界杯，伯纳乌球场进行了又一次改建。
3. 伯纳乌球场在高科技设施的帮助下，焕然一新。
4. 皇马建队120周年，伯纳乌球场也将迎来全新面貌。

同时还建造了顶棚。为达到世界杯要求，球场的照明状况得到了全面改善，两块电子记分牌被安置在顶棚北侧和南侧边缘。

这次基于世界杯标准的改建，让伯纳乌球场正式迈入了现代化体育场的行列。新闻发布厅、电视控制厅和无线电台转播厅全部得到完善，俱乐部还特意为新闻媒体、电视转播车、警察等开设了专用停车场，并翻新了服务设施、办公室和附属区域。而在当年进行的世界杯上，伯纳乌球场共承办了复赛阶段B组中的3场比赛，以及意大利和联邦德国的决赛。

1990年，时任皇马俱乐部主席拉蒙·门多萨决定再次改建球场。然而受到一些突发情况的影响，以及针对彼时频发的球场安全问题，国际足联紧急出台了全新规定，门多萨的改建计划经历一波三折，最终在1994年5月7日完成。主看台新增了两层，增加了6200个座席，两端更是各增加了7000个座席。而在球场的4个角，4座高塔拔地而起，成为伯纳乌球场新的标志。

这次改建引发了不小争议。一些俱乐部会员质疑工程的必要性，且这次工程也为俱乐部增添了债务。但门多萨主持的改建，让伯纳乌球场及时跟上了国际足联的标准，球场也在高科技设施的帮助下焕然一新。球场草皮下安装有20厘米厚的聚丙烯管网，两条管道可以输送热水给场地加热，避免场地出现结冰的情况，同时还增加了感应器辅助功能。来自埃斯特雷马杜拉的新草皮覆盖了球场，使球场一年四季都可以进行高水平赛事。

2019年，在弗洛伦蒂诺主持下，伯纳乌开始了新一期改建。这一工程原本预计在2022年12月全部完成，恰逢俱乐部成立120周年，和伯纳乌球场落成75周年。不过受国际局势影响，该工程所需的部分材料在采购和运输方面遇到了一些困难，完工时间推迟至2023年。在第一次担任主席的

皇家荣耀 | 皇家马德里传奇功勋志

1. 2004年5月，全新的皇马体育城在城郊奠基。
2. 2007年11月，伯纳乌球场被欧足联授予"五星级球场"的称号。
3. 2009年C罗加盟皇马，球迷在伯纳乌球场内见证巨星驾到。

2001年至2006年间，弗洛伦蒂诺就主持过一次球场改建。那次改建在增加球场容量的同时，还强化了无障碍和高科技设施的应用。而对皇马博物馆的改建，也让球迷现场参观变成一大亮点，使伯纳乌球场成为知名景点，欧足联更是在2007年11月授予其"五星级球场"的称号。

伯纳乌球场目前已改建完成，旨在为球迷提供更高端、更舒适的现场观赛体验，同时球场外观也将再次焕然一新。这次改建工程由德国工作室GMP领导，总耗资5.25亿欧元。通过这次改建，伯纳乌球场将加装能在15分钟内完成伸缩的顶棚，既能减少天气对比赛的影响，也能减少球场内噪音的扰民，同时达到节能减排的目的。球场内将换上360度全景记分牌，同时球场外墙也会进行重新铺设，令这里也能像很多新建球场一样被灯光点亮。

为迎接皇马诞生120年所进行的这次改建，最大的亮点是让伯纳乌球场具备了更多的功能。新场馆内部，将有一条步行街和一个大型中央广场，博物馆也将被扩建。再次改建后的伯纳乌球场会配置可伸缩式草坪，这将让场地的功能更加多元化。如马德里时装周、国际会展等活动，未来都能移师伯纳乌球场进行，甚至在伯纳乌举办NBA和NFL比赛也将成为可能。按照相关规划，改建后的伯纳乌球场，将为皇马带来每年1亿至2亿欧元的巨额营收。

皇马体育城

20世纪中叶，随着职业足球的发展，以及俱乐部自身规模的迅速扩大，拥有一座属于自己的训练基地渐渐成为皇马的刚需。1963年5月18日，在圣地亚哥·伯纳乌主席主持下，皇马体育城在马德里北部落成。在伯纳乌所处的年代，这座体育城具备了划时代意义，也受到了时任西班牙国家元首佛朗哥的肯定。除了承担一线队

的训练任务外，这里也是皇马青训梯队和篮球队的训练、比赛场地。另外，体育城中还配备了溜冰场和网球场。

然而随着城市规模的扩张，伯纳乌主持修建的体育城周边渐渐繁华起来，皇马不得不重新进行选址，修建新的训练基地。2004年5月12日，在花费300万欧元获得了马德里市区东北部120万平方米土地使用权后，皇马未来的训练基地在城郊奠基，而为这座训练基地奠基的两位代表，一位是队史传奇球星迪斯蒂法诺，另一位则是时年12岁的青训小将，达尼·卡瓦哈尔。

2005年9月，全新的皇马体育城正式竣工。耗资7000万欧元的一期工程，让皇马拥有了多达12块新球场，以及大量训练和医疗等专业设施。此后，体育城内配备了先进的数据分析设备、球探设施、球员宿舍，也成立了皇马俱乐部自营的电视台"皇马TV"。而随着改建工程的推进和皇马篮球队的入驻，体育城的办公区也达到世界顶级企业水准。在不到20年时间里，皇马已经在新体育城项目中付出了超过1亿欧元的投资。

2006年5月，在新建的皇马体育城中，皇马第二主场正式落成，并命名为迪斯蒂法诺球场，向队史传奇致敬。在纪念这座球场落成的比赛中，皇马邀请到了球队1956年首次登顶欧洲时的对手兰斯，这又为球场增添了历史厚重感。自落成之日起，迪斯蒂法诺球场一直是皇马二队的主场，先后见证了纳乔、卡瓦哈尔和维尼修斯等球员走上前台，以及齐达内、古蒂和劳尔等球星完成从球员到教练的转型。2019年增设女足部门后，迪斯蒂法诺球场也成为皇马女队的主场，而在2020/2021赛季，受伯纳乌球场改建的影响，皇马一线队也在迪斯蒂法诺球场落脚。截至目前，这座容纳6000人的球场，已经有过西甲、西乙、欧冠、青年欧冠和女足欧冠的办赛经验。

皇家荣耀 | 皇家马德里传奇功勋志

2021年9月19日，皇马做客瓦伦西亚的比赛前，梅斯塔利亚球场外贩卖皇马主题的商品。

五彩的白

"世间五彩，我执纯白"，这般唯美的形容，无数皇马球迷已经铭记在心。皇马在所有人印象中，都与一袭白色战袍紧密连接。自俱乐部创立之日起，纯白色的球衣就一直是这家俱乐部的鲜明符号。

1902年4月，正在筹备组建马德里足球俱乐部的一群年轻人，曾共同起草了一份《马德里俱乐部成立法案》，其中明确规定白色为球衣主色。这一灵感据称来自20世纪初的一期《新世界》杂志。这期杂志中，一位身着白衣黑鞋，留着大胡子的男子脚踩足球出现在封面上。

马德里足球俱乐部的创立，还受到了当时英国一支强队科林斯人（Corinthian F.C.）的影响。俱乐部历史上的首枚队徽，就与科林斯人使用的徽章颇为相似。20世纪初，科林斯人阵中几乎囊括了英格兰队的全部国脚，之后他们到西班牙踢巡回赛，给马德里人留下深刻印象。皇马早期的队徽和球衣，都有借鉴科林斯人的痕迹，而在遥远的美洲大陆上，还有一家豪门同样深受科林斯人影响，甚至连俱乐部的名字都是照搬而来：科林蒂安。

与科林蒂安相比，马德里人并没有全部照搬科林斯人元素。俱乐部成立初期没有采用科林斯人的白衣黑裤，而是选择了全白配色。直到1924/1925赛季，科林斯人在与曼联的比赛中轰入11球，震惊世界足坛，皇马也决定效仿他们，改穿黑色球裤。

只是科林斯人的白衣黑裤配色，并没有为皇马带来好运。当年与巴萨的国王杯比赛中，皇马两回合全部完败于对手，这让俱乐部下定决心放弃了黑色球裤。等到30年后，1955/1956赛季，皇马第一次将球袜也换成白色，并身穿白衣、白裤和白袜首次登上欧洲之巅，开启了欧冠五连冠的霸业，同时彻底定下球衣样式的基调。这种球衣配色，让皇马获得了"Los Blancos（纯白色）"的绰号，并在随后演化成我们所熟知的"Los Merengues（美凌格）"。

在很多年间，象征尊贵的紫色，都是皇马队徽、球衣的组成元素。据记载，在1902年《马德里俱乐部成立法案》起草时，紫色就被定为俱乐部的重要辅色，而随着紫色的绶带于1931年被加入队徽，紫色的客场球衣也登上了历史舞台。

客场球衣的出现，其实经历了一个漫长的演化过程。随着赛事的发展，很多球队开始准备与主色不同的球衣，用于和球衣颜色相近的对手比赛，或区分场上球员和在场外热身的替补。1939/1940赛季，一套崭新的紫色客场球衣首次亮相，也正是从此开始，紫色成为皇马客场球衣的首选配置。而在此后的80多年时间里，黑色、红色和绿色的客场球衣也分别登上过历史舞台，并各自留下了一些让皇马球迷难忘的经典记忆。

1971年的欧洲优胜者杯上，红色客场球衣登上了历史舞台。皇马最终在当届比赛中拿到亚军，1/4决赛对阵加的夫城和半决赛对阵埃因霍温，皇马都穿过红色球衣。两年后的欧冠，皇马客战基辅迪纳摩，年轻门将加西亚·雷蒙身着绿衣屡献神扑，收获绰号"敖德萨的灵猫"，而在那个寒夜，他的队友们正是身穿红衣。

黑色是除了紫色之外，被皇马使用次数最多的客场球衣。而纵观皇马历史，黑色客场球衣的最高光时刻，无疑是2000年欧冠决赛。身穿镶着金边的黑色客场球衣，皇马在法兰西大球场击败瓦伦西亚，捧得队史第8座欧冠冠军奖杯。

事实上，随着不可避免的商业化趋势，从20世纪90年代开始，皇马的球衣设计中就不断出现新元素。近年来，粉色、橙色、灰色的客场球衣，也分别被摆上货架。从皇马的历史长河中一路走来，每款球衣收到的褒贬各有不同，但正是它们在这120多年的漫长岁月中，与人们一同见证了这段独一无二的白色神话。

皇马自俱乐部成立起便选择了白色队服（图1），那些印有巨星名字和号码的球衣（图2）是市场上的抢手货。近年来，皇马队服风格设计较为统一，2024/2025赛季的球衣（图3）又在细节上进行了调整。而对那些资深皇马球迷来说，在社交媒体上展示多年来的球衣收藏（图4），是他们最自豪的事情之一。

皇家荣耀 | 皇家马德里传奇功勋志

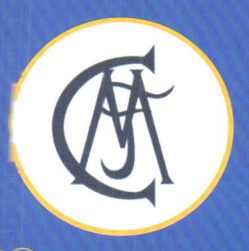

战徽密码

图案① 1902-1908

俱乐部历史上的首个徽章，由"M、F、C"三个字母组成，代表俱乐部的第一个名字马德里足球俱乐部（Madrid Foot-ball Club），有说法称，这是参照英国科林斯人俱乐部的队徽设计的。

图案② 1902-1930

融合俱乐部元素和马德里市元素的徽章。按照当时国内杯赛、联赛组织者的要求，俱乐部与其他城市球队交手时，必须在球衣上使用象征自己城市的徽章。该徽章包含了马德里市徽元素，外围是象征俱乐部的蓝色边框，与图案①长期交替使用，直到20世纪30年代相应规则被取消。

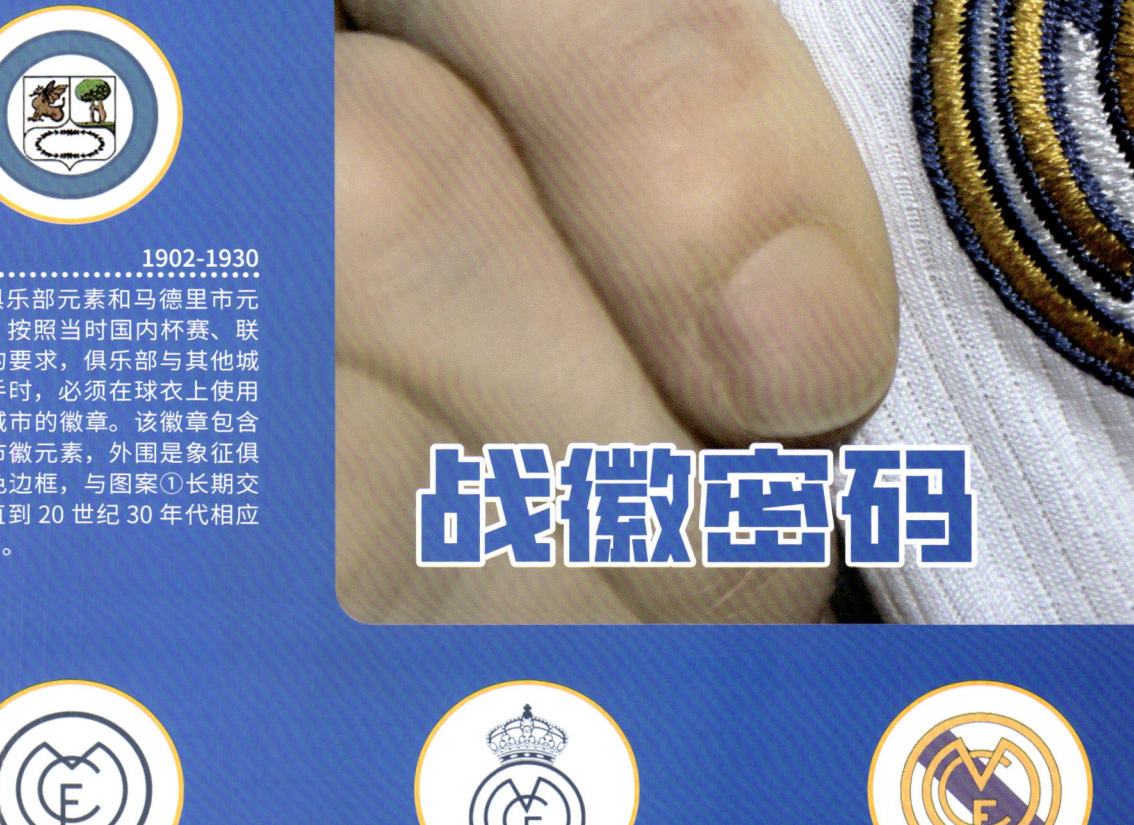

图案③ 1908-1920

徽章被重新设计为圆盾形状，"M、F、C"三个字母被美化，巧妙嵌入圆盾中：字母M作为主体，像蝙蝠的双翼包裹另外两个字母。这个在当时看来颇为前卫的设计，成了之后100多年间皇马队徽的雏形。

图案④ 1920-1931

1920年，西班牙国王阿方索十三世授予俱乐部"皇家"称号，队徽上多了一个华贵而引人注目的皇冠。除此之外，队徽相较1908年的版本没有变化。

图案⑤ 1931-1941

随着西班牙第二共和国成立，所有皇家标识都被强制取消，皇马改回原名并去除了队徽中的皇冠。在这次改动中，一条紫色绶带出现在了队徽上。有资料指出，紫色绶带是俱乐部初创时规定的元素之一。

队徽

每一个在学生时代喜欢上足球的球迷，或许都有这样的经历：在黑板上、课桌上、书本上或是练习册上，对着图样勾勒出喜爱球队的队徽。皇马的球迷当然也不例外。或许你依然记得那顶王冠的具体画法，或许你至今还没找准"M、C、F"三个字母的美学平衡，但这个徽章已经是你贯穿一生的记忆。

1902年，皇马前身"马德里足球俱乐部"成立之时，球队的标识就由"M、F、C"三个字母所组成，是俱乐部第一个名字马德里足球俱乐部（Madrid Foot-ball Club）的缩写。而在1908年时，俱乐部重新设计了队徽，一块圆形盾牌将三个字母包裹在其中，三个字母的排列方式，也已经与如今皇马队徽上的设计如出一辙。

1920年，球队历史翻开了重要一页。继皇家社会、皇家西班牙人和皇家贝蒂斯后，国王阿方索十三世为马德里足球俱乐部授予"皇家"称号，日后承载无数辉煌的"皇马"从此走进历史舞台。这一里程碑也让队徽产生了引人注目的变化：一顶华丽的皇冠从此出现在圆形盾徽上方。此后的1931年至1941年间，受西班牙政局影响，俱乐部拥有的"皇家"头衔曾被取消，在1941年头衔失而复得后，俱乐部将名称变更为西班牙语的皇家马德里足球俱乐部（Real Madrid C.F.），并重新设计了队徽。当时的皇马队徽，已与现有样式无限接近。

在俱乐部成立初期，除了以"M、F、C"字样为主体的队徽，皇马在外出比赛时，还曾长期使用另一个代表马德里的徽章。这枚徽章包含了马德里市徽的两个元素：棕熊和草莓树，直到20世纪30年代，皇马才开始只在球衣上使用本队队徽。而棕熊和草莓树的元素，则在同城球会马竞的队徽上沿袭至今。

图案⑥ 1941-2001
随着俱乐部"皇家"头衔的回归，象征王室的皇冠重新出现在了队徽的上方，俱乐部的全名也变更为西班牙语的皇家马德里足球俱乐部（Real Madrid C.F.），并沿袭至今。

图案⑦ 2001-
皇马对队徽再次做出改进，使其更符合新时代的审美。较之前的版本，主要变化包括：将紫色的绶带变为深蓝色、对字母的字体进行了微调、让最外侧的字母"M"包裹住绶带、重新绘制了皇冠的图样等。

皇马全奖杯

地区赛事

中部地区锦标赛冠军 ×23

1903-04	1904-05	1905-06	1906-07	1907-08
1912-13	1915-16	1916-17	1917-18	1919-20
1921-22	1922-23	1923-24	1925-26	1926-27
1928-29	1929-30	1930-31	1931-32	1932-33
1933-34	1934-35	1935-36		

中部地区足协杯冠军 ×3

1922-23　1927-28　1943-44

国内赛事

西甲联赛冠军 ×36

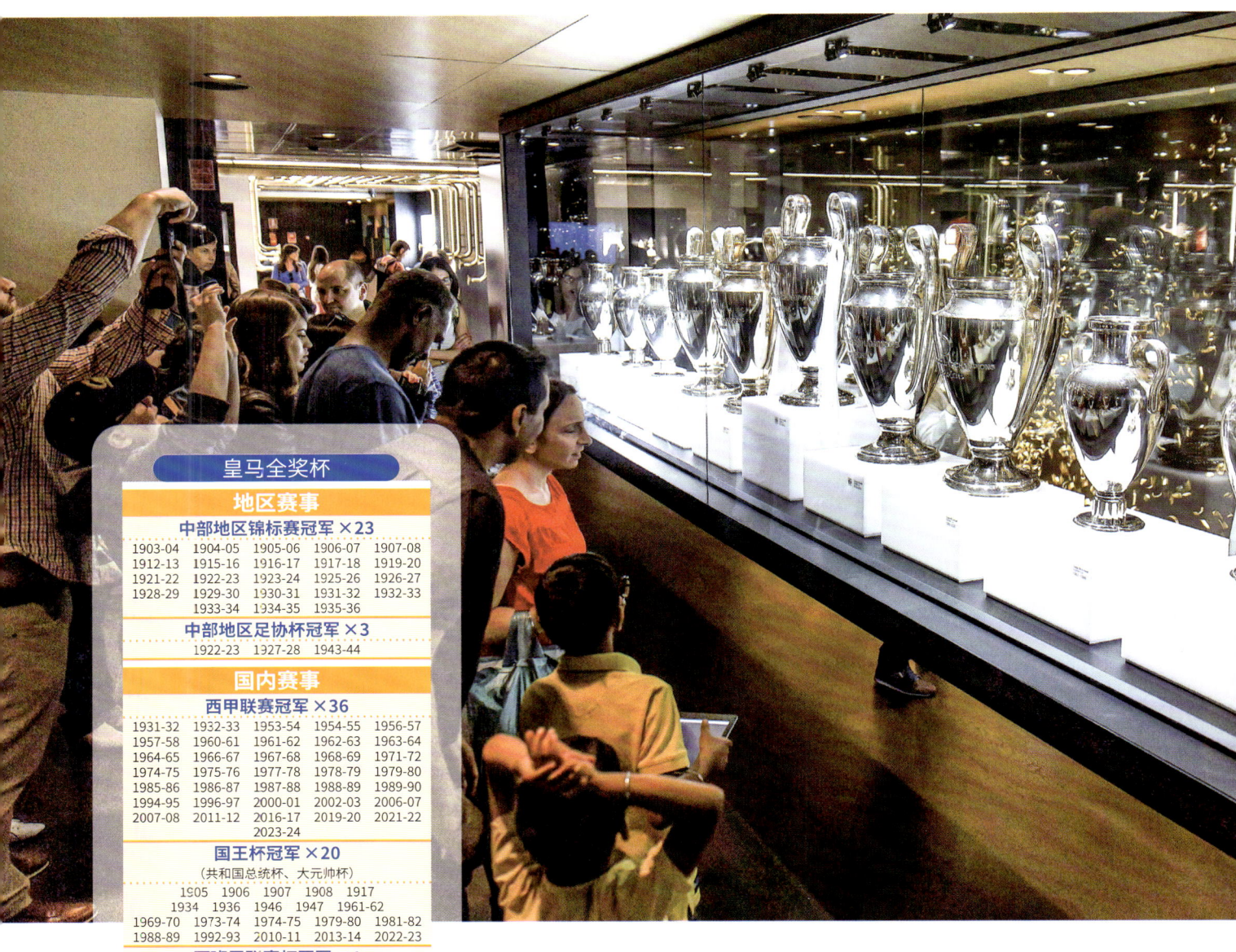

1931-32	1932-33	1953-54	1954-55	1956-57
1957-58	1960-61	1961-62	1962-63	1963-64
1964-65	1966-67	1967-68	1968-69	1971-72
1974-75	1975-76	1977-78	1978-79	1979-80
1985-86	1986-87	1987-88	1988-89	1989-90
1994-95	1996-97	2000-01	2002-03	2006-07
2007-08	2011-12	2016-17	2019-20	2021-22
2023-24				

国王杯冠军 ×20
（共和国总统杯、大元帅杯）

1905	1906	1907	1908	1917
1934	1936	1946	1947	1961-62
1969-70	1973-74	1974-75	1979-80	1981-82
1988-89	1992-93	2010-11	2013-14	2022-23

西班牙联赛杯冠军 ×1

1985

西班牙超级杯冠军 ×13

1988	1989	1990	1993	1997
2001	2003	2008	2012	2017
2019-20	2021-22	2023-24		

埃娃·杜阿尔特杯冠军 ×1次

1947

欧洲赛事

欧冠冠军 ×15

1955-56	1956-57	1957-58	1958-59	1959-60
1965-66	1997-98	1999-2000	2001-02	2013-14
2015-16	2016-17	2017-18	2021-22	2023-24

联盟杯冠军 ×2

1984-85　1985-86

欧洲超级杯冠军 ×6

2002　2014　2016　2017　2022　2024

拉丁杯冠军 ×2

1955　1957

国际赛事

世俱杯冠军 ×5

2014　2016　2017　2018　2022

洲际杯冠军 ×3

1960　1998　2002

伊比利亚-美洲杯冠军 ×1

1994

纪录王中王

在皇家马德里俱乐部的120多年历史当中，从不缺乏奖杯与荣誉。2000年，皇马被国际足联评为20世纪最佳俱乐部，而进入新千年以来，皇马也并未停下追逐胜利的脚步。截至2024年，皇马总共获得了36次西甲联赛冠军，是目前西甲夺冠次数最多的俱乐部，并且从未降级。而在欧冠赛场，15次夺冠的皇马更是遥遥领先的王者。凭借2014年至2024年间6次欧冠加冕，皇马与追赶者们拉开了差距，令AC米兰（7次）、拜仁慕尼黑（6次）、利物浦（6次）、巴塞罗那（5次）等豪门望尘莫及。

欧冠赛场，代表了如今欧洲足球运动的最高竞技水准。在欧冠初创的年代，皇马就凭借着极为强大的实力完成五连冠伟业，为自身奠定了欧冠王者的底蕴。那时的皇马攻击线已然十分豪华，一度同时拥有迪斯蒂法诺、亨托、里亚尔、科帕、普斯卡什5位顶级攻击手。在经历了20世

皇马队史出场 TOP 10

排名	球员	效力时期	联赛	国内杯赛	欧战	其他	总计
1	劳尔	1994-2010	550	37	132	22	741
2	卡西利亚斯	1999-2015	510	40	152	23	725
3	马诺洛·桑奇斯	1983-2001	523	67	99	21	710
4	塞尔吉奥·拉莫斯	2005-2021	469	48	129	25	671
5	本泽马	2009-2023	439	49	133	27	648
6	桑蒂利亚纳	1971-1988	461	84	87	13	645
7	耶罗	1989-2003	439	43	103	17	602
8	亨托	1953-1971	427	73	94	6	600
9	卡马乔	1973-1989	414	61	90	12	577
10	皮里	1964-1980	417	67	75	2	561

纪七八十年代那段无缘欧冠冠军的时期后，皇马终于在世纪末重回王座。1997/1998赛季，皇马在德国教头海因克斯的率领下，时隔32年再夺欧冠冠军，并且在21世纪初两次加冕，进一步巩固了王者地位。

而从2013/2014赛季开始，皇马更是凭借自身的赢家气质，书写了又一段传奇旅程。那个赛季的欧冠决赛，拉莫斯在补时阶段头球破门，绝境救主，球队随后加时逆转，拿到了队史第10个欧冠冠军。而在齐达内的带领下，皇马更是成为欧冠改制后首支卫冕成功的球队，并在2016年至2018年间完成了欧冠三连冠霸业。在豪强林立、竞争日趋激烈的欧洲足坛，这一壮举当属奇迹。

在这条胜利之路上，队中领袖球员发挥的作用不容忽视，这些长期效力于球队的核心球员，总能在关键时刻挺身而出。队史出场次数位列头名的劳尔，曾741次登场捍卫球队荣耀，他也曾在两届欧冠决赛中建功。卡西利亚斯以725次出场位居其后，这位

皇家荣耀 | 皇家马德里传奇功勋志

皇马队史进球TOP 10

排名	球员	效力时期	联赛	国内杯赛	欧战	其他	总计	场均进球
1	C罗	2009-2018	311 (292)	22 (30)	105 (101)	12 (15)	450 (438)	1.03
2	本泽马	2009-2023	238 (439)	25 (49)	78 (133)	13 (27)	354 (648)	0.55
3	劳尔	1994-2010	228 (550)	18 (37)	66 (132)	11 (22)	323 (741)	0.44
4	迪斯蒂法诺	1953-1964	216 (282)	40 (50)	49 (58)	3 (6)	308 (396)	0.78
5	桑蒂利亚纳	1971-1988	186 (461)	49 (84)	47 (87)	8 (13)	290 (645)	0.45
6	普斯卡什	1958-1966	156 (180)	49 (41)	35 (39)	2 (2)	242 (262)	0.92
7	乌戈·桑切斯	1985-1992	164 (207)	19 (32)	23 (39)	2 (4)	208 (282)	0.74
8	亨托	1952-1970	126 (427)	22 (73)	30 (94)	4 (6)	182 (600)	0.30
9	皮里	1964-1979	123 (417)	25 (67)	23 (75)	1 (2)	172 (561)	0.31
10	布特拉格诺	1983-1995	123 (341)	16 (39)	27 (75)	5 (8)	171 (463)	0.37

*括号内为出场数据

年少成名的门将不但是第10次欧冠称雄的冠军队长，21世纪初皇马两夺欧冠冠军时同样有他的身影。除了卡西利亚斯，马诺洛·桑奇斯、拉莫斯、耶罗、卡马乔等后防大将也位列队史出场前10位。排名第6的本泽马距离第5的桑蒂利亚纳只有40场差距，排名跃升只是时间问题。

而在队史进球榜单上，已为皇马攻入323粒进球的本泽马，数据与劳尔持平，很快也将独占第2位。位列榜首的，则是450次为皇马建功的C罗。为皇马出战438场比赛的他，场均进球数达到了1.03，效率惊人。皇马5季四夺欧冠冠军的神迹背后，是C罗在欧冠赛场上屡次施展神力的身影。一代传奇迪斯蒂法诺位列第4，而排名第5的，是身高只有1米75的头球神锋桑蒂利亚纳。

皇马深厚的豪门底蕴，吸引了来自世界各地的足坛巨星，而其中的大多数，也在效力皇马时达到了个人职业生涯的巅峰。2000年，弗洛伦蒂诺当选皇马主席，银河战舰时代开启，菲戈随即加盟，并于当年收获了金球奖，次年当选世界足球先生。之后两年的世界足球先生，也归属皇马阵中的罗纳尔多和齐达内。2006年带领意大利捧起世界杯的卡纳瓦罗，在来到皇马之后也完成了个人最高荣誉的加冕礼。

21世纪的第二个10年，效力于皇马的C罗在足坛登峰造极，他在皇马也收获了4座金球奖奖杯。2018年的莫德里奇，则凭借在俱乐部和国家队的双重顶级表现，获得了足坛的最高认可。不过，皇马的巨星政策，其实早在20世纪50年代就已开启，时任主席伯纳乌一直希望将最顶级的球星带到皇马阵中，迪斯蒂法诺与科帕也都在那段时期里收获了最高个人荣誉。

为了招揽球星，皇马在开销方面一向不惜花费巨资，菲戈、齐达内、C罗、贝尔都曾以创世界纪录的转会费加盟皇马。随着球员身价水涨船高，米利唐、费兰·门迪等最近几个赛季加盟的球员，也已跻身身价榜单上游。而与此前相比，皇马近些年少了些一掷千金的豪迈，多了些押宝潜力股的精细盘算。2023/2024赛季欧冠决赛攻入制胜球的维尼修斯就是其中的成功案例。

皇马引援转会费TOP 10

排名	球员	转出俱乐部	转会费（欧元）	转会时间
1	阿扎尔	切尔西	1亿	2019年6月
	贝林厄姆	多特蒙德	1亿	2023年7月
	贝尔	托特纳姆热刺	1亿	2013年9月
4	C罗	曼联	9600万	2009年6月
5	楚阿梅尼	摩纳哥	8000万	2022年6月
6	齐达内	尤文图斯	7600万	2001年7月
7	J罗	摩纳哥	7500万	2014年7月
8	卡卡	AC米兰	6700万	2009年6月
9	菲戈	巴塞罗那	6200万	2000年7月
10	约维奇	法兰克福	6000万	2019年6月

机构评选荣誉

国际足联世纪最佳俱乐部：2000年
国际足联百年纪念奖：2004年
IFFHS20世纪最佳俱乐部
IFFHS年度最佳俱乐部：2000、2002、2014、2017
环球足球奖21世纪最佳俱乐部
环球足球奖年度最佳俱乐部：2014、2016、2017
《世界足球》杂志年度最佳俱乐部：2017

皇家荣耀 | 皇家马德里传奇功勋志

迪斯蒂法诺  　科帕

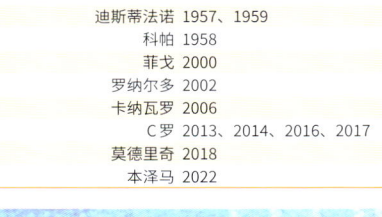

皇马金球奖得主	
迪斯蒂法诺	1957、1959
科帕	1958
菲戈	2000
罗纳尔多	2002
卡纳瓦罗	2006
C罗	2013、2014、2016、2017
莫德里奇	2018
本泽马	2022

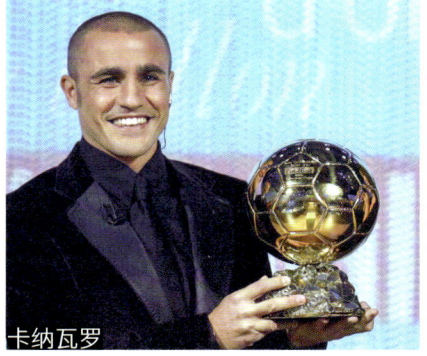

菲戈　罗纳尔多　卡纳瓦罗

C罗 　莫德里奇 　本泽马

| 荣誉

皇马世界足球先生

菲戈　2001
罗纳尔多　2002
齐达内　2003
卡纳瓦罗　2006
C罗　2016、2017
莫德里奇　2018

*2010年至2015年，金球奖评选与世界足球先生评选合并举办。

菲戈　齐达内

卡纳瓦罗　莫德里奇

C罗

皇家战纪

赛季	国内赛事	场次	胜	平	负	进球	失球	积分	排名	国王杯	欧战	成绩	其他	成绩	队内联赛最佳射手	进球数	主帅
1902	-	-	-	-	-	-	-	-	-	4强	-	-	大培尼亚杯	冠军	-	-	-
1902-03	地区赛事	2	1	0	1	9	3	2	2	亚军	-	-	-	-	-	-	-
1903-04	地区赛事	1	0	1	0	5	5	-	冠军	冠军	-	-	-	-	-	-	-
1904-05	地区赛事	1	1	0	0	2	0	-	冠军	冠军	-	-	-	-	-	-	-
1905-06	地区赛事	1	1	0	0	7	0	-	冠军	冠军	-	-	-	-	-	-	-
1906-07	地区赛事	5	4	0	1	15	7	-	冠军	冠军	-	-	-	-	-	-	-
1907-08	地区赛事	6	4	1	1	15	4	9	冠军	冠军	-	-	-	-	-	-	-
1908-09	地区赛事	3	1	0	2	4	5	2	3	-	-	-	-	-	-	-	-
1909-10	地区赛事	4	1	1	2	4	7	3	3	季军	-	-	-	-	-	-	阿瑟·约翰逊
1910-11	地区赛事	3	1	0	2	4	4	-	2	-	-	-	-	-	-	-	阿瑟·约翰逊
1911-12	地区赛事	-	-	-	-	-	-	-	-	-	-	-	-	-	-	-	阿瑟·约翰逊
1912-13	地区赛事	3	2	1	0	9	3	5	冠军	4强	-	-	-	-	-	-	阿瑟·约翰逊
1913-14	地区赛事	4	1	1	2	3	5	3	3	-	-	-	-	-	-	-	阿瑟·约翰逊
1914-15	地区赛事	6	1	3	2	10	12	5	3	-	-	-	-	-	-	-	阿瑟·约翰逊
1915-16	地区赛事	6	5	0	1	15	5	10	冠军	亚军	-	-	-	-	-	-	阿瑟·约翰逊
1916-17	地区赛事	6	6	0	0	28	8	12	冠军	冠军	-	-	-	-	-	-	阿瑟·约翰逊
1917-18	地区赛事	6	5	0	1	13	8	10	冠军	亚军	-	-	-	-	-	-	阿瑟·约翰逊
1918-19	地区赛事	8	5	1	2	20	15	11	2	-	-	-	-	-	-	-	阿瑟·约翰逊
1919-20	地区赛事	6	4	1	1	17	7	9	冠军	8强	-	-	-	-	-	-	阿瑟·约翰逊
1920-21	地区赛事	6	2	1	3	14	9	5	3	-	-	-	-	-	-	-	胡安·德卡塞尔
1921-22	地区赛事	6	5	1	0	28	5	11	冠军	4强	-	-	-	-	-	-	胡安·德卡塞尔
1922-23	地区赛事	6	3	2	1	12	9	8	冠军	8强	-	-	-	-	-	-	胡安·德卡塞尔
1923-24	地区赛事	8	6	2	0	21	7	14	冠军	亚军	-	-	-	-	-	-	胡安·德卡塞尔
1924-25	地区赛事	8	3	3	2	11	6	9	2	-	-	-	-	-	-	-	胡安·德卡塞尔
1925-26	地区赛事	8	6	1	1	17	5	13	冠军	-	-	-	-	-	-	-	胡安·德卡塞尔
1926-27	地区赛事	16	12	1	3	38	12	25	冠军	4强	-	-	-	-	-	-	胡安·德卡塞尔、佩德罗·略伦特、圣地亚哥·伯纳乌
1927-28	地区赛事	10	8	0	2	38	10	16	2	8强	-	-	-	-	-	-	佩德罗·略伦特、圣地亚哥·伯纳乌、何塞·安赫尔·贝拉翁多
1928-29	西甲联赛	18	11	1	6	40	27	23	2	亚军	-	-	-	-	鲁维奥	12	何塞·基兰特
	地区赛事	8	7	1	0	30	8	15	冠军								
1929-30	西甲联赛	18	7	3	8	45	42	17	5	亚军	-	-	-	-	鲁维奥	18	何塞·基兰特
	地区赛事	8	5	1	2	24	12	11	冠军								
1930-31	西甲联赛	18	7	4	7	24	27	18	6	8强	-	-	-	-	拉斯卡诺	5	利波·赫茨卡
	地区赛事	10	9	1	0	34	10	19	冠军								
1931-32	西甲联赛	18	10	8	0	37	15	28	冠军	16强	-	-	-	-	奥利瓦雷斯	11	利波·赫茨卡
	地区赛事	10	8	1	1	40	8	17	冠军								
1932-33	西甲联赛	18	13	2	3	49	17	28	冠军	亚军	-	-	-	-	奥利瓦雷斯	15	罗伯特·弗思
	地区赛事	10	9	0	1	38	7	18	冠军								
1933-34	西甲联赛	18	10	2	6	41	29	22	2	冠军	-	-	-	-	雷盖罗	12	罗伯特·弗思
	地区赛事	10	7	2	1	35	11	16	冠军								
1934-35	西甲联赛	22	16	1	5	61	34	33	2	16强	-	-	-	-	萨纽多	20	帕科·布鲁
	地区赛事	12	10	0	2	41	13	20	冠军								
1935-36	西甲联赛	22	13	3	6	62	35	29	2	冠军	-	-	-	-	萨纽多	20	帕科·布鲁
	地区赛事	10	6	3	2	23	8	15	冠军								

*受西班牙内战（1936.7.17-1939.4.1）影响，西班牙国内足球赛事停摆。

1939-40	西甲联赛	18	11	1	6	40	27	23	4	-	-	-	-	-	阿尔代	13	帕科·布鲁
	地区赛事	10	7	1	2	21	12	15	2								
1940-41	西甲联赛	22	11	2	9	51	38	24	6	16强	-	-	-	-	阿尔代	14	帕科·布鲁、金克
1941-42	西甲联赛	26	14	5	7	65	43	33	2	8强	-	-	-	-	阿尔代	23	金克、巴勃罗·埃尔南德斯、拉蒙·恩西纳斯
1942-43	西甲联赛	26	10	5	11	52	50	25	10	亚军	-	-	-	-	阿尔代	16	拉蒙·恩西纳斯
1943-44	西甲联赛	26	11	6	9	48	38	28	7	16强	-	-	-	-	巴里纳加	20	拉蒙·恩西纳斯
1944-45	西甲联赛	26	18	2	6	68	35	38	2	16强	-	-	-	-	巴里纳加	18	拉蒙·恩西纳斯
1945-46	西甲联赛	26	11	9	6	46	30	31	4	冠军	-	-	-	-	普鲁登	20	哈辛科·金科塞斯
1946-47	西甲联赛	26	11	5	10	62	56	27	7	冠军	-	-	-	-	普鲁登	22	巴尔塔萨·阿尔韦尼斯
1947-48	西甲联赛	26	7	7	12	41	56	21	11	16强	-	-	埃娃·杜阿尔特杯	冠军	莫洛尼	9	哈辛科·金科塞斯、米歇尔·基平
1948-49	西甲联赛	26	15	4	7	67	42	34	3	16强	-	-	-	-	帕伊尼奥	21	米歇尔·基平
1949-50	西甲联赛	26	11	9	6	60	49	31	4	4强	-	-	-	-	帕伊尼奥	19	米歇尔·基平
1950-51	西甲联赛	30	13	5	12	80	71	31	9	4强	-	-	-	-	帕伊尼奥	21	米歇尔·基平、巴尔塔萨·阿尔韦尼斯、埃克托·斯卡罗内
1951-52	西甲联赛	30	16	6	8	79	50	38	3	4强	-	-	-	-	帕伊尼奥	28	埃克托·斯卡罗内
1952-53	西甲联赛	30	18	3	9	67	49	39	3	4强	-	-	-	-	帕伊尼奥	19	胡安·安东尼奥·伊皮尼亚
1953-54	西甲联赛	30	17	6	7	72	41	40	冠军	4强	-	-	-	-	迪斯蒂法诺	27	恩里克·费尔南德斯
1954-55	西甲联赛	30	20	6	4	80	31	46	冠军	-	-	-	拉丁杯	冠军	迪斯蒂法诺	25	恩里克·费尔南德斯、比利亚隆加
1955-56	西甲联赛	30	18	2	10	81	39	38	3	4强	欧冠	冠军	-	-	迪斯蒂法诺	24	比利亚隆加
1956-57	西甲联赛	30	20	4	6	74	35	44	冠军	8强	欧冠	冠军	拉丁杯	冠军	迪斯蒂法诺	31	比利亚隆加
1957-58	西甲联赛	30	20	5	5	71	26	45	冠军	亚军	欧冠	冠军	-	-	迪斯蒂法诺	19	卡尔尼利亚
1958-59	西甲联赛	30	21	5	4	89	29	47	冠军	4强	欧冠	冠军	-	-	迪斯蒂法诺	23	卡尔尼利亚、穆尼奥斯、卡尔尼利亚
1959-60	西甲联赛	30	21	4	5	92	36	46	2	亚军	欧冠	冠军	-	-	普斯卡什	25	曼努埃尔·弗莱塔斯·索利奇
1960-61	西甲联赛	30	24	4	2	89	25	52	冠军	亚军	欧冠	16强	洲际杯	冠军	普斯卡什	28	穆尼奥斯

240

赛季	国内赛事	场次	胜	平	负	进球	失球	积分	排名	国王杯	欧战	成绩	其他	成绩	队内联赛最佳射手	进球数	主帅
1961-62	西甲联赛	30	19	5	6	58	24	43	冠军	冠军	欧冠	亚军	-	-	普斯卡什	20	穆尼奥斯
1962-63	西甲联赛	30	23	3	4	83	33	49	冠军	4强	欧冠	32强	-	-	普斯卡什	26	穆尼奥斯
1963-64	西甲联赛	30	22	2	6	61	23	46	冠军	8强	欧冠	亚军	-	-	普斯卡什	21	穆尼奥斯
1964-65	西甲联赛	30	21	5	4	64	18	47	冠军	16强	欧冠	8强	-	-	拉蒙·格罗索	17	穆尼奥斯
1965-66	西甲联赛	30	19	5	6	53	30	43	2	8强	欧冠	冠军	-	-	拉蒙·格罗索	11	穆尼奥斯
1966-67	西甲联赛	30	19	9	2	58	22	47	冠军	8强	欧冠	8强	洲际杯	亚军	亨托	11	穆尼奥斯
1967-68	西甲联赛	30	16	10	4	55	26	42	冠军	亚军	欧冠	4强	-	-	阿曼西奥、皮里、贝拉斯克斯	10	穆尼奥斯
1968-69	西甲联赛	30	18	11	1	46	21	47	冠军	16强	欧冠	16强	-	-	阿曼西奥	14	穆尼奥斯
1969-70	西甲联赛	30	13	9	8	50	42	35	5	冠军	欧冠	16强	-	-	阿曼西奥	16	穆尼奥斯
1970-71	西甲联赛	30	17	7	6	46	24	41	4	32强	优胜者杯	亚军	-	-	皮里	13	穆尼奥斯
1971-72	西甲联赛	34	19	9	6	51	27	47	冠军	4强	联盟杯	32强	-	-	皮里	11	穆尼奥斯
1972-73	西甲联赛	34	17	9	8	45	29	43	4	16强	-	-	-	-	桑蒂利亚纳	11	穆尼奥斯
1973-74	西甲联赛	34	13	8	13	48	38	34	8	冠军	联盟杯	64强	-	-	奥斯卡·马斯	11	穆尼奥斯、莫洛尼
1974-75	西甲联赛	34	20	10	4	66	34	50	冠军	冠军	优胜者杯	8强	-	-	桑蒂利亚纳	17	米连·米利亚尼奇
1975-76	西甲联赛	34	20	8	6	54	26	48	冠军	16强	欧冠	4强	-	-	皮里	13	米连·米利亚尼奇
1976-77	西甲联赛	34	12	10	12	57	53	34	9	32强	欧冠	16强	-	-	桑蒂利亚纳	12	米连·米利亚尼奇
1977-78	西甲联赛	34	22	3	9	77	40	47	冠军	16强	-	-	-	-	桑蒂利亚纳	24	米连·米利亚尼奇、莫洛尼
1978-79	西甲联赛	34	16	15	3	61	36	47	冠军	亚军	欧冠	16强	-	-	桑蒂利亚纳	18	莫洛尼
1979-80	西甲联赛	34	22	9	3	70	33	53	冠军	冠军	欧冠	4强	-	-	桑蒂利亚纳	23	博斯科夫
1980-81	西甲联赛	34	20	5	9	66	37	45	2	8强	欧冠	亚军	-	-	华尼托	19	博斯科夫
1981-82	西甲联赛	34	18	8	8	57	34	44	3	冠军	联盟杯	8强	-	-	华尼托、桑蒂利亚纳、施蒂利克	9	博斯科夫、莫洛尼
1982-83	西甲联赛	34	20	9	5	57	25	49	2	亚军	优胜者杯	亚军	西班牙超级杯 西班牙联赛杯	亚军 亚军	皮内达 迪斯蒂法诺	11	迪斯蒂法诺
1983-84	西甲联赛	34	22	5	7	59	37	49	2	4强	联盟杯	64强	西班牙联赛杯	32强	华尼托	17	迪斯蒂法诺
1984-85	西甲联赛	34	13	10	11	46	36	36	5	16强	联盟杯	冠军	西班牙联赛杯	冠军	巴尔达诺	17	阿曼西奥、莫洛尼
1985-86	西甲联赛	34	26	4	4	83	33	56	冠军	4强	联盟杯	冠军	西班牙联赛杯	16强	乌戈·桑切斯	22	莫里尼
1986-87	西甲联赛	44	27	12	5	84	37	66	冠军	4强	欧冠	4强	-	-	乌戈·桑切斯	34	本哈克
1987-88	西甲联赛	38	28	6	4	95	26	62	冠军	4强	欧冠	4强	-	-	乌戈·桑切斯	29	本哈克
1988-89	西甲联赛	38	25	12	1	91	37	62	冠军	冠军	欧冠	4强	西班牙超级杯	冠军	乌戈·桑切斯	27	本哈克
1989-90	西甲联赛	38	26	10	2	107	38	62	冠军	亚军	欧冠	16强	西班牙超级杯	冠军	乌戈·桑切斯	38	托沙克
1990-91	西甲联赛	38	20	6	12	63	37	46	3	16强	欧冠	8强	西班牙超级杯	冠军	布特拉格诺	19	托沙克、迪斯蒂法诺、安蒂奇
1991-92	西甲联赛	38	23	8	7	78	32	54	2	亚军	联盟杯	4强	-	-	耶罗	21	安蒂奇、本哈克
1992-93	西甲联赛	38	24	9	5	75	28	57	2	冠军	联盟杯	8强	-	-	萨莫拉诺	26	弗洛罗
1993-94	西甲联赛	38	19	7	12	61	50	45	4	8强	优胜者杯	8强	伊比利亚-美洲杯 西班牙超级杯	亚军 冠军	萨莫拉诺	26	弗洛罗、博斯克
1994-95	西甲联赛	38	23	9	6	76	29	55	冠军	16强	联盟杯	16强	-	-	萨莫拉诺	28	巴尔达诺
1995-96	西甲联赛	42	20	10	12	75	51	70	6	16强	欧冠	8强	-	-	劳尔	19	巴尔达诺、博斯克、阿塞尼奥·伊格莱西亚斯
1996-97	西甲联赛	42	27	11	4	85	36	92	冠军	16强	-	-	-	-	达沃·苏克	24	卡佩罗
1997-98	西甲联赛	38	17	12	9	63	45	63	4	16强	欧冠	冠军	西班牙超级杯	亚军	莫伦特斯	12	海因克斯
1998-99	西甲联赛	38	21	5	12	77	62	68	2	4强	欧冠	8强	欧洲超级杯 洲际杯	亚军 冠军	劳尔	25	卡马乔、希丁克、托沙克
1999-2000	西甲联赛	38	16	14	8	58	48	62	5	4强	欧冠	冠军	世俱杯	第4名	劳尔	17	托沙克、博斯克
2000-01	西甲联赛	38	24	8	6	81	40	80	冠军	64强	欧冠	4强	欧洲超级杯 洲际杯	亚军 亚军	劳尔	24	博斯克
2001-02	西甲联赛	38	19	9	10	69	44	66	3	亚军	欧冠	冠军	西班牙超级杯	冠军	莫伦特斯	18	博斯克
2002-03	西甲联赛	38	22	12	4	86	42	78	冠军	8强	欧冠	4强	欧洲超级杯 洲际杯	冠军	罗纳尔多	23	博斯克
2003-04	西甲联赛	38	21	7	10	72	54	70	4	亚军	欧冠	8强	西班牙超级杯	冠军	罗纳尔多	24	奎罗斯
2004-05	西甲联赛	38	25	5	8	71	32	80	2	16强	欧冠	16强	-	-	罗纳尔多	21	卡马乔、加西亚·雷蒙、卢森博格
2005-06	西甲联赛	38	20	10	8	70	40	70	2	4强	欧冠	16强	-	-	罗纳尔多	14	卢森博格、胡安·拉蒙
2006-07	西甲联赛	38	23	7	8	66	40	76	冠军	16强	欧冠	16强	-	-	范尼斯特鲁伊	25	卡佩罗
2007-08	西甲联赛	38	27	4	7	84	36	85	冠军	16强	欧冠	16强	西班牙超级杯	冠军	劳尔	18	舒斯特尔
2008-09	西甲联赛	38	25	3	10	83	52	78	2	32强	欧冠	16强	-	-	伊瓜因	22	舒斯特尔、胡安德·拉莫斯
2009-10	西甲联赛	38	31	3	4	102	35	96	2	32强	欧冠	16强	-	-	伊瓜因	27	曼努埃尔·佩莱格里尼
2010-11	西甲联赛	38	29	5	4	102	33	92	2	冠军	欧冠	4强	-	-	C罗	40	穆里尼奥
2011-12	西甲联赛	38	32	4	2	121	32	100	冠军	8强	欧冠	4强	西班牙超级杯	亚军	C罗	46	穆里尼奥
2012-13	西甲联赛	38	26	7	5	103	42	85	2	亚军	欧冠	4强	西班牙超级杯	冠军	C罗	34	穆里尼奥
2013-14	西甲联赛	38	27	8	3	104	38	87	3	冠军	欧冠	4强	-	-	C罗	31	安切洛蒂
2014-15	西甲联赛	38	30	2	6	118	38	92	2	16强	欧冠	4强	欧洲超级杯 西班牙超级杯 世俱杯	冠军 亚军 冠军	C罗	48	安切洛蒂
2015-16	西甲联赛	38	28	6	4	110	34	90	2	32强	欧冠	冠军	-	-	C罗	35	贝尼特斯、齐达内
2016-17	西甲联赛	38	29	6	3	106	41	93	冠军	8强	欧冠	冠军	欧洲超级杯 世俱杯	冠军 冠军	C罗	25	齐达内
2017-18	西甲联赛	38	22	10	6	94	44	76	3	8强	欧冠	冠军	欧洲超级杯 西班牙超级杯 世俱杯	冠军 冠军 冠军	C罗	26	齐达内
2018-19	西甲联赛	38	21	5	12	63	46	68	3	4强	欧冠	16强	欧洲超级杯 世俱杯	亚军 冠军	本泽马	21	洛佩特吉、索拉里、齐达内
2019-20	西甲联赛	38	26	9	3	70	25	87	冠军	8强	欧冠	16强	-	-	本泽马	21	齐达内
2020-21	西甲联赛	38	25	9	4	67	28	84	2	32强	欧冠	4强	西班牙超级杯	4强	本泽马	23	齐达内
2021-22	西甲联赛	38	26	8	4	80	31	86	冠军	8强	欧冠	冠军	西班牙超级杯	冠军	本泽马	27	安切洛蒂
2022-23	西甲联赛	38	24	6	8	75	36	78	2	冠军	欧冠	4强	西班牙超级杯	亚军 冠军	本泽马	19	安切洛蒂
2023-24	西甲联赛	38	29	8	1	87	26	95	冠军	16强	欧冠	冠军	西班牙超级杯 欧洲超级杯	冠军 冠军	贝林厄姆	19	安切洛蒂

本书数据源自皇马官方网站、西甲官方网站、维基百科、转会市场网站等。全部数据截至 2023/2024 赛季结束。

后记

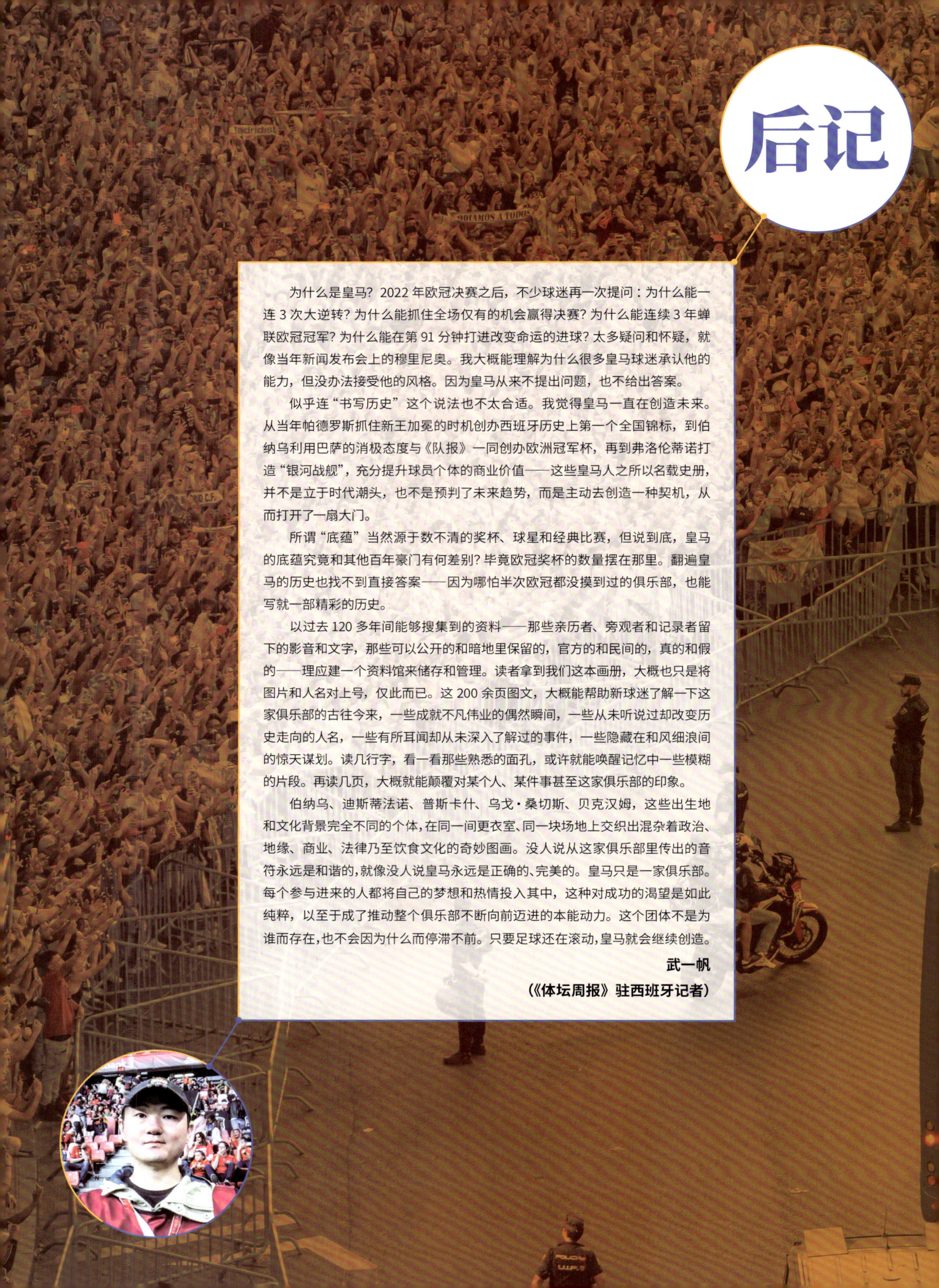

为什么是皇马？2022年欧冠决赛之后，不少球迷再一次提问：为什么能一连3次大逆转？为什么能抓住全场仅有的机会赢得决赛？为什么能连续3年蝉联欧冠冠军？为什么能在第91分钟打进改变命运的进球？太多疑问和怀疑，就像当年新闻发布会上的穆里尼奥。我大概能理解为什么很多皇马球迷承认他的能力，但没办法接受他的风格。因为皇马从来不提出问题，也不给出答案。

似乎连"书写历史"这个说法也不太合适。我觉得皇马一直在创造未来。从当年帕德罗斯抓住新王加冕的时机创办西班牙历史上第一个全国锦标，到伯纳乌利用巴萨的消极态度与《队报》一同创办欧洲冠军杯，再到弗洛伦蒂诺打造"银河战舰"，充分提升球员个体的商业价值——这些皇马人之所以名载史册，并不是立于时代潮头，也不是预判了未来趋势，而是主动去创造一种契机，从而打开了一扇大门。

所谓"底蕴"当然源于数不清的奖杯、球星和经典比赛，但说到底，皇马的底蕴究竟和其他百年豪门有何差别？毕竟欧冠奖杯的数量摆在那里。翻遍皇马的历史也找不到直接答案——因为哪怕半次欧冠都没摸到过的俱乐部，也能写就一部精彩的历史。

以过去120多年间能够搜集到的资料——那些亲历者、旁观者和记录者留下的影音和文字，那些可以公开的和暗地里保留的，官方的和民间的，真的和假的——理应建一个资料馆来储存和管理。读者拿到我们这本画册，大概也只是将图片和人名对上号，仅此而已。这200余页图文，大概能帮助新球迷了解一下这家俱乐部的古往今来，一些成就不凡伟业的偶然瞬间，一些从未听说过却改变历史走向的人名，一些有所耳闻却从未深入了解过的事件，一些隐藏在和风细浪间的惊天谋划。读几行字，看一看那些熟悉的面孔，或许就能唤醒记忆中一些模糊的片段。再读几页，大概就能颠覆对某个人、某件事甚至这家俱乐部的印象。

伯纳乌、迪斯蒂法诺、普斯卡什、乌戈·桑切斯、贝克汉姆，这些出生地和文化背景完全不同的个体，在同一间更衣室、同一块场地上交织出混杂着政治、地缘、商业、法律乃至饮食文化的奇妙图画。没人说从这家俱乐部里传出的音符永远是和谐的，就像没人说皇马永远是正确的、完美的。皇马只是一家俱乐部。每个参与进来的人都将自己的梦想和热情投入其中，这种对成功的渴望是如此纯粹，以至于成了推动整个俱乐部不断向前迈进的本能动力。这个团体不是为谁而存在，也不会因为什么而停滞不前。只要足球还在滚动，皇马就会继续创造。

武一帆

《体坛周报》驻西班牙记者

AIRMAX
91 490 11 20
CH4MPIONS
PARÍS 2022
adidas
LA DECIMOCUARTA